富爸爸財富執行力
年輕退休・年輕富有

Rich Dad's Retire Young Retire Rich

羅勃特・T・清崎（Robert T. Kiyosaki）◎著
李威中◎譯
MTS◎審定

高寶書版集團

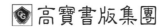

致所有偉大的前人們，衷心感謝你們的付出，
我們才得以過著富足幸福的生活。

作者的話

這本書在二〇〇一年九月十一日悲劇發生的前六個月完成，然而於此時，這本書的重要性更勝以往。

在動盪不確定的年代，金融教育程度高低，更彰顯其價值。

如果你已經聽膩了一成不變的投資建議，例如「耐心等候」、「長期投資」、「多元化投資」，那麼這本書正是為你所寫。

大衛向歌利亞挑戰，這樣他就可以發掘出自身內在的另一個巨人。人人心中都有一個大衛和歌利亞，在生活中許多人沒有成功，因為當他們遇到歌利亞時往往落荒而逃。實際上，如果沒有歌利亞，大衛也就不可能成為一個巨人。

大衛透過利用所有可以利用的槓桿最後成為一個巨人。你同樣也可以做到這一點，本書的目的就是幫助你發現自身內在的巨人潛能。

目錄 | contents

導言

大衛為什麼敢於挑戰歌利亞

《聖經》中大衛與巨人歌利亞的故事是富爸爸喜歡的故事之一，我猜想他或許將自己看成大衛的化身——一個最初一無所有、後來卻站起來向商業巨人挑戰的人。富爸爸說：「大衛能打敗歌利亞，僅僅因為他懂得如何使用槓桿的力量。一個年輕的小夥子，加上一個簡單的投石器，就擁有了遠遠超過令人生畏的巨人歌利亞的力量。這些就是槓桿的力量。」

我的前幾本書強調了現金流的力量。富爸爸說過：「**現金流是金錢王國中最重要的辭彙，第二個重要的辭彙就是槓桿。**」他還說：「**槓桿是一些人致富而另外一些人貧窮的原因。**」富爸爸進一步解釋說，槓桿可以為你帶來好處，也可以為你帶來災難。因為槓桿是一種力量，一些人正確運用它，一些人濫用它，還有一些人畏懼它。他說：「只有少於五％的美國人是富人，因為只有這五％的人懂得如何運用槓桿的力量。許多人夢想致富卻未能如願，原因就在於他們濫用了這種力量，而大多數人未能致富的原因在於他們畏懼槓桿的力量。」

各式各樣的槓桿形式

槓桿有多種形式，其中一種公認的形式是債務槓桿。現在，我們已經注意到濫用這種強大的槓桿形式所存在的嚴重問題。數以百萬計的人陷於財務危機之中，原因在於債務槓桿的力量正對他們施加不利的影響。由於濫用債務槓桿所造成的惡果，許多人現在害怕這種槓桿形式，他們說：「扔掉你的信用卡，還清你的抵押貸款，消滅掉所有的債務。」富爸爸聽到這些話後肯定會忍不住哈哈大笑，「扔掉你的信用卡不會使你發財致富，只能給你帶來無盡的不便和麻煩。」

儘管如此，富爸爸仍然認為如果濫用了債務槓桿的力量，那你絕對應該馬上扔掉信用卡，還清抵押貸款，消滅掉所有債務。他說：「把信用卡送給一些人，就好像把填滿了子彈的槍交給一個醉漢，任何接近他的人（包括醉漢本人）都會處於危險的境地。」

富爸爸並非要教導他的兒子和我們害怕債務槓桿的力量，而是教我們如何運用債務槓桿的力量來為自己服務。因此，他常常說：「**債務也有好壞之分，優良債務使你致富，不良債務使你貧窮。**」大多數人背負著不良債務，還有許多人生活在對債務的無端恐懼之中，他們為自己沒有債務而沾沾自喜，即便這種債務可能是優良債務。在本書中，大家將看到我和太太金如何因為「負債累累」而年輕富有地退休，只是這種債務是優良債務，正是這種優良債務使我們富裕，讓我們走上財務自由之路。

換句話說，我們運用槓桿的力量，但不濫用這種力量，也從不畏懼這種力量。相反，我們尊重槓桿的力量，審慎理智地運用槓桿的力量。

是不是每個人都能致富？

在出版了「富爸爸」系列叢書第一本《富爸爸，窮爸爸》（*Poor Dad, Rich Dad*）後，我接受了無數次採訪，也被多次問到同一個問題：「你是否認為每個人都能致富？」

我回答說：「是的，我相信每個人都有可能致富。」

往往還有人接著問道：「如果說每個人都有可能致富，那為什麼真正致富的人這樣少？」

我的回答常常是這樣：「今天我沒有時間回答這個問題。」如果他們不斷追問，我可能會說：「很多答案都在我已經出版的四本《富爸爸》系列叢書中。」

如果訪問者是個不達目的不罷休的人，他們或許還會問：「何時你可以給我們所有答案？」

我的回答是：「我不知道是否有人知道所有的答案。」

即便我不知道所有的答案，我也很樂意將本書帶給大家。在本書中將要明確解釋我為什麼相信所有人都有致富的潛能，而且我在這裡指的是我們所有人，而不是某一部分人。本書也會解釋為什麼我和金能夠年輕富有地退休，儘管我們開始時也是一無所有。本書還將解釋，雖然我們每個人都有年輕富有退休的潛能，結果卻貧富懸殊。這些都是槓桿的作用。

本書集中在討論槓桿的作用。或許你要問，為什麼要用一整本書來討論槓桿作用？因為槓桿作用是個非常重要的辭彙，涉及我們實際生活的各個面向。本書集中討論了三種重要的槓桿形式，心智、計畫與行動的槓桿。

第一部分 心智的槓桿

這是本書最重要的一個部分。在這一部分中，**你會發現為什麼金錢不能使你成為一個富人，你也會發現世界上最有力的槓桿形式——你的心智，它有讓你貧窮或者富有的魔力。**正如有些人能正確運用，而另一些人濫用或者畏懼債務槓桿的力量，涉及心智槓桿的時候也是如此，心智槓桿同樣是個有力的槓桿形式。

詞語是槓桿

你應該懂得詞語的力量，富爸爸常常說：「**詞語是槓桿，詞語是強有力的大腦思維工具。但是，正如你可以運用債務致富或者陷入貧窮，詞語也可以使你致富或者貧窮。**」在這一部分，你將會明白詞語的力量，以及富人如何運用富人的詞語，窮人如何運用窮人的詞語。富爸爸還常說：「**你的大腦可能是你最強有力的資產，也可能是你最沉重的債務。如果大腦運用正確的詞語，你將會非常富有；如果大腦運用錯誤的詞語，你將會貧困不堪。**」在這一部分，你也將會發現所謂的富裕詞語和貧窮詞語。你將會明白為什麼富爸爸說：「不是用錢來賺錢，致富開始於你所使用的詞語，而這些詞語是免費的。」

為什麼投資並不一定都有風險

在本書中，你將會明白為什麼經常說「投資充滿風險」的人是投資市場的最大輸家。這同樣反映到詞語中，你將會看到你的所有想法真正變成了現實，你將會看到為什麼那些認為投資充滿風險的人，卻往往投資最有風險的專案。這些都是由於他們所面對的現實。在本書中，你將會發現為什麼有些投資可以無需任何風險。**為了尋找更安全、收益更高的投資，人們必須首先從改變自己的詞語入手。**

如前所述，槓桿的力量可能被正確運用、濫用或者引起畏懼。在這一部分中，你將會發現如何運用心智槓桿來為自己的財務服務，而不損害自己的利益。富爸爸說過：「很多人擁有大腦這個世界上最強有力的槓桿，但卻用它的力量使自己陷於貧困。那不是在正確使用槓桿力量，而是在濫用。每次當你說『我買不起』、『我做不了』、『投資充滿風險』或者『我永遠不可能致富』時，你其實是在運用自己最有力的槓桿形式，只不過是在濫用。」

如果想年輕退休又富有，你就需要運用大腦為自己服務，而不是傷害自己。如果做不到這一點，本書後面兩個部分內容就對你沒有多少幫助，儘管它們更容易操作。如果你能夠掌握自己最強有力的槓桿形式，本書其餘兩部分就很容易做好，因為它們本身就很簡單。

第二部分　計畫的槓桿

在《富爸爸》系列叢書《富爸爸，提早享受財富──投資指南》（*Rich Dad's Guide to Investing*）中，我曾經說過「投資是一個計畫。」我和金為了能夠年輕富有地退休，不得不擬定了一個計畫，一個白手起家的計畫，因為我們當初一無所有。這個計畫中包括目標和時限。我們劃定的時限不超過十年，實際完成這個計畫用了九年時間。我們一九九四年退休，當時我四七歲，金三七歲。雖然我們開始時一無所有，但是到了完成計畫的那年，我們已完全依靠市場投資而無需工作，我們每年大約有了八萬五〇〇〇美元到一二萬美元的收入。現在我們的收入完全來源於投資，即使這筆錢不算太多，因為每年的支出不到五萬美元，我們也完全實現了財務自由。

我們年輕退休還是為了致富

年紀輕輕就退休的一大好處是，我們現在有了更充裕的時間獲取更多財富。順便提一下，《富比士》（*Forbes*）雜誌將年收入超過一百萬美元者稱為富人。那就是說，根據《富比士》的觀點，我們退休的時候還算不上是富人。明白了這一點，我們年紀輕輕就退休也是為了有更多的時間致富。退休之後，我們計畫花時間進行投資，建立自己的企業。今天，我們不僅擁有了很多的不動產，還建立了一家出版公司、一家礦業公司、一家技術公司和一家石油公司，同時在股票市場上還有投資。正如富爸爸常說的：「**擁有一份固定工作的最大問題在於，它妨礙了自己致富。**」換句話說，我們年紀輕輕退休，就會有更多的時間致富。現在，即便在股票暴跌以後，我們每年來自投資和企業的收入仍然有好幾百萬美元，而且還在不斷穩步攀升。每件事情都在按計畫進行。

在《富爸爸，提早享受財富——投資指南》中，我曾經說過，許多人有一個做窮人的計畫。因此那麼多人抱怨：「當我退休時，收入就會下降。」他們其實也就是說：「我打算終生努力工作，接著在退休後變得貧窮一些。」在工業時代或許這是一個好計畫，但是在資訊時代這實在是一個很糟糕的計畫。

現在，成百上千萬的政府或公司雇員依靠自己的退休金計畫生活，比如401(k)、個人退休金帳戶（IRA）、澳洲的退休金計畫，加拿大的RRSP計畫，以及一些其他的退休金計畫。這些計畫就是我所說的資訊時代的退休金計畫，因為在資訊時代，員工開始對他們自己的退休金負責。而在工業時代，公司或政府會照顧個人退休後的財務需求。這也是資訊時代退休金計畫的致命缺陷，這些退休金計畫大多與股票市場相關，或許你已經注意到了，股票市場動盪起伏，一般人很難把握。無數辛勞一生的人將自己的財務未來和財務安全押在股票市場上，這一點讓我深感震驚。

對這些工人來說，假設當他們已經八五歲時，退休金計畫突然出現問題，總值縮水或者被偷竊，或者遇到股票市場暴跌，那麼究竟會發生什麼事？難道你準備對他們說：「重新找個工作，重新開始準備退休金？」那也就是我為什麼關注這個問題，為什麼寫書討論這個問題並且教授理財知識的原因。在資訊時代，我們都需要更多的理財知識、更好的教育以及更好的準備。在資訊時代，我們自身需要有更好的財務保障能力，減少退休以後對政府或者公司的依賴。

讓我們來看幾組資料吧！到二〇一〇年，首次嬰兒潮中誕生的七千五〇〇萬名美國人將要陸續退休。若干年以後，我們設想他們每人每月從過去上繳給政府的退休金計畫中得到一〇〇〇美元，從金融市場中得到一〇〇〇美元。如果我沒有算錯的話，七五〇〇萬乘上一〇〇〇美元就等於七五〇億美元，那就意味著他們每月都必須從政府預算和金融市場中各拿走七五〇億美元，這對於政府預算和金融市場來說都將產生重大影響。政府除了增加稅收以外還能怎麼做？每月抽走而不是注入七五〇億美元，金融市場又會如何反應？財務顧問是否還會繼續建議你「買持長線股票，實行投資組合」？因為「股票市場總體看漲」？我沒有預測未來的水晶球，也不想假裝去預測未來。我只想指出，每月從上述兩個機構中各拿走而不是注入七五〇億美元，將會引起整個經濟的震盪。

舊經濟時代的舊退休金計畫，可能造成許多人退休後陷入財務危機。很多美國人沒有公司退休計畫或個人退休計畫，他們應該怎麼辦？重新找工作？還是一輩子工作，乾脆就不退休？或者是居住到孩子或孫子那裡生活？辛勞終生、不斷工作顯然不是一個好計畫。但是，儘管這並不是個好計畫，很多人還是制定了一個這樣的計畫，即便他們不少人現在也很有錢。他們整日勞作，卻沒有為明天留下什麼。對於很多嬰兒潮中誕生的美國人來說，時間——這個自己最重要的財富已經所剩無幾了。

也許有人會說：「退休後我不需要多少錢，我的房屋貸款已經快還清了，我的生活開支也會下降。」沒錯，你的生活開支的確可能下降了，但是，醫療開支卻開始大大上漲。而對於許多工薪階層的人來說，醫藥、保健和牙齒保護的費用現在已經非常高的了。讓我們想像一下，數以萬計需要醫療保護才能生活的退休者，他們自己卻身無分文，這將會是一個什麼樣的景象？如果你相信國家的醫療保險制度將會救助你，那麼你或許可以相信復活節的兔子了。

或許這就是美國聯邦儲備委員會主席艾倫．葛林斯潘（Alan Greenspan）最近在接受電視訪問時主張在學校開設財務知識課程的原因。我們應該教育孩子在財務上學會自己照顧自己，而非由教育政府或者公司來照管他們將來的退休生活。

如果你想年輕富有地退休，那就需要擁有一個比大多數人更好的計畫。第二部分主要講述怎樣制定年輕富有的退休計畫，這也是一個非常重要的槓桿。

第三部分　行動的槓桿

有關柵欄上站著三隻鳥的故事已經被好多人反覆使用過了。故事中的問題是：「如果兩隻鳥打算飛走，那麼最後會留下幾隻？」正確的答案當然是留下三隻。這個故事給我們的啟示是，決定做一件事情並不等於你將真正去做一件事情。事實上，美國只有不到五％的富人，因為九五％的美國人想致富，但是卻沒有真正行動。

在《富爸爸》系列叢書的第四本《富爸爸，富小孩》（*Rich Dad's Rich Kid Smart*）中，我曾經講過，現在美國的學校往往因為孩子犯錯而對他們進行懲罰。然而，如果你稍加留心，就會發現我們其實是從錯誤中學習東西。大多數人都是摔倒好多次以後才學會了騎自行車，小孩子經過摔倒好多次才學會了走路。但是，當我們走進校園，就會有人告訴我們不許再摔倒，那些摔倒的人都是笨蛋。也有人教導我們，聰明孩子就是那些平時安靜得像站在柵欄上的三隻鳥，並且能夠牢記所有正確答案的學生。這樣，你就不會對為什麼只有不到五％的美國人富裕感到奇怪。如果你看看世界上一些最富有的人，比如微軟公司的創始人比爾．蓋茲（Bill Gates）、戴爾電腦公司的創始人邁克爾．戴爾（Michael Dell）、CNN的創始人泰德．透納（Ted Turner）、福特汽車公司（Ford Motor Company）的創始人亨利．福特（Henry Ford）以及通用電氣（General Electric）公司的創始人托馬斯．愛迪生（Thomas Edison），就會發現他們中沒有一個人完成了學業。

當然，我的意思並不是說學校本身不好，因為在資訊時代，學校和教育的重要性勝過了以往任何時候。我的想法是，為了成功，我們有時候需要學會不去做一些別人要求自己做的事情。

如果你想獲取更大的成功，就去好好觀察小孩子是怎樣做的，並且逐步模仿他們。其中一個需要我們學習的事情就是如何克服對犯錯、摔倒或者羞愧的畏懼。很多小孩子從小就知道如何去做，但是後來在學校我們要求他們不能那樣做。如果我們不能得知如何犯錯、如何跌倒、如何克服羞愧心理，那麼我們就一定不會年輕富有地退休。

人人都能做的三件致富易事

我一直說，致富之路簡單而且容易，幾乎所有人都可以做到。如果你想年輕富有地退休，那我很樂意與大家分享本書，書中前兩個部分要求你準備做一些簡單的事情。在第三部分，我將集中講述大多數人都可以做到的事情，主要圍繞可以讓人致富並且年輕富有退休的三種主要資產，它們分別是：

1. 房地產。
2. 有價證券。
3. 企業。

在第三部分，你將會明白如何獲取這三種極其重要的資產。**我和金之所以能夠年輕富有地退休，原因就在於我們花時間去設法獲取資產，而不是為了錢而工作。**

如果能閱讀本書，你就可以開始逐步採取行動，爭取獲得上述三種資產，這種資產正是占人口五％的美國富人所擁有的。不過，雖然可以採取行動，你還是一定要仔細閱讀本書的前兩個部分。否則，即便它們很容易操作，也不能開始行動。正如富爸爸多年前所說的：「致富之路始於正確的觀念、正確的詞語和正確的計畫。唯有如此，你才會感覺駕輕就熟。」

究竟為什麼大衛敢於向歌利亞發起挑戰呢？富爸爸的回答是：「大衛向歌利亞挑戰，這樣他就可以發掘出自身內在的另一個巨人。人人心中都有一個大衛和歌利亞，在生活中許多人沒有成功，因為當他們遇到歌利亞時往往落荒而逃。實際上，如果沒有歌利亞，大衛也就不可能成為一個巨人。」富爸爸用這個故事激勵兒子和我成為財務巨人，他不是抹殺我們內心的力量和內心的巨人，而是鼓勵我們自己也成為巨人。

本書主要探討如何致富，如何實現財務自由。我和金透過獲取和建立資產走上了財務自由之路，現在也正是由於這些資產的辛勤工作，才免除了我們的辛勞。**實現了財務自由之後，我們只需繼續經營企業、有價證券和房地產這三種資產的投資組合，就可以獲取巨大的財富。我們年紀輕輕就已經退休，並且利用所有槓桿建立的資產使自己愈來愈富有。現在，那些資產為我們帶來的財富愈來愈多，而我們的工作卻愈來愈少。**本書就是為那些心懷上述夢想的人所準備的，它將幫助你擺脫終日辛勞，走上自己的財富自由之路。

總之，大衛透過利用所有可以利用的槓桿，最後成為一個巨人。你同樣也可以做到這一點，本書的目的就是幫助你發現自身內在的巨人潛能。

第一部分

心智的槓桿

我們擁有的最為有力的槓桿形式就是心智的力量。槓桿存在的突出，問題在於它可以為你服務，也可以傷害你。如果你想退休時年輕而又富有，首先必須做的一件事情就是運用心智的力量。不幸的是，許多人運用這種力量使自己陷入貧困。

正如富爸爸所言，「富人和窮人之間的一個重要區別就是，富人很少說『我買不起』。」他在主日學校就懂得了「言即肉身」的道理，也就是話語和人結為一體、成為現實存在的道理。他接著說：「窮人使用貧窮的詞語，貧窮的詞語產生窮人。詞語將成為你不可分割的一部分。」在這一部分中，你將會看到富有的詞語與貧窮的詞語的不同。你將會懂得如何透過改變自己的詞語和思維方式來改善自己的財務狀況。如果你改用富裕的詞語和思想，年輕富有地退休就很容易實現了。

第一章
怎樣致富並提早退休

下面就是我和我太太金以及最要好的朋友拉里・克拉克（Larry Clark），怎樣從開始時的一文不名到非常富有，並在不到十年的時間裡退休的經歷。講述這個故事主要是為了鼓勵那些懷疑自己或者缺乏自信的朋友能振作起來，開始行動。當我和金開始我們致富之路的時候，我們幾乎身無分文，而且缺乏自信，疑慮重重，只是我們最後戰勝了這些懷疑和恐懼。

開始旅程

一九八四年十二月，我和金以及最要好的朋友拉里，在位於加拿大溫哥華地區的惠斯勒山滑雪。積雪很厚，我們滑的路程很遠，儘管有些冷，我們的整個滑雪活動還是充滿了樂趣。晚上，我們三人圍坐在一個小木屋中，木屋周圍環繞著許多高大的松樹，屋頂上覆蓋了厚厚的積雪，從遠處看幾乎很難發現。

每晚圍坐在壁爐旁的時候，我們想討論一下關於未來的計畫。我們一無所有，但是豪氣沖天。我和金的積蓄已經快用完了，拉里也正在建立另外一家企業。每天晚上討論結束時，時間都已經很晚很晚，我們談論著最近剛剛讀過的書，剛剛看過的電影。我們仔細聽著隨身攜帶的培訓錄音帶，開始深入討論其中講述的內容。

新年那天，我們和過去一樣確立了來年的新目標。唯一不同的是，拉里希望我們除了例行確立新年目標以外還要做些別的事情，他想讓我們透過改變現狀，來確立改變我們生活的目標。他說：「我們為什麼不能制定一個實現財務自由的詳細計畫呢？」

我聽著他的話，記住了他的觀點，但我很難將他所說的與自己的現實聯繫起來。我曾經談論過也夢想過，明白或許有一天我可以實現財務自由。但是，實現財務自由僅僅是一個未來的理想，而不是現在的理想，這個理想對當時的我來說好像並不合適。「實現財務自由？」我吃驚地問道。那一刻我聽到了自己的聲音，知道自己當時有多麼怯懦，因為我的聲音微弱得就像做錯了事的孩子。

拉里說：「我們已經就那些問題討論了好多次，我認為現在已經到了停止討論、停止幻想、準備開始行動的時候了。讓我們制定一個詳細的計畫，只有這樣我們才會明白自己必須做的事情，才會在這個旅程中相互支援。」

那時我們的錢快要用完了，我和金相互看了看。藉著火光，我們可以看到對方臉上的疑慮和擔心。我說：「那的確是個好主意，但我還是願意多考慮一下明年的謀生計畫。」

我剛剛離開了生產尼龍魔鬼沾錢包的公司，在經歷一九七九年的困境之後，我試圖用整整五年的時間重新改造它，然後再離開。但是，我還是不得不提早離開，因為情況發生了很大變化。為了應付愈來愈激烈的競爭，我們不再在美國進行生產，而是把工廠搬到了大陸、台灣以及韓國。我最後離開了這家公司，因為無法接受透過血汗工廠、童工勞力來為自己賺錢。這樣的公司或許會給我帶來金錢，但是卻讓我的靈魂不安。我也無法和合夥人繼續合作，因為我們已經分手，不再面對面交流。我幾乎沒有帶什麼錢就離開了，我不願繼續在這種折磨自己精神、也無法和合夥人交流的公司工作。我並不對自己的離開感到驕傲，但是我覺得的確到了該離開的時候了。我在那家公司一直待了八年，學到了很多東西。我懂得了怎樣建立一家公司，怎樣破壞一家公司，以及怎樣改造一家公司。儘管離開時我沒有得到多少金錢，但是這種教育和經驗本身就是一筆無與倫比的財富。

「繼續幹，」拉里說，「你現在很脆弱，不要再簡單制定下一年的目標，讓我們一起制定一個長遠的規劃，讓我們最後實現財務自由。」

「但我沒有多少錢，」我瞟了一眼金，她的臉上也流露出同樣的顧慮。「你知道我們剛剛重新開始做事，我們所有的希望就是在未來半年或者一年內能夠生存下來。當我們還在為生存焦慮的時候，如何考慮財務自由？」我再一次被自己的怯懦所震驚，我的自信和力量已經喪失殆盡。

「往好處想，把這次當做新的開始。」拉里還是那樣說，他不想就此打住。

「但是沒有錢我們怎麼提早退休？」我打斷了他。我似乎感到自己更加怯懦、內心空虛，不想做任何事情。我只想在短時期內生存下來，而不想考慮更遠的未來。

「我並不是說，我們打算明年就退休，」拉里顯然被我的怯懦激怒了，他大聲說：「我說的是現在我們制定一個退休計畫，制定我們的目標和詳細的規劃，然後集中精力去實施。大多數人從不考慮退休的事情，以至於為時過晚，或者他們到了六五歲退休時才考慮自己的退休計畫。我不想那麼做，我想有一個更好的計畫，我不想整日工作就是為了應付各種帳單，我還想好好生活，我想過富裕的生活，我想在我還能夠享受的時候環遊世界！」

當靜靜傾聽拉里解釋提早確立計畫好處的時候，我聽到內心深處有一個聲音在輕輕責問我：「為什麼我認為財務自由和提早退休的目標是不現實的？」這個聲音甚至不可思議的愈來愈大。

拉里的談話還在繼續，他似乎沒有注意到金和我是否在傾聽。我不再注意他講什麼，獨自陷入了深深的思考。我輕輕地自言自語：「及早確立退休目標是一個好主意，我為什麼還要反對呢？拒絕好主意可不是我一貫的風格。」

在我沉默的一瞬間，我似乎聽到富爸爸在說：「**你面臨的最大挑戰是對自己的懷疑和懶惰，正是它們決定了你是什麼樣的人。如果你想改變自己，首先要改掉的就是這兩點。自我懷疑和懶惰讓你只能成為一個小人物，讓你無法得到自己嚮往的生活。**」

我能聽到富爸爸在繼續講他過去的觀點：「**除了你自己和自我懷疑之外，沒有什麼能夠阻擋你前進。固守城池、一成不變當然很容易，很多人就選擇了一輩子不做任何改變。如果向自**

我懷疑和懶惰宣戰，你就會很快找到自己的財務自由之路。」

在我即將離開夏威夷開始新的旅程之前，富爸爸又和我進行了一次談話。他明白或許我會永遠離開夏威夷，離開自己舒適的家，開始在沒有任何安全保證的情況下應對各種挑戰。在我結束了與富爸爸談話的一個多月後，我又置身於冰雪覆蓋的惠斯勒山上，感到疲憊虛弱，不堪一擊，而我最好的朋友又在講述同樣的道理。我明白現在是奮起一搏或者打道回府的時候了，我感到這是登山以來自己最虛弱的一次。我必須再次做出抉擇，可以讓懷疑和懶惰占據上風，也可以設法改變自己。總之，到了榮辱進退的轉捩點了。

回顧拉里關於財務自由的談話，我感覺到他還沒有真正談到財務自由。那時，我意識到克服自我懷疑和懶惰是我能做的最重要的事情。如果我不能克服這些，我的生活就會走回頭路。

「好，讓我們動手做吧，」我說，「讓我們來確立財務自由的目標。」

這是一九八五年新年那天發生的事情，到了一九九四年我和金實現了財務自由。拉里也在繼續創立自己的公司，那家公司被商業雜誌評為一九九六年成長最快的公司之一。一九九八年拉里賣掉了公司，在他四六歲的時候退休，然後開始了長達一年的休假。

你是怎樣做的？

不論什麼時候提起這段往事，馬上就會有人問：「你是怎樣做的？」

「那不是怎樣做的問題，是我和金為什麼要做的問題。」我接著說，「沒有這個『為什麼』，

『怎樣』就會變得根本不可能。」

我本來可以繼續告訴你，金、拉里和我是如何做的，但我不想這樣。我們如何去做並不重要。如果真要說我們怎樣去做，那我要說的只有一點：從一九八五年到一九九四年，我們一直按照富爸爸獲取財富的三條途徑去做。這三條途徑分別是：

1. **提高企業經營技巧。**
2. **提高資金管理技巧。**
3. **提高投資技巧。**

已經有不少書本探討過上述三種途徑的具體操作方法，如果我再來談，就沒有多少意義了。我覺得比「怎樣去做」更為重要的是「為什麼要做」，這是因為我決定向自我懷疑、懶惰和過去挑戰。正是這個「為什麼要做」給了我們「怎樣去做」的力量。

富爸爸常說：「很多人問我『怎樣去做事情』，以前我會告訴他們。直到有一天我發現即使我告訴他們怎麼去做以後，他們也往往不會去做。我意識到，對於一個人來說，**『為什麼要做』比『怎樣去做』更為重要。**」

他接著說：「許多人不做他們力所能及的事情，因為他們沒有足夠強烈的『為什麼要做』的想法。只有找到了這個『為什麼』，就會很容易發現自己『怎樣』的致富之路。很多人不是從內心深處探尋『為什麼』要致富，而是四處尋找致富捷徑，其實所謂的致富捷徑常常只會走進死胡同。」

我自己內心的爭論

那天晚上，坐在寒冷的山區小木屋中，聽著拉里的講話，我感覺內心一直在默默地和他爭論。每次當他說到：「讓我們確立目標，把它寫下來，制定出詳細的計畫。」我就會感到自己心中一直有一個聲音，述說著諸如此類的事情：「但是我沒有錢。」「我不知道如何去做。」「明年再考慮吧，或者等到我和金的生活穩定下來以後。」「你不了解我們目前的處境。」「我需要更多的時間去考慮。」

多年以來，富爸爸曾經給了我許多教誨。其中一條就是：「如果你發現自己為一個好主意而爭論，那麼我建議你馬上停止這種爭論。」

那天晚上，當拉里沒完沒了地談到獲取財富、提早退休時，我又一次想起了富爸爸對我的警告。富爸爸解釋說：「不論什麼時候，如果有人說出諸如『我買不起』或『我做不成』」自己嚮往的事情，那他們自身一定有大問題了。在這個世界上，為什麼還有人說這種窩囊的事情呢？為什麼有人會主動拒絕自己嚮往的事情呢？這真是不可思議。」

壁爐中的火苗明暗閃爍著，我意識到自己正在拒絕內心嚮往的東西。「為什麼不年輕富有地退休？那又有什麼不好？」我在問自己。我的想法慢慢清晰起來，暗暗對自己說：「為什麼不同意這個主意？為什麼要拒絕自己嚮往的東西？拉里講得很對，多年來我一直也在這麼講。我曾經希望自己能在三五歲退休，而現在我已經快三七歲了，還是看不到退休的希望。事實上，我現在已經身無分文，我為什麼還要和拉里爭論？為什麼不能接受他的觀點？」

當我這樣自言自語時，我終於明白自己為什麼不願接受拉里的好主意。在我二五歲那年，我就計畫著要快速致富，並且在三十歲到三五歲的時候退休，那是我的夢想。但當我失去尼龍魔鬼沾錢包公司後，第一次感到精神萎靡，對自己失去了信心。那天晚上坐在壁爐旁，我意識到正是由於缺乏自信導致了我們的爭論，實質上我是在反對自己曾經夢想的生活。我不能接受拉里的觀點，僅僅是因為我害怕自己再次失敗，不願遭受夢想失敗後所帶來的傷害。我曾經夢想過，也曾經失敗過，那天晚上我意識到自己之所以爭論只是不願再次失敗，並不是自己不願再次夢想。

我輕輕地對拉里說：「好吧，讓我們確立一個大目標。」我最後接受了這個好主意。那場爭論結束了，我不會讓它影響自己今後的生活。畢竟，那是我自己內心的鬥爭，而不是和別人爭論。也是自己內心中的「小人物」與渴望成長的「巨人」之間的爭論。

拉里說：「很好，現在正是你振作起來的時候，我一直在為你擔憂。」

我決心去做的動力就是找到了「為什麼要做」，並且明白了將來「為什麼要做」。儘管當時我心裡並不清楚「怎樣去做」。

為什麼我決定提早退休

究竟有多少人曾經說過：「我對自己目前的生活已經厭倦不堪，信心全無」？在那個新年夜，我和金、拉里圍坐在壁爐旁，我對自己的過去確實感到不滿，而且打算改變。這當然不僅僅是精神的變化，而是發自內心的深刻變化。那是實現大轉機的時候，因為我清楚自己為什麼要改變，所以我相信自己一定能夠改變。下面就是我要改變自己的原因，也就是說我為什麼要年輕富有地退休的原因：

1. 我已經受夠了一文不值、整日為錢奔波的滋味。雖然在我經營錢包公司時曾經一度擁有財富，但隨著公司破產，我很快又回到勉強養家糊口的境地。富爸爸給了我好多教誨，至今仍然銘記在心，但沒有落實在行動上。我還沒有致富，而現在到了我該設法致富的時候了。

2. 我已經厭倦了平庸的生活。從學校開始，老師就說：「羅勃特是個聰明孩子，但是他不會充分施展自己的才能。」他們還說：「他的確是個聰明孩子，但是他不像天才孩子那樣有智慧，僅僅是比一般人稍強一些。」那天晚上坐在高山之上，我對自己的平庸感到難以接受，是到了該改變的時候了。

3. 在我八歲那年，有一次回家後發現媽媽正在廚房餐桌上哭泣，因為我們家快要被鋪天蓋地的帳單淹沒了。雖然爸爸正在竭盡全力賺錢，但是作為一名教師，他在財務上其實很難有什麼作為。他常說：「別擔心，我會處理的。」但實際上，他根本無法做到這一點。爸爸解決的辦法只有一條，那就是回到學校後拚命工作，希望能得到加薪。然而，家裡的帳單還是愈來愈多，媽媽感到日益孤單無助，也無人可以訴說。爸爸不喜歡討論錢的問題，即使提起來，也常常只有發怒生氣。

從那一天開始，我就打算開始尋找幫助媽媽的辦法。直到那晚坐在惠斯勒山上，我才意識到經過好多年摸索，自己終於找到了答案，現在是到了將它們運用到實際生活中的時候了。

4. 最讓我感到痛苦的是自己現在遇到了生命中最美麗善良的女性——金，我們彼此都把對方當做自己心靈上的另一半。因為深深愛著我，現在她也同樣陷入了財務危機。那晚在山上，我意識到我應該承擔起家庭責任，為金做些什麼事情，就像我的爸爸對媽媽那樣。那一刻，我找到了內心真正「為什麼要做」的原因。

上面都是我要做的原因，我將它們寫下來並偷偷保存起來。如果你讀過《富爸爸》系列叢書第二本《富爸爸，有錢有理——財務自由之路》（*Rich Dad's CASHFLOW Quadrant*），你或許會記得我們下山以後的遭遇。我在那本書開頭已經說到，我和金在所有錢用完之後，不得不在一輛汽車裡住了三個多星期。可以說，我們確立了年輕退休又富有的目標後，情況並沒有馬上好起來，但是上述「為什麼要做」再次堅定了我們的決心。

下山以後，拉里的情形也是這樣。他在一九八〇年代末期再次遭到了財務危機。不過「為什麼要做」的信心讓他頑強地挺了過來。

正如富爸爸所做的那樣，我同樣也不會告訴任何人怎樣去致富。我首先問人們的是，他們為什麼渴望有朝一日能夠過上富裕生活？如果沒有一個強烈的「為什麼要做」的理由，最容易做到的「怎樣去做」也會變得艱難無比。致富之路千萬條，個人致富的原因卻往往屈指可數。找到你「為什麼要做」，然後就會發現你「怎樣去做」。俗語說的好：「有志者事竟成」，我認為首先要找到自己的目標理想，然後才能找到實現的途徑和方法。

建議：多年以前，我就知道熱情是愛與恨的混合物。除非對某件事情具有熱情，否則人們都會一事無成。富爸爸常常說：「如果你渴望得到什麼，你就會對它充滿熱情。熱情為你的生活注入了活力和能量。如果你渴望得到自己沒有的東西，就要先弄明白你為什麼喜歡擁有它，以及為什麼痛恨失去它。結合這兩個方面，你就找到了馬上行動實現理想的動力。」

你可以列表對比自己喜愛和痛恨的原因，比如下表：

喜愛	痛恨
富有	貧窮
自由	不得不工作
購物隨心所欲	想要的東西一無所有
昂貴的東西	便宜的東西
讓別人做自己不願做的事情	不得不做自己不願做的事情

你的喜愛	你的痛恨

我的建議是，你可以自己列表填上自己喜愛和痛恨的東西，如果你有很多內容想寫，但書上的空間不夠（這我很樂見），請自行在一張更大的紙上撰寫。祝福你的人生充滿更多熱情。

靜靜尋找你的所愛和所恨，接著寫清楚理由。然後寫下你的夢想和目標，以及實現財務自由、提早退休的計畫。只要你寫出了這一切，就有可能讓朋友或幫助你實現夢想的人看到。定期看看這張紙上你的夢想、目標和計畫，經常談論這個話題，並積極尋求幫助，主動繼續學習。在你意識到之前，或許奇蹟就已經發生了。

另外，我聽到很多人說：「金錢並不能給你帶來幸福。」這句話有一定道理，但是我認為，金錢最大的好處是為我們帶來了更多自由，為我們帶來了做自己喜歡事情的時間。因為可以讓別人來代替你做自己不喜歡做的事情。

第二章

為什麼要提早退休

一九九四年，在經過了近十年的努力工作之後，我終於獲得了財務自由，那年我四七歲。我的朋友奈爾（Nyhl）提醒我：「一定要在出售公司後好好休息一年。」

「一年？」我有點不以為然，「我打算退休，而且再也不回來工作了。」

「不，你不會的。」奈爾好像滿有把握。奈爾曾經是一個商業團隊的成員，那個團隊八〇年代初建立了好幾家公司。音樂電視（MTV）和鄉村音樂電視（CMT）就是其中的兩個。在建立和出售了一些企業後，四一歲的他毅然退休。我們後來成為很好的朋友，現在的他不斷向我傳授自己關於退休的體會，「不到三個月，你就會感到無聊透頂，然後乖乖回來在另外一間公司工作。對你來說，最艱難的事情莫過於無所事事。這也就是我為什麼一直鼓勵你，在另起爐灶之前至少要好好休息一年。」

我禁不住放聲大笑，覺得他顯然低估了我不再工作的決心。我向他保證，我是打算永遠不回來工作了。我說：「我無意再涉足商業活動，我既然退休了，就沒有重新回來工作的打算。下次看到我的時候，你肯定難以辨認。我再也不想身穿制服，理著短髮，像上班的時候那樣。我希望自己成為海灘上的常客。」

奈爾聽了我的談話，還是堅持自己的觀點，希望我聽從和理解他的勸告。對他來說，我能否理解他自己的觀點似乎很重要。經過很長時間的談話之後，他開始說動我了。最後他說：「只有極少數人擁有你這樣的機會，沒有多少人可以不工作而經濟上仍能得到支援，沒有多少人到了中年就可以真正退休，那應該是你工作賺錢的重要年齡階段。大多數人無法承受停止工作後的生活壓力，他們不得不終生工作，即便內心也想退休，或者討厭自己的工作。因此，不要輕視提早退休這個珍貴禮物，得到這個禮物的人少之又少。因此要珍惜這個機會，離開工作崗位後好好休息一年。」

奈爾接著解釋說，許多企業主賣掉自己的公司後，往往過不了多久就又開始經營另外一個。他說：「我習慣於創建一家公司，然後出售，接著又創建另外一家。我在三五歲之前已經轉手了三家公司。我擁有很多金錢，但卻無法停止工作，我不知道停止工作的滋味。如果停止工作，我會感到自己毫無用處，只是在浪費時間，因此我愈來愈勤奮工作，這也剝奪了我和家人在一起的許多時間。後來，我意識到其中的問題，決定做一些與過去不同的事情。等到我賣掉自己最後一家公司時，銀行存款已經超過了數百萬美元，我打算停止工作一年，將那整整一年的時間交給家人和我自己。這是我迄今為止一生中最偉大的決定。那段時間我獨自一人，無所事事，這感覺真是太妙了！我們從五歲開始上學，畢業後就開始工作，你是否也感到其中辛勞？只有極少數人能夠擁有至少一年的休閒時間，獨自坐下來靜靜思考。」

他告訴我，國內的生意一處理完，他就和家人來到了遙遠的斐濟海灘。他說：「一連好幾個月，我常常靜坐在海灘上，注視著湛藍的大海，看著孩子們嘻鬧，享受著嚮往已久的生活。」充分享受了斐濟的陽光和海灘之後，他們又趕到義大利住了好幾個月。「在我重新成為一個心智健全的人之前，那的確是我度過非常充實的一年，」他說，「我發現，不讓自己早早起床，不去考慮做任何事情，比如不去參加會議、趕班機、賺錢支付帳單等，原來也不是一件很容易的事情。整整過了一年，我才去掉了自己身體中的興奮因數，慢慢放鬆下來。我感到自己再次成為身心健全的人。現在我四一歲了，其中有三六年我整天被一種無形的力量驅使著，現在我終於找到了歸宿。」

我必須面對的最困難的事情

奈爾說對了，退休之後最難應對的事情就是無事可做。經過了多年辛勞的上學、考試、會議、趕飛機以及應付各種事務的最後期限之後，我已經完全習慣了起身跑步去處理事情的生活。退休前，我還記得自己曾經抨擊面臨的各種工作壓力和擔憂，「再過六個月我就要完全自由了，我將要退休，不用再做任何事情。一旦公司轉手我就會馬上離開，我要告別這種瘋狂忙亂的生活。」

一九九四年九月，我完成了公司轉讓手續，將賺到的一部分錢存入銀行，投資了一些房地產和商場，然後正式宣布退休。那時我四七歲，金三七歲，我們已經完全獲得了財務自由，剩下的時間可以充分享受生活。正如奈爾所警告的，在剛剛出售了公司的幾周內，我常常心神不安。我依舊每天很早就醒過來，然後意識到其實那天沒有任何工作安排。沒有人找我，我也沒有人可找。我無處可去，孤獨地待在屋裡。不久我變得焦躁不安、脾氣暴躁，感覺自己成了一個多餘的人。我感覺虛度光陰，非常希望能做點什麼，但事實上卻沒有事情可做。奈爾說的對，對我們來講，無事可做是最難熬的。

金還有事業，她投資和管理著自己的不動產組合專案。金享受著工作的快樂，並且以自己特有的方式處理這些工作。她看到我在廚房敲敲打打，製造出很大的聲音，卻沒有幹什麼活，就趕過來問我：「你是否正在找事情做？」

「不，」我回答說，「我正在尋找無事可做的方法。」

「好吧，當你找到時告訴我一聲，我們一起去做。」金燦爛一笑，「為什麼不去找你的朋友一起做些什麼？」

「我已經找過了，」我有氣無力地說，「他們都忙於工作，沒有空閒時間。」

這樣度過了幾個月，金和我決定去斐濟度假。奈爾曾經想在那裡度過退休後的第一年。我很樂意出門，即便僅僅是為了打發時光。

做出度假決定後不到三周，我們乘坐水上飛機抵達了斐濟。戴著花環、捧著熱帶飲料的斐濟人滿面笑容地歡迎我們。當金和我穿過湛藍海水旁的長長碼頭時，我感覺好像置身於魔幻島一般，矮小、胖乎乎的小孩子在一邊喊著：「老闆，飛機！飛機……」

斐濟島比奈爾描述的還要美麗，簡直讓人不敢相信。由於我出生在夏威夷，心中禁不住暗對自己說：「夏威夷過去曾經是這樣，現在也應該是這樣。」然而，這座令人驚嘆的神祕小島的生活節奏對我來說實在是太緩慢了。我不相信那個天堂般的環境會讓我焦躁難耐，起床後用完健康水果早餐，慢步跑一段，接著就在海灘上打發整整一天的時間。一個多小時後，我的心頭又升起了一種衝動。雖然島上的海灘美麗無比，我還是準備回美國重新開始創辦自己的公司，我不明白當初自己為什麼向奈爾許諾會遠離工作一年以上。我在那個天堂般的小島上待了整整兩個星期，金依然意猶未盡，我卻想回到亞利桑那。回國的原因我自己也說不清楚，不過最後我們還是離開斐濟回到了美國。

閒坐在家裡的情形並沒有比呆在海灘上好多少，但至少我現在有自己的汽車、有自己熟悉的地方，這對緩解我的煩躁很有用處。有一天，一個新來的鄰居跑過來自我介紹。他也剛退休，不過已經六八歲，足足比我大了二十多歲。他曾是一家財富雜誌列為前五百大企業的高級經理。每天，他都跑過來談論新聞、天氣和一些體育話題。他是個很有意思的老頭，但是與他坐在一起無所事事，卻是我所經歷過最糟糕的事情。他想做的就是在家裡的後院工作或者打高爾夫，對他來說，退休純粹就是來到天堂。他並沒有完全脫離外面公司的活動，只是喜歡休閒和無事可做。我覺得自己如果長期和他待在一起，肯定也會變成那樣。當他鼓勵我參加他們的鄉村俱樂部時，我意識到為了不做任何事，我必須另外找些其他事情做。

最後，我終於待不下去了。一天，我對金說：「我打算去比斯彼（Bisbee），我需要到一個忙碌卻不做事情的地方。」不久，我搬到了金和我擁有的小農場。這是個美麗但卻封閉的土地，坐落在一個山谷下，到處都是高大的橡樹林，一條小溪蜿蜒穿過，有很多鹿，偶爾還能見到兇猛的美洲獅。整個農場位於墨西哥、新墨西哥州和亞利桑那州交界的高山上。我終於找到了可以打發一年時間的去處，一個忙著不做任何事情的地方。在沒有電視、收音機的木屋裡待了幾天後，我終於平靜下來，慢慢習慣了離開工作的生活。我的呼吸減緩，整個生活節奏也慢了下來。平和寧靜成為我每天生活的重要組成，各種會議和最後時限的壓力已經不復存在，我遠離工作的生活正式開始了。正如奈爾所說，「這的確是極少數人才能夠享用的禮物，一定要珍惜。」這個過程整整用去了將近六個月的時間。

新生活重新開始

獨自坐在山中木屋，我有了反省自己生活的時間。我回想起年輕時做過許多魯莽衝動的事情，想起過去許多選擇和每次做出選擇時的情形，即便那不是明智的選擇，卻對我最後人格的形成至關重要。我有了機會回憶中學時光，回憶一起成長的朋友們，其中許多人現在都很難見到了。我還回憶起大學時代的朋友，猜想他們現在都在幹什麼。可以說，這段獨處給了我反思年輕時代的朋友影響自己人格形成的機會。

坐在小木屋中，好多次我內心升起一股衝動，真希望自己能夠有機會與童年的夥伴們再在一起。我只想有笑聲，只希望自己還能夠再次年輕，但現在我只擁有珍貴的回憶。真希望自己當初能多拍些照片，多寫些信，多和朋友聯繫，但我們整日都為生活忙碌，最後各自走上不同的生活道路。靜坐在高高的山上，面對熊熊燃燒的爐火，追憶年輕歲月，感覺比看電影還好。這種遠離塵世的生活給了我時間和空間仔細回味過去記憶中的細節。有趣的是，即使是過去一些不愉快的回憶，現在也為我帶來了快樂。我開始欣賞自己的人生，欣賞生命中遇到的每個人，不論他們是好是壞或是影響過自己的生活。我讚賞自己獨特的人生！

在平靜的時刻，我意識到我們每個人都有成為好人或者壞人的可能，也都有成為偉人的可能，但是偉大卻不是我們年輕時必然的一部分。我不是那種很有天分的孩子，不是音樂神童，不是體育明星，也不是公眾人物或者各種晚會爭相邀約的人。回顧過去，我意識到自己的生活普通平凡。不過，那天坐在山上靜靜回味的時候，我感覺到，其實那些看似平凡的生活，對自己卻有獨特的意義。

那段日子，我有時間回想我的家庭、朋友、運動時的夥伴、過去的女朋友以及商業夥伴。我回想起自己曾經做過的選擇，設想如果當初做出另外一種選擇，結果又會如何？如果我和大學時的女朋友結婚、安居、生小孩，就如同她所嚮往的那樣，結果又會如何？如果我決定不去當飛行員遠赴越南，我的生活又會如何？如果我像周遭許多朋友一樣不去越南參戰，又會發生什麼？如果我按照窮爸爸的勸告攻讀碩士學位，而不是創立尼龍魔鬼沾錢包公司，又會如何？

如果我在最後找到一份工作前沒有損失那兩家公司的話，又會如何？如果我沒有遇到金並和她結婚，又會如何？如果金在我最困難的時候離開我，又會如何？最重要的，如果沒有生活中經歷的那些成敗得失，我最後又會學到什麼？又會成為一個什麼樣的人？

的確，**每個人都無法改變自己的過去，但是你可以改變對過去的看法。**在那天與金、拉里暢談之前，我的過去可說是一團糟。那僅僅是自己度過生命中每一天時，一連串人物和事件的簡單組合。山中獨處給了我停下來回顧自己過去的機會。我過去也曾經做過許多不大光彩的事情，以後不會再做了。我也曾經犯下許多錯誤，說過謊話，也會希望自己當初沒有做那些事。我也曾經在生活中傷害過朋友和自己深愛的人，沒有對自己深愛的人表白過。在遠離塵囂的那一年，我發現這些事情對我的生活原來是這麼重要。獨自靜坐山上，回想起過去的朋友、家庭和自己的生活，我對他們成為自己生活中的一個重要組成部分深懷感激。獨自靜坐山上，我有了機會對過去輕輕說聲「謝謝」，也為未來做好了準備。

今天，當對很多人提起退休後第一年的生活時，我總是說：「**人到中年就提前退休並遠離工作的最大好處，就是給了自己重新開始生活的一個機會。**」

建議：不論能否提早退休，我還是建議你：最好每個月至少用一個小時來反思自己的生活。我在提早退休之後，透過反思發現：

1. 過去看重的事情原來並沒有那麼重要。

2. 我們現在的處境比心中的目標更為重要。
3. 自己當時身邊的人最重要，好好地和對方在一起。
4. 時間非常寶貴，好好珍惜它，千萬不要浪費。
5. 有時候，不做事情比勞碌還要困難。

對我來說，提早退休的最大好處是有機會領略和品味生活，即便生活是勞碌繁忙、壓力很大或者問題重重。當無事可做的時候，我才明白自己其實並不知道怎麼應付這種狀況。現在知道了無所事事的滋味，我才真正學會如何欣賞紛擾的平淡生活。因此，不論現在的生活如何，你一定要抽出時間來欣賞它，因為到了明天它留給你的只有回憶。

在賣掉公司退休後十八個月，我才離開了亞利桑那南部山區。開車離開的時候，我不知道自己的下一站在哪裡，只知道想做另外一些事情。我的電腦中存放著《富爸爸，窮爸爸》一書的草稿，公事包中放著現金流101遊戲的草圖。我生命中的另一段開始了，這一次才是真正屬於自己的生活。現在，我已經變得更加成熟、聰明、智慧和沉穩，同時也更加令人信賴。

當駕車離開亞利桑那山區時，我開始另一段生活，我不再為父母、老師、朋友或自己童年的期望和夢想而活著。我要過完全屬於自己的生活。

這也是我鼓勵大家提前退休的主要原因：提前退休給了你重新開始自己生活的機會。

第三章
我如何做到提早退休

一九九九年春天，我赴洛杉磯為大約兩五〇名銀行家發表演講。因為被安排在上午第一個演講，我不得不提前一個晚上從居住的鳳凰城趕到了那裡。用過早餐後，我站在賓館房間中匆匆整理了一下思緒。我平時演講中關於財務報表、財務知識，以及資產和債務的區別等內容，對於這些人來說可能遠遠不夠。因為他們不是普通的銀行家，而是做抵押貸款業務的銀行家。我想他們肯定熟知我經常提到的財務知識，或者至少希望他們如此。

我的演講計畫在上午九點三十分開始。八點鐘的時候，我還在尋找適合他們角度和概念的內容。坐在賓館的書桌前，我匆匆看了一眼當天的早報。報紙頭版是一對幸福的夫婦站在高爾夫球車前的照片，照片上醒目的標題是：「我們打算提早退休」。

文章介紹說，在股票市場整體上揚的時期，這對夫婦的401(k)退休金計畫在過去十年中表現很好，因此他們決定提前六年退休。先生五九歲，太太五六歲。文章引用他們自己的話說：「我們的共同基金表現如此的好，我們覺得或許有一天自己也要成為百萬富翁。我們不想再繼續工作，決定退休。後來我們賣掉了房子，在退休者之村裡換了個小房子，並將剩餘的錢作為高收益存款，按比例縮減各種開支。現在，我們每天都可以打高爾夫球。」

我從這篇文章中找到了今天演講的靈感。寫完演講提綱，並漱洗換裝完畢，我走向了正在等待的抵押貸款銀行家們。九點三十分，我被介紹給大家，然後走上了主席台。我揚起手中的早報，指著這對剛剛退休的夫婦照片說道：「我們打算提早退休。」便開始自己的演講。接著我讀出這對夫婦的年齡，又讀了報紙中的一些評論。然後我放下手中的報紙，說道：「我和金同樣很早就退休。那是一九九四年，當時我四七歲，她三七歲。」我掃視整個大廳，想讓他們注意到這個年齡上的差別。沉默了十秒鐘後，我接著問道：「現在讓我來提一個問題，為什麼我能比這位先生提前十二年退休？我的太太為什麼能比這位女士提前十九年退休？究竟是什麼造成了我們之間的不同？」

大廳裡出奇的安靜，看來這次演講的開場不錯。我明白這才剛剛開始，就用提問引發他們思考，而不僅僅是傾聽。我明白這樣做有些狂妄自大，把自己與報紙上這對夫婦相比較。不過，我只是想向這些銀行家們提出一個觀點，然而似乎已經有點晚了。我覺得自己就像剛剛表演完拿手節目、卻沒有獲得觀眾笑聲的喜劇演員，心裡完全沒有譜兒。我接著又問了一句：「你們當中有多少人打算提前退休？」

這一次同樣沒有任何回答，也沒有人舉手。大廳裡寂靜的氣氛還在持續，我的演講看來快要搞砸了，我知道自己必須趕快做些什麼。可以看出，眼前這些人多數比我年輕，但少數幾個跟我年齡相仿的人對我所說的提早退休也沒有任何感覺。我很快又提出了另一個問題：「你們當中小於四五歲的人有多少？」

大廳裡馬上有了回應。好多隻手慢慢地舉了起來。我估計六〇%的人舉起了手，這表示他們都小於四五歲。聽眾大多還很年輕，至少相對於我來說。接著我改變策略，問道：「你們當中有多少人希望四十歲退休，而且在往後的日子裡獲得財務自由？」

這次舉手的人熱情似乎更高了。我感覺交流的氣氛變得較好，聽眾也活躍了起來。年齡稍大的聽眾慢慢也被觸動，他們看著身邊那些舉手表示不願工作到老的年輕同伴。我感覺到這些年齡稍大的聽眾心中的不安，意識到需要盡快說些什麼安撫他們。

當人們放下手以後，我微笑著停頓了一會兒。看著那些和我年齡相當或者年齡更大的人，說道：「我想對世界上的抵押貸款銀行家表達謝意，是你們使我的早日退休成為可能。如果沒有房地產經濟人和股票經紀人，沒有財務顧問，沒有會計師，就沒有今天的我。正是你們——抵押貸款銀行家，才讓我比我父親早退休了大約二十年。」

看到他們的不安正在消失，我又繼續自己的演講。看來對他們的感謝產生了作用，接著我又重複了一遍剛開始時提到的問題：「為什麼我們可以比報紙上提到的那對夫婦早些退休？在座的各位如何幫助了我提早退休呢？」

接著又是一陣沉默，我慢慢明白他們不知道如何作答。儘管仍然沒有多少反應，他們還是比幾分鐘之前熱絡些。我決定不再提出那些讓他們猶豫不決、不好回答的問題了。演講繼續進行，我取出了活動掛圖，在上面寫下了幾個粗大的單詞：

我轉過身來對著他們，指著「債務」一詞說：「我能夠早點退休，就是因為我用債務來支援自己退休；報紙上介紹的這對夫婦依靠401(k)退休金計畫，是依靠產權來支援他們退休。這也就是他們比我們晚退休的原因。」

為了讓他們注意到這個不同點，我又故意停頓了一會兒。忽然，一個人站起來問道：「你是說，報上介紹的那位先生依靠自己的錢退休，而你依靠我們銀行的錢退休嗎？」

「對，正是這樣，」我回答說，「我用你們銀行的錢，負擔愈來愈多的債務，而報紙上介紹的那位先生卻一直在設法消滅債務。」

「因此，他比你晚退休，」旁邊的一個人接著說，「他比你多用了十二年時間，因為他用的是自己的錢、自己的產權退休。」

DEBT
債務

VS.

EQUITY
產權

十八年的生命

我笑了，不斷地點頭稱是，「如果和許多六五歲退休的人相比，四七歲退休多給了我十八年的時間。十八年的生命價值該會有多少？注意，那是你年輕時的十八年啊。對我太太金來說，那就意味著她多了二十八年青春可以享受。在座的各位有多少人願意早點退休，享受年輕、活力和自由的生活，享受不為金錢所累的自由？」

伴隨著笑聲和激情，大廳裡幾乎所有人都舉起了手。人們好像剛剛獲得了新生。但是，正如我預想的那樣，他們的手腳都被束縛著，我的演講並沒有被他們完全接受。因為什麼樣的人就是什麼樣的人，我並沒有完全說服他們。但是，至少我的演講的開場不算太壞，而且一些人開始站在我這邊了。

前排的一個年輕人舉手問道：「你能否再解釋一下，你是如何利用債務而比那位利用產權的先生提早退休的？」

「當然可以。」我很高興有機會進一步解釋這一點。我拿起報紙，指著他們的照片說：「如果六五歲是退休年限，這位先生因為股票上揚提前了六年退休。可以說他做得不錯，因為他將自己的錢投進了股票市場。如果他借了你們銀行的錢，並將這些錢也投進股票市場，請各位設想一下他的成果是不是會更好？」

大廳裡一陣騷動，顯然我的回答在他們中間有了反應。剛才提問的那個年輕人臉上露出困惑的神情，他說：「但是，我們不會將自己的錢借給他，讓他投資股票。」

「為什麼？」我問道。

「因為風險太大了。」他回答。

我點了點頭，接著說：「就因為風險太大，這位退休的先生只能用自己的錢和資產。他的退休金計畫401(k)表現良好，股票投資也很有收穫。可以說，他所有的收益都是因為整個股市漲勢強勁。而股市之所以上揚，是因為有成千上萬的人和他一樣抱著同樣的目的投身股市，因此他能夠提早退休。但是，他花的時間比我長，這是因為他基本上只使用自己的錢和資產來購買其他投資。有趣的是，因為存在一定風險，銀行不願為他的投資貸款。你們銀行家不願借錢給人們去股市投機，對嗎？」

很多人點了點頭。

「你的意思他撞到了好運氣，是嗎？」另一個人問道。

「可以這麼理解。他只是在恰當的地方、恰當的年齡，遇到了股市漲跌的一個恰當輪迴。如果整個形勢不是這樣，他或許會祈禱幸好沒有早退休。」我回答說。

「你用我們的錢投資什麼專案？」又有一個人問道，顯然他對我的投資專案很關切。

「房地產，」我回答說，「除此之外，你們不會借錢給我。你們是抵押銀行家，而不是投資銀行家，是嗎？」

那個年輕人點點頭，低聲回答：「我們是抵押銀行家，我們借錢支援的是房地產專案，而不是股票、債券、共同基金等專案。」

「但是，過去十年股票市場升值率不是遠高於房地產的升值率嗎？」坐在稍後位置的年輕女士問道：「我的401(k)比我見到過的許多房地產專案經營狀況都要好。」

「或許是這樣，」我回答說，「但是，妳的401(k)升值僅僅是因為市場動力和資本升值。你會長期只依靠市場動力和資本升值的情況投資嗎？」

「當然不會。」那位年輕女士回答。

「我也不會那樣做，」我說，「我不會僅僅為了資本升值而投資。我從來不需要透過市場升值來為自己賺錢，儘管我的一些資產升值也很大，但不存在許多股票和共同基金貶值的問題。」

「如果你投資不是為了資本升值，那究竟是為了什麼？」那位年輕的女士接著問道。

「我是為了現金流而投資，」我輕輕地回答，接著反問了一句：「妳每月的現金流是多少？或者說，你的401(k)帶來的收入減去支出後是多少？」

「沒有多少，」她說，「我參與退休金計畫的目的就是為了免掉資本所得稅，讓自己的錢都留在退休金帳戶上。我的401(k)本來就不是為了給自己每月帶來現金流的。」

「我還想問妳一句，妳的房地產投資每月帶來的現金流會增加自己的稅務支出嗎？」

「沒有，」她說，「我只有共同基金一項投資。」

「那妳是抵押貸款銀行家嗎？」我笑著問道。

「讓我們說得更直接些吧，」她說，「你從我們手裡借錢，購置了房地產，每月給你帶來現金流。你有了現金流，所以能和太太提早退休，而我們大家完全將希望寄託在共同基金的資本升值上，所以希望自己能夠晚一些退休。當我們退休的時候，我們總是希望股市不要出現震盪。那也就是說，我們幫助你提早退休，但我們卻不知道幫助自己。」

「從某個意義上講，的確如此。」我回答說，「我感謝你們以及你們整個行業幫助我獲取退休金。你們幫助我擁有了數百萬美元，因此能夠提早退休。自然，我希望你們自己也能這樣做。」

演講結束的時間快要到了，當我走下主席台時，大廳裡響起了一片掌聲，氣氛也一下子沸騰起來，尤其是年輕聽眾被我的觀點所振奮。當穿過人群握手的時候，我有機會聽到他們對我演講的評論。但是，儘管他們都是抵押貸款銀行家，我依然聽到了類似過去很多一般聽眾的議論，比如：「他所講的事情風險太大了。」「我永遠不會借錢給他。」「他不知道自己在說些什麼。」「現在你不能那樣做了，市場已經發生了變化。」「他太走運了，不過只要等到市場崩潰，他就會跪在我們面前祈求。」「我無法確定，這是我從不購置房地產的原因。」「房地產市場嚴重過剩，馬上就要崩潰。」「你知道有多少像他那樣的人最後栽倒在房地產市場上？」「如果他的債務這麼多，我就不會借給他任何錢。」「如果他真的退休了，為什麼還來演講給我們聽？」

窮爸爸的教誨

窮爸爸常常建議我：「上學，爭取好成績，找個安全可靠的工作，勤勉努力，好好儲蓄。」

他還經常引用一些俗語教育我，比如：「永遠不要借錢，也不要借錢給別人。」「存一分錢等於賺一分錢」，「不買無法負擔的東西，一概支付現金，永不賒帳」等等。

如果完全按照他的建議，窮爸爸的生活或許應該不錯。但是，和大多數人一樣，他說著自己認為正確的話，但卻沒有做出正確的事情。他借錢買房子、汽車，從不投資，他認為「投資風險太大」。他也設法積蓄，但每次遇到緊急情況，總是入不敷出。他借錢購買的東西使自己更為貧窮，不願借錢購買的東西卻有可能使自己致富。這些細小的差異，使他的生活有了很大不同。

這些根深蒂固的觀念和處理金錢的方式，決定了他六五歲還不能退休，無法享受平靜的生活。這也是直到癌症完全擊倒他之前，不得不一直工作的原因。他終生工作勤奮，在生命的最後六個月，又在病房中跟癌症抗爭。他是一個正直、善良、勤勉的人。一生工作努力，盡力避免債務、設法積蓄，這些都是他想傳授給我的有關生活和金錢的教誨。

富爸爸的教誨

富爸爸是我最好的朋友邁克的父親，他教給我一個截然不同的理財建議和金錢觀念。他經常這樣問我：

1.「你存下一百萬美元需要多長時間？」或許他還會接著問，「你借來一百萬美元需要多長時間？」

2.「誰最後會更富裕？是終生工作試圖存一百萬美元的人，還是懂得用一〇%的利息借一百萬美元，接著又投資獲取二五%回報率的人？」

3.「銀行家樂意將錢借給哪些人？是為了金錢而努力工作的人，還是懂得如何借錢、讓錢安全勤勉地為自己工作的人？」

4.「你將會成為什麼樣的人？如果你給銀行家打電話說：『我想借一百萬美元。』銀行家很快回答說：『好的，我二十分鐘後為你準備好簽字文件。』為了成為這樣的人你應該如何做？」

5.「為什麼政府一方面徵收你的存款利息稅，另一方面卻可能因為你負債而給予你稅務減免？」

6.「誰擁有財務智慧並且受過良好理財教育？是一個有一百萬美元積蓄的人，還是有一百萬美元債務的人？」

7.「誰更有財務智慧？是努力工作賺錢的人，還是讓錢為自己努力工作的人？」

8.「如果你有選擇教育的機會，你選擇學習如何努力工作賺錢，還是選擇學習如何讓金錢為你努力工作？」

9.「為什麼銀行家樂意借錢給你進行房地產投機，卻不願意借錢給你進行股票投機？」

10.「為什麼工作最賣力、儲蓄最積極的人，要比工作放鬆、借款很多的人納稅還多？」

當我們談起工作、金錢、儲蓄和債務問題時，我的兩位爸爸顯然觀點不同，但是最大的不同卻正如富爸爸所說：「**窮人和中產階級致富之路充滿艱辛，因為他們想運用自己的錢致富。如果想致富，你需要學會如何利用別人的錢，而不是你自己的。**」

本書不討論債務

提醒：儘管本書將要討論如何運用債務工具實現年輕富有地退休，但是本書不想過多地討論如何借貸，以及債務纏身的問題。正如我在導言中所說，槓桿是一種力量，這種力量可以被正確運用，也可以被濫用，或者招來無端的畏懼。我們應該謹慎地使用債務，就像使用填滿子彈的槍一樣，因為它可以幫助你，也可以毀滅你。因此，要像提防槍帶來的危險一樣，一定要小心債務帶來的危險。

我反覆強調這一點，因為前不久在我們網站上有一個年輕人寫道：他剛辭掉工作，刷爆好幾個信用卡，為購置房地產負債累累。他說：「我想按照你的建議去做，擁有大量優良債務。」

首先，我從來沒有建議任何人用信用卡購置房地產。如果懂得如何投資，你無論如何也不能用這樣危險的方法籌集資金。

儘管我知道有人用信用卡投資房地產，但我仍然不推薦這個做法。這非常危險！一些用信用卡投資房地產的人已經破產。因此我的建議是，第一步是培訓和提升運用債務的智慧。

與本章開始討論的債務與資產不同，本書的關注點不僅僅是債務，更重要的話題是：如何年輕富有地退休。

第二個重要的詞語

在本書的導語中，我曾經引用富爸爸的話，「**在金錢世界中最為重要的詞語是現金流，第二個重要的詞語是槓桿。**」

我在對洛杉磯抵押貸款銀行家的演講中，曾經說過我用他們的錢做到了提早退休，這裡其實就是說用他們的錢做槓桿。從小跟富爸爸學習，他就花了很多時間教導兒子邁克和我認識槓桿的重要作用。

在前面的導語中，我說過富爸爸最喜歡的關於槓桿作用的故事，就是大衛和歌利亞的故事。只要我們願意聽，富爸爸不知道講了多少遍。他會說：「孩子，一定要記住，大衛擊敗歌利亞就是因為他懂得槓桿原理。」

「我認為他使用的是投石器。」我說。

「對，」富爸爸說，「對於一個高手來說，投石器就是一種槓桿。等到你掌握了槓桿的力量，它會隨處可見。如果想致富，你必須學會運用槓桿的力量。假若你懂得運用槓桿的力量，你這個小孩子也可以打敗大孩子。」

隨著我們一天天長大，富爸爸不得不尋找關於槓桿作用的其他例子，他想讓兒子邁克和我能夠對他的金錢教導一直保持興趣。比如，當六〇年代披頭四合唱團風靡美國時，我們這一代人都陷入瘋狂。富爸爸就讓我們計算他們獲利多少，他說：「披頭四合唱團賺大錢的原因就在於他們擁有更強大的槓桿。」富爸爸接著解釋說，披頭四合唱團賺的錢遠遠超過了美國總統，也超過了醫生、律師、會計師以及富爸爸本人，就是因為財務槓桿的作用。富爸爸說：「披頭四合唱團運用電視、收音機和唱片作為他們的槓桿，那是他們致富的原因。」

富爸爸的兒子邁克問道：「電視、收音機和唱片是否就是槓桿的唯一形式呢？」

不等富爸爸回答，我也忍不住問道：「我們是不是必須成為搖滾歌星才能致富？」十六歲的我明白唱歌並不是自己的特長，我也不會玩任何一件樂器。

富爸爸笑著回答道：「致富並非只有成為搖滾歌星這一條路，槓桿的形式也並不只有電視、收音機和唱片。但是如果想致富，你必須設法使用某種形式的槓桿。富人、窮人和中產階級的不同，就在於他們使用了不同的槓桿形式。富人更富裕，僅僅因為他們使用的槓桿與眾不同，而且他們使用的槓桿更多而已。」

本書探討的就是槓桿問題

富爸爸反覆對他的兒子和我說：「相對於窮人和中產階級而言，富人擁有的最大優勢是財務槓桿。」他還會說：「財務槓桿也是能愈來愈快地致富的工具。」因此，在《富爸爸》系列叢書的第一本《富爸爸，窮爸爸》中，我們集中探討了現金流，本書則將探討的重點放在槓桿上。

因為要想使自己退休時年輕而富有，你必須使用一些槓桿形式。運用槓桿的力量，而不是光靠辛勤工作，是我和金能夠提早退休的原因。在下一章中，我們將集中分析幾個槓桿作用的例子。

在本章開始，我回憶了對洛杉磯抵押貸款銀行家的一次演講，講述自己如何運用他們的錢致富，而不是自己的錢，並且提早退休。那是運用債務槓桿的一個例子。

運用槓桿面臨的一個問題就是槓桿本身就像一把雙刃劍，能夠傷害任何一方。也就是說，一個人可以運用槓桿加快致富步伐，也可能因為錯誤使用槓桿而加重財務困難。

中產階級和窮人工作勤奮，工作時間漫長，他們努力償還債務，同時承擔更多的稅金，因為他們缺乏一種特別重要的槓桿，那種槓桿就是財務教育。因此，在資金用盡，借錢投資新的資產以前，請你務必清楚：債務只是槓桿的一種形式，而所有的槓桿都是一把鋒利的雙刃劍，可以幫助你也可以害你。讓我們再次回顧一下富爸爸的一些觀點：

「誰更具有財務智慧，受過更好的財務教育？是那些擁有一百萬美元積蓄的人呢，還是那些有一百萬美元債務的人？」

我想強調的是，本書關注的主要是財務教育，而不想討論使用何種槓桿。當然，我首先鼓勵大家熟練掌握自己感興趣的槓桿。

建議：富爸爸講過：「**如果想成為一個富人，你需要知道優良債務和不良債務的區別，以及優良開支和不良開支、優良收入和不良收入，以及優良負債和不良負債的區別。**」

由於本章主要探討債務槓桿，你也可以列表對照自己的優良債務和不良債務。如果你不熟悉它們的區別，也可以簡單地這樣理解，優良債務就是那些每個月可以往你錢包裡送錢的債務，不良債務就是那些每月還要從你錢包裡掏錢的債務。例如，我投資公寓的債務每個月都能給我帶來錢，而我購買住宅的債務（我的抵押貸款）每月從我的錢包往外掏錢。

檢查完下面的表格後，或許你應該思考一下，如何處置自己的債務。或許你想減少不良債務，增加優良債務。如果優良債務增加了，你年輕富有退休的機率就會大大增加。但是，切記要小心謹慎地對待債務，就像對待填滿子彈的槍一樣。

優良債務	不良債務

第四章
如何才能提早退休

在窮爸爸和富爸爸的身上，我看到了兩種截然不同的槓桿。窮爸爸受過良好的高等教育，工作勤勉努力；富爸爸則善於運用多種槓桿，那就是他工作較少，賺錢卻遠遠超過窮爸爸的原因。如果你想年輕富有地退休，掌握槓桿作用就顯得尤為重要。

從廣義上講，槓桿作用就是「四兩撥千斤」，以少勝多。提起工作、金錢方面的槓桿作用，富爸爸說：「**如果你想致富，就要少工作、多賺錢。為了做到這一點，你需要一些槓桿形式。**」他接著用對比來說明槓桿的重要性，「只知道老老實實工作的人，擁有的槓桿很有限。如果你很賣力地工作，財務狀況卻不見好轉，你有可能正在充當別人致富的槓桿。如果你有錢存在銀行帳戶或退休金帳戶裡，就有人用你的錢作為他們獲取財富的槓桿。」

槓桿無處不在

富爸爸畫了以下這張圖，為當時年齡還小的我們說

不用槓桿的人

使用槓桿的人

明槓桿原理：

富爸爸說：「槓桿無處不在。人類比動物有優勢，因為人類找到愈來愈多的槓桿。開始時，動物比人類跑得快，但現在人類卻可以比動物跑得更快更遠，因為人類發明了諸如自行車、汽車、火車、飛機等交通工具作為槓桿。開始時，鳥可以飛翔，人類卻不行。現在，人類可以比任何鳥類飛得更快更遠。這些都是人類使用槓桿的結果。」

槓桿就是力量

大多數動物只能運用大自然賦予的槓桿，基本上無法獲得更多的槓桿，那也是它們最後失去自身優勢，而讓人類主宰地球的原因。當某些人比其他人使用更多的槓桿時，同樣的事情也就發生了。富爸爸說：「擁有槓桿的人比沒有槓桿的人占有很大優勢。」也就是說，正如人類透過發明各種槓桿超越了動物，而使用槓桿的人比沒有使用槓桿的人更具優勢。簡單地說，「槓桿就是力量」。

在解釋人類怎樣獲取愈來愈多的槓桿這個問題時，富爸爸說：「鳥兒利用天生就有的翅膀作為唯一槓桿。人類透過觀察鳥類飛翔，運用自己的大腦發現了如何才能飛翔的祕密。一個從美國搭乘飛機抵達歐洲的人，比划著小船橫渡大西洋的人擁有更強大的槓桿。」富爸爸還說：「窮人比富人更少使用槓桿。如果你想致富而且長久擁有它，就需要掌握槓桿的力量。」

人類發明的槓桿工具愈來愈多，例如電腦、網際網路等，這是令人振奮的好消息。能夠盡快利用這些槓桿工具的人，往往就是走在社會前列的人。沒有學會使用這些槓桿工具的人，往往就會財務狀況不佳，或者需要透過更辛勞的工作勉強度日。如果你每天上班只是為了得到一份薪水，而非為了獲取人生的某些槓桿優勢，那就意味著你正逐步落後於時代。新槓桿工具的誕生速度之快是前所未有的，使用這些新槓桿工具的人就會領先，就會避免像動物那樣淪入落後的命運。

與生俱來的槓桿

在紐約學習世界商業史時，我發現五千年前人類就開始利用帆和風能，推動船隻渡過寬闊的水面。在這裡，風和帆就是槓桿，它們可以讓船隻走得更遠、裝載的東西更多，同時大幅降低人類的勞動強度，因此，使用大帆船的人也比其他人富裕。這讓我明白，發明工具或利用自然工具的人更容易致富。今天，我們只需點一下滑鼠，就可以比過去任何船隻裝載更多的貨物和財富，這是因為我們使用了各種新式槓桿。

沒有槓桿的人為擁有槓桿的人工作

在人類歷史上，落伍者總是那些不能有效利用新式槓桿工具的人。沒有這些槓桿工具的人，往往為那些使用槓桿工具的人工作，而且他們體力勞動的強度超過了後者。正如富爸爸所說，「沒有槓桿的人為擁有槓桿的人工作。」

陳舊過時的槓桿

因為技術源於人類大腦，我們選擇作為交通和交流工具的槓桿形式也與祖先大為不同。在今日，除了步行外，我們還可以騎自行車、開汽車或搭乘飛機。我們也可以運用電視、電話或電子郵件與遠方的朋友交流。

正如在交通、交流的槓桿形式上有更多選擇一樣，我們現在也有更多的財務槓桿可以利用。能夠利用更多財務槓桿工具的人，就有可能在經濟上居於有利位置。運用陳舊過時或不恰當的財務槓桿工具的人，就有可能在財務安全和財務前景上處於危險境地。現在數以千萬的人利用共同基金作為自己的財務工具，準備今後的退休金。共同基金雖然不是一種陳舊過時的工具，但也絕非一個成熟投資者理想的財務槓桿。這些也正是本書想要討論的問題。如果想要年輕富有地退休，人們或許需要用一種更快捷、更安全、資訊來源更豐富的財務槓桿，而不是共同基金。

為什麼人們不願使用財務槓桿

諷刺的是，窮人和中產階級認為財務槓桿工具充滿風險。因此，多數人不願意使用富人利用的槓桿工具，不願意使用更快的財務槓桿工具，而都傾向於使用體力槓桿改善自己的財務狀況，也就是透過努力工作來獲取更多的報酬。富人更富有的主要原因是他們使用財務槓桿工具，而窮人和中產階級不願使用。

債務能成為成功者的槓桿，也能成為失敗者的槓桿

在前一章中，我談到了運用債務槓桿可以獲得帶來收益的房地產專案。其中，**債務就是我的槓桿**。因此，與那些整日勞作、用積蓄或其他資產進行投資的人相比，我能夠投資更多金錢且更快速地發展。懂得如何運用債務獲取資產的人，比起那些不懂的人具有明顯的財務槓桿優勢。富爸爸說：「**富人運用債務獲取財務上的成功，窮人和中產階級運用債務得到的是財務上的失敗。**」但是，為了更適當地利用債務槓桿工具，人們需要更多財務教育。下一章將集中討論如何獲得這種財務教育。

窮爸爸常說：「不要做債主，也不要做欠債者，盡快付清帳單和各種抵押貸款，負債是很危險的。」這些觀念和信條就是窮爸爸終生辛勞、無法根本改善財務狀況的部分原因。富爸爸比窮爸爸工作量少上許多，但在晚年卻獲得愈來愈多的財富。富爸爸與窮爸爸的生活截然不同，因為富爸爸懂得如何利用財務槓桿，窮爸爸卻認為那充滿風險。

更具諷刺意味的是，窮人和中產階級認為運用債務購置資產風險太大，但是他們自己卻往往用債務買來債務。窮人和中產階級因為運用不良債務的力量，導致在生活中落伍。富人運用優良債務的力量，促使自己更加成功。工作勤勉、積極儲蓄、堅持償清所有債務的人，在財務上遠遠落後掌握債務槓桿的人。一般人認為有債務是壞事情，或者根本不利用債務，因此他們

大多為了退休而努力消滅債務、增加儲蓄。對他們來說，有積蓄卻沒有債務是一個明智而安全的生活方式。其實，對他們來說，更明智的選擇應該是對自己進行財商教育。

其他的槓桿形式

為了提早退休，除了債務，我和金還曾經利用其他槓桿形式。為了建立一家有一一個辦公室的公司，我們**不得不利用其他人的時間（OPT, other people's time）**建立另外一種資產，這種資產就是公司。在這個例子中，**槓桿就是雇員，目的就是使資產產生得更快、發展得更大，也更有價值。**

很多人不能更快地富裕，只因為他們存在銀行的錢、時間和勞動都只是富人獲取資產致富的工具。在很短的時間內，**如果不能利用別人的時間（OPT）和金錢（OPM, other people's money）這兩種槓桿，我們就無法獲取那麼多資產。**

除了別人的時間和金錢這兩種可以為你帶來資產的槓桿，還有其他形式的槓桿，這確實是令人振奮的好消息。正如五千年前人們利用風帆推動船隻航行一樣，你也能找到許多能為自己帶來幫助的槓桿形式。**等到你掌握槓桿原理並去努力尋找時，就會發現有很多槓桿形式。富爸多年前曾經說過：「人類有不斷尋求更新、更好的槓桿形式的本能。」**仔細想想漁夫花很長時間織編漁網這件事，擁有漁網的漁夫顯然比徒手捉魚更有利。擁有一千英畝土地的農場主，比只有一百英畝土地的農場主擁有更多的槓桿，當然這是在他能夠管理更大農場的前提下。電腦更是一個威力強大的槓桿工具，但同樣要看是用來做什麼事。

以下就是其他的槓桿形式，你的健康、時間、教育和社會關係等槓桿形式都可能幫助或阻礙你達到年輕富有地退休的目標。

健康

顯然，健康是一個極其重要的槓桿形式，但人們常常只有在失去它時才了解它的重要性。如果你身體虛弱，無法享受生活的快樂，提早退休又有何意義？

時間

時間也是重要的槓桿形式。人們一旦在財務上落後，常常很難有時間趕上。如果一個人正在應付財務狀況上發生的困難，也就很難抓住突然出現的機會。我常常聽見有人說：「他太幸運了！他在恰當的時間處在了恰當的位置。」但我認為，更準確的說法應該是：「他很幸運，因為他受過教育，經驗豐富，做好了準備，可以抓住眼前的機會。」

退休以來的休閒生活，甚至大大增加了我的財富。現在的我有充裕的時間尋找和發現機會。

教育

教育也是重要的槓桿形式。如果以一生為單位進行衡量，中學畢業後就工作與大學畢業後工作的人相比，收入差距超過數百萬美元。接受大學教育卻沒有足夠財務知識的人，往往會比那些接受過財商教育、上過或者還沒有上過大學的人的財務狀況差很多。我曾經遇過許多大學剛剛畢業就陷入助學貸款債務危機的年輕人。比助學貸款債務危機更糟的是，他們急於找到一份工作，接著又陷入更深的消費債務危機中，這就是雖然受過高等教育卻缺乏基本財商教育的代價。擁有高薪職位卻沒有受過財商教育的人，因為消費債務問題，往往會比低薪的人更快且更深地陷入債務怪圈。這些都是不夠明智的做法。

財商教育不僅可以幫助你提早退休，還能幫助你長久地擁有財富。

社會關係

商業關係和個人關係也可以成為你的槓桿，以下是社會關係中存在的槓桿實例：

1. **公司：**許多人因為公司的老闆或經理無能而備受煎熬。而另外一些人財務狀況良好，因為他們和擁有許多財務知識的人在一起。
2. **工會或專業協會：**例如教師工會或飛行員工會，就是社會關係槓桿的一種形式。美國醫療協會也是社會槓桿的一種形式。工會或者專業協會聯合建立的原因是，那些具有專業槓桿的人為了避免遭受具有強大財務槓桿的人的侵害。
3. **財務顧問：**許多人財務狀況良好，因為他們聘請優秀的財務顧問，也有些人財務狀況不佳，因為他們的財務顧問自己本身就很無能。正如富爸爸所說：「許多財務顧問被稱為掮客，因為他們常常很無知，所以聽取他們的建議一定要小心仔細。而且，最昂貴的建議往往就是那些所謂的免費建議。這些建議常常來自於你貧窮的親友，內容涉及金錢、投資和企業運作。」

4. **聯姻：**很多人聽說過強勢聯姻，它由兩個實力強勁的人結合在一起，從而更加強大的一種婚姻組合。我們也看到過許多夫婦陷入財務困境，因為他們的婚姻不是摯愛、和諧與繁榮的組合。如果沒有太太金——我最好的朋友和商業夥伴，我今天肯定不會這樣富有。

5. **說到婚姻，**我曾經聽人說過：「如果你的配偶不想致富，你們就不可能致富。」我不敢斷定這句話百分之百正確，但可以肯定它確實有些道理。

因此，不論作用是積極的還是消極的，你周圍的人都是你重要的槓桿資源。也許你還可以捫心自問一下，周圍有多少人拖延了你的財務發展，多少人幫助你改善了財務狀況。說起金錢，你的社會關係就是一項重要的槓桿資源。富爸爸常說：「**致富最重要的不是看你知道『什麼』，而是看你認識『誰』。**」

工具

水管工人使用合適的工具找到自己槓桿；醫生使用醫療器械完成工作；汽車是我們許多人的交通工具，透過網路我們可以與世界其他地方的人做生意。這些都是非常重要的槓桿工具。

休閒時間

在休閒時間你也可以找到槓桿。很多人透過看電視、購物打發時間，也有很多人在休閒時間致富。惠普（Hewlett-Packard）公司、福特汽車公司是從車庫起家，戴爾電腦公司從學生宿舍開始創業。我有一個朋友，工作日時是律師，周末則成了房地產投資商。他三九歲就退休了，現在無償擔任一個慈善機構的法律顧問，然後整日陪孩子玩，或者打高爾夫球。

尋找為你工作的最好槓桿

我想再次強調：今天你可以利用很多槓桿形式獲取或創造資產，更快地改善自己的財務狀況。如果不願意，你也可以不必利用別人的金錢或別人的時間致富。但是，如果想年輕富有地退休，你就需要尋找為自己工作的最好的槓桿。

我還想再次強調富爸爸的話，因為它基本概括了本書的主要觀點：「只知道老老實實工作的人，擁有的槓桿很有限。如果你很賣力地工作，財務狀況卻不見好轉，你有可能正在充當別人致富的槓桿。如果你有錢存在銀行帳戶或退休金帳戶裡，就有人用你的錢作為別人獲取財富的槓桿。」

詞語「愈來愈」的重要性

槓桿的定義就是以少勝多，做到「四兩撥千斤」。富爸爸補充說：「槓桿就是可以用愈來愈少的力量，做愈來愈多的事情。」在這裡，「愈來愈多」與「愈來愈少」是非常重要的一點。富爸爸說：「富人與窮人、中產階級的不同就在兩個『愈』字，連接著兩者的詞就是『愈來愈』。」

富爸爸進一步解釋說：「富人不斷增加槓桿，使之愈來愈多，那就是他們愈來愈富有的原因。窮人和中產階級不願意增加更多的槓桿，正是這一點決定了他們一生的財務狀況。」也就是說，當一個人不願意再增加更多槓桿時，他就會變得貧窮起來。中產階級也是這樣，真正的富人永遠不會停止增加自己的槓桿。

很典型的例子就是窮爸爸，他曾說：「爭取接受好的教育，這樣就可以找好的工作。」**對於許多中產階級的人來說，他們的學術和專業教育隨著畢業就結束。富人卻不是這樣，他們還要透過接受財商教育，讓自己擁有更多槓桿。**

窮人和中產階級的不同在於，前者一般比後者接受的教育少。窮人常常連基礎教育也沒有完成，也不像中產階級那樣受過專業教育。雖然窮人接受了一些教育，中產階級所受的教育稍微多一些，但這些都不足以使他們致富。

在前面幾本書中，我曾經提到過有三種不同的教育，它們分別是：

1. 學術理論教育。
2. 專業教育。
3. 財商教育。

窮爸爸接受了專業教育，但對於財商教育卻毫無興趣。這一點決定了他一生的財務狀況。富爸爸從來沒有停止過財商教育，這也決定了他一生的財務狀況。窮人之所以很窮，因為他們缺乏上面三種基本教育。

現在，生活中的很多落伍者還包括那些獲得了一些槓桿，卻未能獲得更多槓桿形式的人。即使你十年前大學畢業，也不意味你可以不再設法獲取更多的槓桿。正如富爸爸常說的：「大學學位並沒有賦予你停止學習、獲取更多槓桿的特權，銀行的一百萬美元存款同樣也不能讓你停止學習。事實上，如果停止學習，你的錢或許馬上就會轉移給繼續學習的人。他們懂得真正的槓桿永遠都是用『愈來愈少』的力量做出『愈來愈多』的事情。」

槓桿的未來

今天，有些中學生將自己的公司賣了數百萬美元，還沒有開始工作就可以退休了，因為他們運用了和父母截然不同的槓桿形式。另一方面，嬰兒潮中誕生的不少美國人卻需要回去上學，以保住手中的飯碗。如今「槓桿」和「愈來愈」這兩個詞有了新的涵義，競爭也不再限於你所在的城市甚至國家之內。財務上的成功者往往都是那些願意用「愈來愈少」的代價，獲得「愈來愈多」收益的人，而不是那些用「愈來愈多」的代價，獲得「愈來愈少」收益的人。

在下一章中，我所提到的一些數字可能聽起來有些令人難以置信。畢竟，在你辛勤工作卻只有五萬美元年薪的時候，很難想像年收入上百萬美元卻不用工作的滋味。我強調要爭取擁有「愈來愈多」的槓桿，因為不論你現在賺多少錢，只要你想用「愈來愈少」的代價獲得「愈來愈多」結果，那麼年收入上百萬美元卻不用工作就完全有可能。如果你不願這樣考慮，那麼每年獲得五萬美元都很困難。

更諷刺的是，那些不相信用「愈來愈少」的代價獲得「愈來愈多」結果這句話的人，往往都是那些用「愈來愈多」的代價獲得「愈來愈少」結果的人。等到你接受我們的觀點，你就真有可能用「愈來愈少」的代價獲得「愈來愈多」的結果，這才是最好的結果。你要做的就是將這句話銘記在心，那麼，年輕富有地退休對你來說就變得容易多了。

建議：找一張紙，寫出你對下列問題的答案。

我怎樣才能以更少的勞動為更多的人服務，和獲得更好的價格？

如果你找不到任何答案，那就繼續思考。這是一個非常重要的問題，如果能找出答案並且嚴格執行，你就有可能成為百萬富翁、甚至億萬富翁。這也就是富爸爸稱之為「百萬美元問題」的原因。

下一章，我們將討論作為槓桿工具的心智的力量。回答上述諸如此類的問題，對於能否年輕富有的退休至關重要。

第五章
心智的槓桿

為何有人可以做到，有人卻做不到

在《富爸爸，提早享受財富——投資指南》中，我曾經提到了富爸爸曾經給我上過的一課。現在仍然值得一提。

那天，富爸爸、他的兒子邁克和我一起走過一個美麗的海濱地產。忽然，富爸爸停下來指著那個地方說：「我想買下這塊地。」

我很吃驚，他能買下這麼昂貴的地產嗎？雖然當時我很小，但我知道夏威夷靠海的房地產專案都是相當昂貴的。因為富爸爸那時還不很富有，我懷疑他能否承受這樣龐大的投資。看來，富爸爸準備與我分享這個祕密，就是他如何投資自己買不起的專案。當然，那也是他致富的祕密之一。

不同的現實

簡單地說，富爸爸能夠買得起一塊昂貴的地產，儘管他那時並沒有多少錢，因為「買得起」已經成為他現實中的一部分。窮爸爸卻不是這樣，儘管那時他的薪水較高，他常說，「我買不起。」因為購置這樣昂貴的地產已經遠遠超出他的現實能力。

最重要的一課

多年來，富爸爸給了我很多重要的教誨，那些教誨深刻地影響了我的生活方向。這些教誨對於我個人現實的作用是最重要的一個方面。讀過《富爸爸，窮爸爸》的朋友，或許還記得富爸爸禁止他的兒子和我說「我買不起」。富爸爸懂得個人現實的威力，他的教誨就是：

「你認為真實的，就是自己的現實。」

作為一個有信仰的人，富爸爸常常引用《聖經．舊約》中的話——「言即肉身」，也就是自己的想法意念都會成為現實。他幾乎每天都說那段話，因此我雖然年紀很小卻可以理解。他一直對邁克和我說：「『言即肉身』的意思是：凡是你認為正確的，最後將成為你個人的現實。」當他路過那塊美麗的海濱地產時，他不會說「我買不起」，即便他那時並沒有多少錢。他用幾個月時間做出如何買下這塊地產的計畫。他勤勉努力，將「超出自己現實的部分」終於化為「自己現實的一部分」。讓富爸爸更加富有的不是金錢，而是他不斷擴展自己現實的能力。

投資有風險嗎？

許多人常說：「投資充滿風險。」對他們來說或許如此，因為他們認為那句話是正確的。這將成為他們的現實，即使投資未必總伴隨風險。在實際生活中，風險無處不在，就像你穿過馬路或者騎自行車時一樣。許多人認為投資充滿風險，因為他們認為自己的想法是正確的。

幾個月前，我和一位著名銀行的資深投資顧問一起參加電台節目。那位顧問首先以《富爸爸，窮爸爸》書內的觀點向我宣戰，他說：「羅勃特．清崎說，如果一個人想致富，就應該創建自己的公司。清崎先生或許沒有看到，實際上很多人無法創建自己的公司，創建公司風險太大了。據統計，十分之九的公司在建立後五年內倒閉。我認為清崎先生的觀點很危險，想請他進一步做解釋。」

電台主持人很高興在自己的節目中出現爭論，他希望我能夠心平氣和地面對挑戰，他說：「好吧，清崎先生，你如何對上述現象做出解釋？」

諸如此類的質疑以前已經遇過好多次，我早已習以為常。當然這次節目才剛開始就直接遇到這樣一個棘手的問題，還是讓我稍感意外。停了一會兒，我清了清嗓子說道：「我以前曾經看到也聽到過剛才提到的那組統計資料。根據我的經驗，上述資料是可信的。我看到過許多公司在創辦五年內倒閉。」

「既然如此，那你為什麼鼓勵人們創建自己的公司？」那位資深投資顧問顯然有些不滿。

「首先，」我回答說，「我並沒有一味地鼓勵人們創辦自己的公司，我是說每個人都應該關注自己的事業。當我說『關注他們自己的事業』時，是指他們應該關注自己的投資組合，那並不意味著一定要創辦自己的公司。儘管一家經營狀況良好的公司常常是富人變得更加富有的資產。」

「那麼，風險狀況怎樣？」那位資深投資顧問問道：「你怎麼看待十分之九的新辦公司倒閉的這個現象？」

「是的，你怎麼看？」主持人看到討論並沒有預想的那麼激烈後，略微有些失望，但還是接著追問。

「首先，」我回答說，「十分之九的新辦公司倒閉，那就意味著十分之一的公司成功了。當我注意到十分之九的公司倒閉，我就明白自己需要做好至少賠九次的準備。」

「你打算在十次裡面賠九次？」那位資深投資顧問略帶嘲諷地問道。

「是的，」我回答說：「事實上，我們都曾經是那九次失敗中的一部分，我個人就曾經連續失敗了兩次，但我接著又做出第三次努力。」

「你失敗的感覺如何？有必要那樣嗎？」那位資深投資顧問問道。他本人只是銀行的雇員，並不是一家公司的老闆。

「第一次失敗時我感覺糟透了，第二次失敗時的感覺更糟，但對我來說，這是值得的。如果沒有前兩次失敗，我就不會提前十八年退休，也不會擁有今天的財務自由。」我回答說，「每次失敗後我需要一些時間恢復，即便如此我還是感覺不好。如果有必要，我在精神上已經做好了失敗十次、甚至二十次的準備。我不想失敗那麼多次，如果真的出現那種情況，我也會坦然面對。」

「對於我和大多數人來說，這聽起來有些太危險了。」那位資深投資顧問說。

「我也這樣認為，」我回答說，「如果你不想失敗或者只想失敗一次，這確實很危險。如果你認為失敗是很糟糕的事情，那就更麻煩了。富爸爸曾經教導我，失敗是成功的一部分。即使我過去很成功，我仍然認為這個比率不會改變。每次創辦公司，我都提醒自己十分之九的新公司可能會失敗。」

「你為什麼那樣說？」主持人問道。

「因為我需要審慎和尊重那個比率。我看到過太多的人創辦公司，賺了些錢，接著狂妄自大，認為機會就在自己一邊，接著又創辦新的公司。因為有過去的經驗和取得的成就，他們成功的機會可能要高一點點，但我們還是需要謙遜、審慎的態度，懂得十分之九的新公司都沒有成功。」

「那很有道理，」主持人說：「因此，現在你創建一家公司時就會繼續保持謹慎，並尊重十分之一的成功率。」

「對，」我回答說：「我有好幾位朋友就曾經很自負，將原來公司的所有資金全部投入新公司，最後滿盤皆失。如果你想成功，就需要一直尊重這個比率，不論你過去有多麼成功。每一個專業橋牌選手都知道，不會因為自己剛剛撿到了一張好牌，就會改變撿到下一張好牌的機率。」

「我會牢記這一點。」主持人說。

「我仍然認為那太冒險了，」那位資深投資顧問插話說，「你本人和書中的觀點都很冒險。大多數人不會那樣去做，他們不會準備創辦自己的公司。」

「你同意這位先生的觀點嗎？」主持人問我。

「他說的有一定道理，」我回答說，「我們現行的學校教育體系培養的是雇員，而不是公司老闆，這就是多數人不準備開辦自己公司的原因。我同意這位投資顧問先生的觀點。」

我停頓了一下，以便讓大家都聽清楚自己剛才的觀點。我雖然也感覺到那位資深投資顧問在挑釁，但仍然想避免一場論戰。我接著說：「不過，我想提醒您注意，一百年前，很多人是自己當老闆，很多人都有親戚是農場主或小企業主。可以說他們都是企業家。儘管也有風險，他們仍可以自己經營。直到亨利．福特創辦巨型企業，許多人才開始成為雇員。即便在有了像福特汽車公司、通用電氣公司這樣超大型企業之後，獨立的小型公司還是很興旺。

「事實上，小公司帶動了所有就業機會的增長，占了國家稅收的相當比例。儘管有一定風險，愈來愈多的人還是選擇繼續創辦自己的公司。如果沒有這些公司，失業率將會大大攀升。如果沒有這些人主動承擔風險，美國只能是一個經濟落後的國家。這些企業給了我們所有冒險和增長的機會，如果這些人不來冒險，美國就不會像今天這樣繁榮。可以說，甘冒風險的人帶來了我們社會的繁榮。」

那次訪談大概又持續了十幾分鐘，最後也沒有形成一致的看法和觀點。顯然，我們來自不同的現實生活。隨著這場爭論的繼續，我似乎聽到富爸爸在說：「**生活中的許多爭論都源於每個人不同的現實。**」

風險回報率在你這一邊

我很想對那個資深投資顧問說一句話：風險回報率或許就在我這一邊。但那必然又會引起一場無休止的爭論。我不想在電台宣傳我的觀點，但現在我願意與大家分享。做任何事情都會有風險，但並不是每次都需要冒險。

多年前，富爸爸對他的兒子和我解釋風險、投資回報知識以及取勝戰略的重要性，其中取勝戰略就包括失敗。富爸爸已經注意到十分之九的新公司會失敗，不過，他還注意到十分之一公司的回報遠遠大於十分之九公司的損失。富爸爸接著解釋自己的觀點：「多數人只思考什麼是明智的，什麼是風險；財商高的人思考的是風險與回報。也就是說，他們不直接說某件事情風險太大、對與錯、好與壞，而要衡量風險與回報的多少。如果回報足夠多，他們就會提出一個戰略或者計畫來增加成功的機會，不論在成功之前失敗多少次。」

贏家戰略

我有一個朋友，他運用自己的風險回報戰略，每天進行股票交易。他堅信在每天的二十次交易中總能找到屬於自己的一次機會，因此他建立了一種自稱為金錢管理的戰略。如果他用自有資金二〇萬美元的十分之一進行投資，那麼他實際動用的資金就是二萬美元，而他每次交易金額為一〇〇〇美元。他的戰略就是，總有在二十次交易中失敗十九次的足夠資金。我曾經見他在十四次交易中損失了一萬四〇〇〇美元，接著突然在後面的市場波動中賺了五萬美元。儘管他從來沒有連續失敗那麼多次，但他的獲勝策略確實驗證了在二十次中失掉十九次的理論。每次贏了後，他馬上又回來按照同一個原則，那就是總有二十分之一的獲勝率。他懂得成功率不會隨著資金多少而改變，他還是準備好失掉二十次中的十九次。

輸家戰略

那些避免失敗且希望百分之百獲勝的人，常常有個輸家戰略。百分之百獲勝且從不失敗，這就是輸家幻想的世界。富爸爸曾說：「**贏家戰略中必須考慮到失敗。**」現在多數人的退休計畫中卻未考慮失敗的可能。大多數人簡單寄望於股票市場的持續走高。當他們退休時，養老儲蓄金會維持自己以後的生活。那是一個沒有給失敗留出空間的計畫，因此就是一個輸家的計畫。贏家們明白失敗是任何計畫的組成部分。在海軍陸戰隊時，我們常常要執行一些臨時應變的計畫，這些計畫主要是在事件的發展超出我們預期的範圍時制定的。現在，大多數人沒有退休後的臨時應變計畫，沒有考慮到可能出現的嚴重市場惡化，或者用盡他們的養老儲蓄金。可以說，制定退休計畫時，大多數人實際抱有輸家戰略的想法，沒有為失誤留下任何空間。

輸掉九八%的機會

在直銷市場，許多人都知道他們發出的信件中九八%將不會成交。因此專業直銷商估算他們市場活動的回應率為二%，有時甚至更低。這些二%的交易需要承擔沒有回音的九八%的郵寄資料費用。一旦直銷商發現郵件的回應率只有二%，或稍高一點，他們只是增加郵寄數量，雖然他們明白還將損失掉九八%。他們知道如何爭取到二%的回應率這個道理，而最後致富。

輸家總認為失敗是壞事

富爸爸說：「輸家就是那些總認為失敗是壞事情的人。輸家不能容忍失敗，常常不顧一切地避免失敗。很多輸家只在有把握的事情上下賭注，這些有把握的事情包括安全的工作、穩定的薪水、有保證的退休金、銀行存款利息等等。輸家總是輸個不斷，贏家也總是贏個不停，只是因為贏家懂得輸本身就是贏的一部分。」

富爸爸在我們還是小孩子的時候常常問：「你願意在一百次中輸掉九九次嗎？」

他想從我們身上得到的答案是：「如果成功一次的回報，超過了失敗九九次的風險和代價，那我們就願意。」他希望我們能進一步解釋：「如果我們知道能夠贏得一百萬美元，風險回報率是一比一百，最小賭注是一美元，我們就會拿出一〇〇美元。按照我們的策略，每次下注一美元，賭一百次。等到我們贏了一次，我們就會運用同樣的機率重新開始做，因為這個機率幾乎不變。或許我會增加賭注，但只會在一百次中連續輸掉九九次之後。」

富爸爸憎惡賭博，不許我們參與賭博。他只是用這個簡單的例子，教育我們運用風險與回報的方式進行思考，而不是用正確與錯誤、冒險與安全的方式思考問題。

為什麼萊特兄弟是對的？

富爸爸曾經對他的兒子邁克和我說起自己的基蒂豪克（Kitty Hawk）之行，那個地方位於北卡羅來納州。二次世界大戰結束時，他剛剛離開軍隊。他回憶說：「孩子們，有朝一日你們應該去一趟基蒂豪克，看看奧維爾．萊特（Orville Wright）和威爾伯．萊特（Wilbur Wright）兄弟的智慧。他們兄弟倆明白首次飛行肯定有風險，但最後做到了讓自己的飛行試驗實際上沒有多大風險。」為此，萊特兄弟找了一個平坦開闊的鬆軟沙地進行試驗，這是一塊相對安全的著陸地點。他們並沒有像常人那樣選擇大橋或者懸崖上開始飛行，而是一塊平坦開闊的沙地，再加上有助於飛行的強風，不斷試驗直到成功。

「正因為萊特兄弟樂於智慧地冒險，所以他們徹底改變了世界。如果可能，你們應該找機會去看看那個地方。萊特兄弟倆選擇在那裡進行試驗，勇敢且明智地面對可能出現的失敗，為的是我們今天能夠飛翔。現實生活中，很多人不能在財務上實現騰飛，因為他們選擇一味地逃避失敗。」二〇〇〇年八月，我終於站在那塊鬆軟開闊的土地上，再次看到富爸爸五十多年前目睹的一切：那的確是試飛的最佳地方。

我又想起富爸爸給我們講述萊特兄弟的事情，他當時為我們畫了一張圖。

富爸爸接著解釋說：「當一個人經常說出下面這些話：

1. 我買不起。
2. 你做不了。
3. 我做不了。
4. 那是不可能的。

那麼，他們往往是從自己的現實情況出發，是對超出自己現實的想法發表評論。」

他接著說：「當萊特兄弟宣布他們準備進行人類首次飛行時，大多

現實

數人說：『人類永遠不會飛翔』。事實上，說這種話的人裡頭就包括他們的父親——一位受人尊敬的教士。」

看看富爸爸畫的草圖，你就會發現對於大多數人來說，人類能夠飛翔的理想早就超越了現實。因此，他們的評論都在認知範圍內。

那麼多人說：「人類永遠不會飛翔」，就是因為人類飛翔的想法遠遠超出了當時大多數人的想像範圍。但對於萊特兄弟來說，人類飛翔的理想並沒有完全超乎自己認為的可能性範圍。他們多年來致力於將這種可能性轉化為現實的工作。說到金錢的時候也是如此，富爸爸像萊特兄弟那樣做了，而窮爸爸沒有去做。現在，人

可能性

們常說：「打破一切常規」、「跳出框框想問題」。富爸爸認為：「『打破一切常規』、『跳出框框想問題』的確說得不錯，大多數人在一兩天內可以這樣做。但是問題在於，你可以堅持一年甚至一輩子嗎？如果你能堅持做下去，你就會變得愈來愈富有。」

在前面提到的那次電台訪問中，我對那位咄咄逼人的資深投資顧問說，只要最後的回報遠遠大於風險，自己準備在十次投資中輸掉九次。直到現在，我仍然懷疑他當時很可能根本就沒有聽懂我的意思。而且可以肯定，他沒有聽懂我接下來的話：「我在創建新公司時，就明白自己很可能失敗。我不大考慮自己將要成功的可能性，我認為自己應該從失敗開始。」這種思維模式肯定與他的想法格格不入。問題的關鍵不是誰對誰錯，而是我們各自對現實的看法截然不同，由此也決定了我們對世界的看法想法相去甚遠。

心智的槓桿

我不是鼓勵大家辭職，盲目地開始損失資金或者參與賭博活動，因為這樣做其實與希望透過碰到好運、中到大獎獲得退休金一樣愚不可及。下面將主要探討個人現實的差異問題。

我們認為，心智是人類最強有力的槓桿工具。在大多數情況下，凡是我們認為真實的東西最後就成為我們個人的現實。那些認為投資充滿風險的人，常常會找到很多事實證明自己的論點。打開報紙，會讀到許多人在投資上損失了金錢。這也就是說，人的心智具有選擇的能力，可以讓人關注自己認為真實可信的事情，而對其他事情視若無睹。正如當時很多人對萊特兄弟說：「人類永遠不能飛翔。」對哥倫布他們更是質疑：「難道你沒有看到世界是平面的嗎？」可以說，人們永遠認為自己的觀點是真實的。

為了能夠年輕富有地退休，掌握自己的現實是你所能做到的最重要的事情。如果你能做到這一點，用「愈來愈少」的努力，爭取「愈來愈多」的結果就會變得非常容易。如果你不能控制和改變自己的現實觀點，致富所花的時間就會超出你想像得長。最後促使富爸爸走上了富有之路的，不是前面提到的諸如海濱地產一類的東西，而是不斷拓展改變自己現實的能力。正是這種不斷拓展的能力改變了富爸爸的現實。在購置了那塊海濱地產以後，他很快又繼續尋找更大更好的地產專案來檢驗自己的想法。

另一方面，正由於窮爸爸缺乏改變自己現實的能力，造成了他工作雖勤勉努力，但財務狀況卻遲遲得不到好轉。也因為窮爸爸的口頭禪「我買不起」，最後導致了他的生活狀況。其實，窮爸爸是一個非常聰明的人，如果他願意改變自己的現實，也一定能夠買得起那塊海濱地產。但他本人不知道，正是自己的現實阻礙了致富的腳步。他確實認為自己買不起價值數百萬美元的地產，這種想法決定了他的現實情況。

追根究底，富爸爸和窮爸爸的主要不同就在於他們各自擁有不同的現實觀念。一個願意不斷拓展、改變自己現實的人，即便手頭並沒有多少資金，他也可能會說：「我怎樣才能買得起那塊海濱地產？」一個不願拓展、改變自己現實的人只會說：「我買不起。」的確，正如我反覆強調的，決定他們兩人貧富的因素不是海濱地產，而是他們自己對現實的選擇。

一號槓桿

一號槓桿是你的心智槓桿，因為你的現實就在那裡形成。我和金為了年輕富有地退休，需要不斷控制、改變和拓展我們的現實。現在，我常對人們說：「從年薪五萬美元辛勤工作到年薪一百萬美元，是從改變你自己的現實起步的。」

現實的改變不一定意味著就要有大的動作，也許就是個人觀念的改變。例如，不必對投資新手說「投資風險太大了」，而是問：「風險回報率是多少？」或者「賺錢之前我需要賠多少次？」也不必再簡單地說：「那塊地產價格太貴了！」而是閱讀有關地產的書，或者請教那些能買得起的人，看看他們是怎樣買下來的。實際上，最重要的事情不是那塊地產，而是如何改變你自己的現實。

為什麼富爸爸愈來愈富有，窮爸爸愈來愈窮困

富爸爸擁有不斷改變、控制和拓展自己現實的能力，因此他雖然工作愈來愈少，卻變得愈來愈富裕。相反地，窮爸爸選擇了生活在自己的現實裡。這個現實在他看來是正確的，也是他唯一可能的現實。他勤勉努力地工作，退休時卻很貧窮。他有一個固定不變的現實，不知道如何控制、改變或者拓展它。他常常說：「我買不起」、「我永遠不會富裕」、「我對錢毫無興趣」、「如果退休，我的收入就會下降」，結果，他所說的都變成了現實。

如果你想年輕富有地退休，或許需要改變、拓展自己的現實，並且養成這樣的習慣，那麼正如富爸爸常常提醒他的兒子和我時所說的那樣：「你的思想和語言，最後將成為你生命的一部分。」

多年來不斷開拓我們的現實

那個新年夜坐在加拿大寒冷的山上，我意識到需要思考自己現實之外的一些問題。我不斷地思考，直到那些可能的想法最後變成自己的現實。正如萊特兄弟、金、拉里和我多年來也生活在許多人的現實之外。事實上，我們不得不生活在自己的現實之外。我們常常和別人爭論，偶爾也會受到各種指責，例如夢想家、笨蛋、莽漢、冒失鬼等。金、拉里和我認為，至少四年內，我們難以看到個人現實的顯著改變。也就是說，將可能達到的目標轉化為現實需要經過四到八年的時間。現在，當很多人問我們什麼東西可以帶來財富時，我常常說：「那就是你拓展個人現實的能力。如果你不願意拓展自己的現實，致富之路將變得無比漫長。」

建議：富爸爸讓他的兒子邁克和我拓展自己現實的一個方法，就是讓我們大量閱讀自己偶像的傳記，例如約翰・洛克菲勒（John D. Rockefeller）、亨利・福特等人的傳記。最近，我還閱讀了介紹比爾・蓋茲、理查德・布蘭森（Richard Branson）、史帝夫・賈伯斯（Steve Jobs）等人的書。

當聽到有人說：「我已經太老了。」我就會問他們是否願意讀讀桑德斯上校（Colonel Sanders）的故事，他直到六十歲時才成為富翁；當我聽到有位女士說：「我不會致富，因為那是男人們的專利。」我會問她是否讀過「美體小舖」（Body Shop）創始人安妮塔．若迪克（Anita Roddick）；而當有人說自己太年輕，還沒有到賺錢的時候，我就會請他們去讀讀介紹比爾．蓋茲的書，他不到三十歲就已經成為世界首富……。如果這些故事還不足以拓展他們的現實，我就懷疑還能有什麼東西能夠說服他們。

另一本偉大的書是《養生之道》（Body for Life），作者是比爾．菲利普斯（Bill Phillips）。一個朋友看到我的腰圍逐漸變粗，就向我推薦了這本書。我剛剛讀完這本書，正在按照書中介紹的計畫鍛練身體。菲利普斯在書中講了很多類似富爸爸曾經說過的話，當然他講的是關於身體健康的內容，富爸爸講的是財務與財富。

如果不考慮書的主題，我發現其實這兩個過程非常相近。例如，菲利普斯寫道，首先應該弄清楚為什麼要減肥，然後才正式開始減肥。富爸爸同樣十分重視這一點，將這個首要解決的問題稱為「為什麼」問題。菲利普斯對於夢想和目標也有十分精闢的論述，詳細闡明了兩者對於整個減肥過程的重要性。而且，我還發現健康與富有、飲食與超越自我之間都存在著緊密的聯繫。

菲利普斯鼓勵人們多吃，而不是少吃。如果你想減肥、增強體質、恢復健康，他建議每天最好能吃六餐。他認為，許多想透過節食挨餓減肥的人，其實只能餓很短時間。在這期間，他們肌肉萎縮、脂肪減少，然後又會狂吃一頓，結果適得其反，變得比以前更胖。因為飽餐之後，他們有了更多卡路里（熱能），卻缺少鍛練肌肉來消耗新增的卡路里。作為一個曾經為肥胖而苦惱的人，我太熟悉這個過程了！

富爸爸曾經說，同樣的事情還發生在那些透過節衣縮食、降低生活水平、減少各項開支的人身上。不幸的是，很多採用這種行為方式的人，最後卻並沒有在財務上有多大的改善。如果想致富，需要花費很多，但是他們必須清楚如何花費，以及花費在哪裡。正如富爸爸所說：「開支也有好壞之分」。同樣的，很多人懂得食物也有好壞之分，就像有人想透過挨餓減肥一樣，如果想透過節儉致富，只能在財務上愈來愈脆弱。接著，他們可能會突然陷入一種狂熱，當然不是狂吃，而是瘋狂購物。結果，也正如狂吃者吃掉了好多沒有營養的食品，狂購者買回來的也多是一些沒有價值的商品。

菲利普斯還說：最大的衝動發生在你已經「意識」到失敗的時候。我認為菲利普斯真實的想法是：只有你跑不動了，身體出現問題，才有可能好好進行治療，從此以後才會注意使自己的身體更加健康。也就是說，讓自己的體力超過了極限，你才會慢慢變得更加健康。致富的路上也是如此。很多人沒有成功，因為他們不惜一切代價地迴避失敗。正如前面那位資深投資顧問因為十分之九的新辦公司失敗，就反對人們自己創辦公司，大多數人將失敗看成是不好的事情。富爸爸教導我，失敗是進步和成功之母。我本人從失敗中獲取的東西，遠遠大於從別處學到的。儘管有時失敗也會為你帶來傷害，但失敗後的恢復振作過程將會為你的精神和財務帶來更多力量。

我遇到過許多人，**他們未能獲得成功，只是因為他們成功地避免了一切失敗。**他們避免超越自己認可的現實，因此也就失去了發現自己生活中新機會的可能。正如我一直強調的，正是富爸爸不斷改變和拓展自己現實的能力，最後使他獲取了很多財富。菲利普斯談到健康時提到同樣的道理：**待在自己如何強壯的現實中，你就永遠不會更健康。如果想變得更健康、更富有，你就必須不斷超越自己的現實，需要不斷置身於最新的可能出現的現實中。**如果持續不斷地超越自己的極限，你就獲得了最好的槓桿，獲取了變得更健康富有、青春常駐甚至更加美麗的槓桿。對我來說，那就是夢寐以求的槓桿。

如果你樂於拓展自己的現實，可以透過閱讀圖書和學習那些已經成功擁有你所嚮往的東西的人。窮爸爸鼓勵我閱讀像林肯（Lincoln）總統、甘迺迪（Kennedy）總統、聖雄甘地（Gandhi）、馬丁・路德・金（Martin Luther King）等偉人的書。事實上，窮爸爸和富爸爸都鼓勵我透過閱讀拓展自己的現實，只是由於他們來自不同的現實，所以推薦給我的書也就不相同，我也樂意有機會親歷這兩個現實。

如果你真的想年輕富有地退休，就應該從拓展、改變個人現實入手。

第六章
什麼才是真正的冒險

有兩個能幹的男人做我的父親，給了我了解不同現實的機會。儘管有時會發生混亂甚至衝突，但是能聽到兩個不同現實的聲音，對我個人的長遠發展十分有利。我意識到他們兩人都認為自己是正確的，有時還會認為對方錯了。

窮爸爸在州政府升遷得很快，不久就從一名教師高升為夏威夷州教育局長。看到這一切，人們就開始議論，有朝一日或許他會參加州長競選。

在窮爸爸仕途發達的時候，富爸爸卻在為擺脫貧困、實現自己的富裕夢想而辛勤工作。等到他的兒子邁克和我上了中學，他已經成了當地有名的富人，並且還在愈來愈富有。他奮鬥了二十多年的計畫還在繼續。一夜之間，人們開始注意到他，關注他的一舉一動，他再也不是那個默默無聞的人了。人們想知道，這個忽然在夏威夷購置房地產的人是誰？富爸爸開始時也是一無所有，他制定了一個長期計畫，努力按照計畫去做，現在終於成為夏威夷州最富有且最有影響力的人物。

四十歲時，富爸爸從我們生活的小鎮搬走，接著又在著名的懷基基（Waikiki）海灘做了好幾筆大生意，當地報紙上有關他這位新貴的文章連篇累牘。不久，他控制了懷基基海灘的大塊地產，包括一些外島的海濱地產。富爸爸不再是生活在荒僻小島上的窮小子，他逐漸進入了主流社會，慢慢成為一個公眾人物。

當窮爸爸和富爸爸的職業生涯取得重大轉機時，我正在紐約的軍官學校讀書。邁克也一下子成了富家子弟，住進了懷基基海灘的一個豪華頂層公寓。他一邊在夏威夷大學讀書，一邊試著管理父親日益龐大的商業王國。他所住的豪華頂層公寓讓人驚訝羨慕，實際上，在上學之餘，邁克還要經營他居住的整個公寓。

耶誕節在家休假時，邁克和我在富爸爸的辦公室裡，聊起在大學學到的東西以及新結識的朋友。我的新同學來自美國各地。我對邁克和富爸爸說：「我注意到，人們對金錢的看法有很大分歧。我的同學有些來自非常富有的家庭，有些來自非常貧窮的家庭。儘管大多數人在功課上都很聰明，但窮人和中產階級家庭出身的同學與富家子弟對金錢的看法相去甚遠。」

富爸爸的反應很快，他說：「他們的看法不是不同，而是截然相反。」他坐在桌子前，抓起黃色的便箋，寫了下列這幾組對比資料：

寫完之後，富爸爸回過頭來看著我說：「你的現實是由你認為什麼是明智的、什麼是有危險的認識所決定的。」

相反的觀點

中產階級	**富人**
工作安全	創辦自己的公司
大房子	公寓
儲蓄	投資
富人很貪婪	富人很慷慨

看著他剛剛寫出來的幾組對比資料，我問道：「你的意思是，中產階級認為工作安全就很好，而創辦自己的公司則太冒險了？」我很熟悉這種看法，因為窮爸爸一直這樣認為。

「很對，」富爸爸說，「你怎麼看待工作安全？」

我想了一會兒，卻一無所獲。我說：「我不知道你想知道什麼。的確，我爸爸和很多人都認為有一份穩定、安全的工作就是很合理的安排。還有哪些方面我沒有想到？」

「你遺漏了我本人的現實，」富爸爸接著說，「我曾經說過，中產階級和窮人有關金錢的看法不僅不同，甚至是相反的。我與你爸爸相反的現實是什麼？」

富爸爸的很多現實一下子湧上了我的心頭，我說：「你認為創建自己的公司很好，而追求所謂的工作安穩實際上卻很危險。這是否就是你的觀點呢？」

富爸爸點了點頭。

「你是說建立自己的公司並不危險嗎？」我問道。

富爸爸搖了搖頭，他說：「不，學習建立自己的公司就像學習做其他事情一樣，也會有風險。但是，我認為一生只追求工作安穩，比冒著一定風險學著建立自己的公司更危險。在這裡，一種風險是暫時的，另外一種風險則是終生的。」

當時正值六〇年代後期，大家都還不知道「縮小規模」這個詞的含義。我們中的絕大多數人都只知道上學、找工作，而且終生工作。等到退休之後，公司或者政府將會照顧你的生活。學校和家庭都在教育我們：接受良好的教育，使自己成為一名好雇員。雖然沒有明確說，但暗示著：上學、成為一個稱職的雇員，就是一件很聰明的事情。現在，很多人終於明白，過分追求所謂的工作安穩已經不合時宜，但在當時人們非常看重工作的穩定性。

我看了富爸爸在紙上列出的「富人很貪婪」與「富人很慷慨」的比較，也就明白自己當時的現實是什麼。在我們家裡，富人一直被看做是冷酷貪婪的人，他們唯利是圖，眼中只有金錢，對窮人冷漠無情、毫不關心。

富爸爸指著他寫出來對比資料，說道：「你能理解他們認識上的不同嗎？」

「他們的看法完全相反，」我輕聲說：「不僅不同，那是很多人為什麼很難致富的原因。致富不僅僅需要認識上的改變。」

富爸爸點點頭，顯然對我的回答比較滿意，並希望進一步加深我們的印象。他說：「如果你想致富，那麼你就需要學會用與現在相反的思維方式去思考問題。」

「僅僅是思維方式的不同嗎？」我問道，「做事情時是不是也要有所區別呢？」

「並不一定，」富爸爸說：「如果為了工作安穩而工作，你將辛勞終生；如果為了建立自己的公司而工作，或許在起步階段更辛苦一些，但是你後來的工作時間會愈來愈少，而且將比前者多賺十倍、一百倍甚至一千倍的錢。你說哪個更好呢？」

「怎麼看待投資呢？我的爸爸媽媽一直說投資風險太大，他們認為儲蓄更好一些。當你投資時，你的做法有什麼不同？」

富爸爸被我父母的那種看法逗笑得合不攏嘴，「儲蓄和投資需要完全一致的行動。儘管你們的想法完全相反，你也可以做同樣的事情。」

「同樣的事情？是不是風險更大的事情？」

「不，」富爸爸又笑了，他說：「讓我給你上人生中最重要的一課吧，但在講之前我能不能問一個問題？」我們當時已經長大了些，富爸爸可以講很多過去沒有講過的事情了。

「當然可以，你可以問任何問題。」我回答。

「你的父母是怎樣節約錢的？」富爸爸問道。

「他們努力去做很多事情。」我想了想，然後回答說。

「好的，能不能舉出一個例子，是他們花費了很多時間去做的事情。」富爸爸說。

「可以。每周三等到超市宣布食品特價時，我的父母就會找到超市的宣傳單制定本周食品預算。他們一直尋找商家的食品優惠政策，那是他們花掉好多時間去做的一件事情。事實上，我們家購買何種食品完全取決於每周超市的優惠專案。」我說。

「接著，他們會怎樣去做？」富爸爸問道。

「他們到鎮上的各個超市去看，買回超市宣布低價處理的東西。他們說，購買這些特價食品節省了不少錢。」我回答。

「我對他們的這種做法並無異議，」富爸爸接著問道：「他們購買特價衣物嗎？」

我點了點頭，「是的，他們買汽車時也是如此，不論東西新舊都是如此。他們花了很多時間購物，為的是能夠節約開支。」

「因此，他們認為節約是很好的事情？」富爸爸問道。

「是的，」我回答說，「事實上，當他們找到特價食品時，一下子會買很多，放進家裡的大冰箱裡。過了幾天，他們發現豬排特價，就買下足夠吃六個月的豬排。他們熱衷於到處尋找這樣節約開支的方式。」

富爸爸忍不住放聲大笑，「豬排？他們買的豬排多少錢一磅？」

「我不知道，但他們的確買了好多，我們的冰箱常常被裝得滿滿的。還有，冰箱裡不僅僅有豬排，還有他們從另一個商場買來正在特價銷售的漢堡。」

「你是說，他們買來冰箱，只是為了存放各種特價銷售的食品嗎？」富爸爸笑問道。

「是的，」我回答道，「他們努力工作，省下每一分錢。他們用很多時間收集各種優惠券，購買各種特價商品。你說說，他們這樣做難道錯了嗎？」

「當然沒有錯，」富爸爸說：「他們沒有錯，只是因為他們擁有一個不同的現實。」

「你做不做這樣的事情？」我問道。

富爸爸笑著說：「我一直等你問這個問題。好吧，讓我開始給你講最重要的一課吧！」

「關於你從來不做像我父母做的那些事情的一課嗎？」我再次期待著富爸爸的回答。

「不是，」富爸爸回答說，「是關於我如何做與你父母所做的完全相同的事情。事實上，你應該看過我做的那些事情。」

「什麼？」我不禁一驚，「你也買特價品，然後把自家的冰箱塞滿嗎？我好像並沒有看過你這樣做。」

「不是你沒有看過，」富爸爸說，「我購買那些正在出售的東西，擴充自己的組合投資。」

聽到這句話，我愣了半天，接著問道：「你購買東西是為了擴充自己的組合投資，而我父母購買是為了填滿自家的冰箱？你的意思是你也做類似的事，但購買、填滿的東西不同？」

富爸爸點了點頭，他想讓自己的教誨能夠進入我二一歲的大腦。

「你們做著同樣的事情，但是，我的父母愈來愈窮，你卻愈來愈富有。你所講的就是這樣的一課嗎？」我問道。

富爸爸點點頭，他說：「這些只是其中的一部分。」

「另一部分是什麼呢？」我接著追問。

「好好想一想，」富爸爸說，「想想我們一直在說什麼？」

我想了好一會兒，這節課的另外一部分慢慢在腦海中浮現。「哦，」我說，「你和我父母雖然做著同樣的事情，但你們的現實卻不同。」

「哈，看來你快要理解了，」富爸爸說，「他們認為怎麼做是聰明的，怎麼做是又是冒險的呢？」

「噢，」我大聲說，「他們認為節約、儲蓄是聰明的，而投資是冒險的。」

「已經接近了。」富爸爸說。

「他們認為投資是冒險行為，因此他們努力工作、節儉儲蓄。事實上他們在做著與你相同的事情。如果他們改變了自己的現實進行投資，像購買豬排一樣精打細算，他們一定會愈來愈富有。你和他們做了同樣的事情，但是你購買公司，投資房地產、股票、債券以及其他的商業機會。你為了自己的投資組合而購買，他們為了自家冰箱而購買。」

「他們做著同樣的事情，但是從不同的現實出發。」富爸爸接著說，「決定他們長期陷於貧窮或中產階級的因素是自己的現實，而不是行為本身。」

「他們精神的現實使自己陷入貧困，」我輕聲說，「也就是說，對什麼是聰明、什麼是冒險的不同認識，決定我們一生的經濟地位。」我使用剛從大學經濟學課上學到的新詞語。

富爸爸接著說：「雖然我們做著同樣的事情，但是我們的出發點不同。我從一個富人的立場開始行動，你的父母從一個中產階級的立場開始行動。」

「這就是你一直所說的：『你認為什麼是真實的，你的現實就是怎樣的』的原因吧。」我輕輕地加了一句。

富爸爸點點頭，接著說：「因為他們認為投資充滿風險，所以常常注意那些已經或即將損失資金的例子。他們的現實使自己對其他現象視若無睹，只看到了自己認為正確的事情，即便那並不完全正確。」

「因此一個認為工作穩定是最明智選擇的人，很容易找到證明自己觀點的例子，也很容易找到建立自己的公司充滿風險的例子。人們都可以找到證明自己觀點的證據。」邁克好不容易插了一句。

「很對，」富爸爸說，「這樣做有道理嗎？你有什麼感受嗎？」

我點點頭，心中還在慢慢思考著富爸爸剛才所講的內容。接著，我指著便箋上富爸爸寫的「大房子」和「公寓」，問道：「我的父母一直夢想著購買更大的房子，而你一直在購買更大的公寓。你們都在做著相似的事情，是嗎？」

「是的，」富爸爸接著問我：「為什麼你的父母一直想買更大的房子？」

「因為我爸爸的薪水不斷上升，需納稅額也在不斷增加。會計師就勸他購買更大的房子，以便享受因償還抵押貸款而獲得的稅收減免。」我回答說。

「而且，他自己也認為這是一個明智之舉，對嗎？」富爸爸問道。停了一會兒，他接著說：「因為他認為房子是自己的資產，他可以從中獲得不少政府的稅收減免。」

我點了點頭，說道：「他們認為購買公寓充滿了風險。」

「我們都得到了同樣的稅收減免，不過我因此愈來愈富有，而你的父母卻使自己的生活更緊張、工作壓力更大。我是由於優良債務獲得了稅收減免，這些債務讓我更加富裕，而你的父母是因為不良債務獲得了稅收減免。現在，你領悟了每個人對『明智』與『冒險』的不同理解是如何決定自己的現實了嗎？」富爸爸問道。

邁克和我都點了點頭。「我現在更明白了。」邁克說。

「但是，如何理解『富人很貪婪』與『富人很慷慨』呢？」我問道。

「首先，你不能將窮或富與個人的貪婪、慷慨與否聯繫起來。世界上有許多貪婪的窮人，也有不少慷慨的窮人，反之亦然。正如我經常向你們所說的那樣，致富之路有很多。你可以透過購買便宜東西累積個人財富，問題是你最後只能不斷購買便宜東西。你可以透過與人聯姻致富，這非常普遍，但我們都知道那會讓你付出什麼代價。招搖撞騙也可以致富，但是如果致富比蹲監獄容易得多，為什麼要冒蹲監獄的風險呢？靠運氣有時也可以致富，問題是如果還想更富裕，你就只能依靠智慧而不是運氣了。」

以前曾經聽富爸爸講過好多次，這一次我真希望富爸爸能夠講講如何慷慨地致富。我不禁又追問道：「『富人很貪婪』與『富人很慷慨』之間到底有什麼區別？」

「你們還記得我曾經說過的，用『愈來愈少』的勞動換取『愈來愈多』的結果嗎？」富爸爸反問道。

我和邁克都點了點頭。

「好吧，用『愈來愈少』的勞動換取『愈來愈多』的結果，就是一種慷慨的形式。事實上，慷慨是致富的捷徑。」富爸爸說。

「你是說，可以透過為更多人服務而致富？」邁克有點困惑。

「對，」富爸爸說，「當我想賺更多錢時，所要做的第一件事就是問自己，我怎樣才能為更多的人服務。」

邁克轉過頭來對我說：「爸爸從來沒有說過這些，不過我想今後你得準備好聽他詳細解釋了。現在的我們已經不是小孩子了，可以更好地領會他的觀點。」

「領會什麼？」我問道。

「還用我告訴你嗎？」邁可不懷好意的笑著。

「其實你已經開始理解了，這樣你就可以結束學習了。」邁克回過頭來，低聲對我說：「你爸爸常常對你說富人貪得無厭，是嗎？」

我點點頭，肯定地說：「他曾經說了好多諸如此類的話。」

「他那樣說的原因是，他認為富人應該給那些在某個職位上幹了很長時間的雇員支付更多的薪水。他稱之為年資加給，對嗎？」

我點了點頭。

「你能理解對於大多數人來說，通常一個人的工作量是有限的，或者只能做同樣的工作，是嗎？」邁克輕聲問道。

「我理解，」我回答說，「但我爸爸不這樣看，他相信薪水應該隨著忠誠度和工作年限資歷的增加而調漲。」

「因而你爸爸認為富人很貪婪，因為他們不願為雇員的忠誠和工作年資付費。是那樣嗎？」

「是的。」我回答道。

「你認為做同樣的工作，卻希望得到更多的薪水是貪婪嗎？」邁克問道，「或者，如果所做的工作超出了範圍，就應該支付加班費或額外的費用嗎？」

「但是，那正是我爸爸和許多人賺錢的主要途徑呀，」我說：「那也是他們的現實。」

「還是那個問題，」富爸爸說，「還是『現實』的問題，我們來自不同的現實。在我看來，做同樣的工作卻希望得到更多的薪水，這就是貪婪。我認為如果想得到更多的錢，首先就要用愈來愈少的代價，做愈來愈多的工作，並且為盡可能多的人服務，那樣我才可能最後致富。」

「這就是爸爸讓我們閱讀亨利·福特傳記的原因，」邁克說，「福特成為世界上最富有的人之一，是因為他為愈來愈多的人提供了價格愈來愈便宜的汽車。在我爸爸看來，福特是一個非常慷慨的人。然而，很多人認為福特是一個非常貪婪的人。在他們的現實裡，他剝削工人。可以看出，這種分歧源於他們各自不同的現實。」

「可以理解，」我說，「隨著一天天長大，我已經注意到，願意用愈來愈多的勞動和服務換取相對少收入的人，與那些願意用愈來愈少的勞動換取愈來愈多收入的人之間的顯著區別。在我爸爸看來，大學教授講授的東西應該最少，獲取的報酬卻應該最多。他們被稱為『終身教授，那是他們嚮往的職位。」

「而且他們認為那是很『明智』的事情，」富爸爸說，「但那不是我所嚮往的方式。」

「那就是你爸爸的房子比我爸爸的房子更寬敞的原因，」邁克說，「我爸爸花去好多年的時間購買和建造公寓，以便為更多的家庭提供他們可以承受的房子。他建的公寓愈多，房租也就降得愈多。如果沒有一大批像我爸爸這樣的人，公寓就會很少，那些低收入者將因此負擔更多的房租。公寓愈多，就意味著房租愈低，這符合經濟學中最基本的供需平衡原理。你爸爸努力工作，為的是自己和家庭擁有更大的房子。他想到更多的是自己的家庭，不是為別人提供房子，但是他卻認為富人很貪婪。那是你爸爸的現實，不是我爸爸的現實。」

我靜靜地坐著，為邁克和他爸爸能夠與我如此平靜坦然地面對這個話題而高興。他們竭盡全力為我指出「貪婪」與「慷慨」的區別。在二十歲那年，我的現實開始有了一個很大的轉變。我明白自己該選擇自己想要得到的現實，那也正是富爸爸的現實。在那種現實中，大多數富人都很慷慨。從此以後，我明白了如果想要致富，首先必須設法變得更慷慨些。我懂得可以嘗試少工作多收益而致富，但是，我更懂得可以透過為更多人做更多工作而致富。我選擇了那種現實，正如富爸爸所說：「這兩種想法不是有區別，而是截然相反。」二十歲那年，我開始運用與自己家庭完全相反的思路考慮問題。我意識到自己家庭的思考模式實質上是很貪婪的。為了年輕富有地退休，需要做的就是讓自己變得更加慷慨，而不是愈來愈貪婪。

在《富爸爸》系列叢書第二本《富爸爸，有錢有理——財務自由之路》中，我曾經講過，不同的人處於不同的象限，那張圖表如下：

不同的象限代表不同的現實。一個人如果想改變自己所處的象限，或者想要兩個或者更多的象限，就必須改變自己的現實。例如，E象限代表雇員，他們往往從工作安全的現實看待世界。

S象限代表了小企業主或者自由職業者，他們用個人獨立、自由或堅忍不拔的精神看待世界。即便在S象限與B象限的對比中，你也會看到槓桿的力量。小企業主與大企業主的主要區別在於他們服務物件的多少。大企業主竭盡全力建立一個系統或制度，為盡可能多的人服務，小企業主常常依靠自己個人的力量為他人服務。S象限存在的問題是小企業主即使整日工作，也不會像大企業主那樣為那麼多的人服務。因此，小企業主與大企業主的一個區別，就在於小企業主用個人的力量為人們提供服務，而大企業主則利用系統、制度為更多的人提供服務。

I象限代表投資者，那是富人的訓練場。投資者依靠錢滾錢，他們不必工作，因為他們的錢在為自己工作。

建議：也許你想對自己進行一個測試，測試的內容通常如下：

好了，現在或許你想在自己的現實上進行同樣的測試。我請你首先對自己家庭的現實進行測試，因為家庭現實的影響力非常巨大。在對比自己和家庭的現實之後，你或許就會理解同一個家庭的成員之間，現實其實也有很大不同。

為了年輕富有地退休，我在決定自己的現實之前，不得不先徹底拋開自己家庭的現實。為了我和金能夠年輕富有地退休，我們不得不尋找為愈來愈多人服務的途徑，而不是相反的途徑。

你的家人對下列問題所涉及的現實是如何回答的？

	明智	冒險
1. 工作安全	____	____
2. 建立自己的公司	____	____
3. 一棟大房子	____	____
4. 公寓	____	____
5. 儲蓄	____	____
6. 投資	____	____
7. 富人	是貪婪的____	慷慨的____

第七章

如何才能才工作多賺錢

「如果你想致富，」富爸爸說，「就不要期望加薪。相反的，你要開始思考怎樣才能為更多的人服務。事實上，如果你急切盼望致富，就真的不要寄望於加薪。如果獲得加薪，你可能就是為一種不適當的錢而工作。」

在前面幾章中，我曾經講過如何透過增加債務致富，而不是像很多人那樣消除債務。這種思想背後的邏輯基礎是，債務也有優良債務與不良債務之分，而大多數人背負著不良債務。收入也是如此，有優良收入與不良收入之分，很多人沒有注意到這一點。大多數人未能致富，因為他們勤勉工作，得到的僅僅是不良收入。當你要求加薪時，實質上就是在追求一種不良收入。如果想年輕富有地退休，你就需要為一種優良收入而勤勉工作。在富爸爸系列的前幾本書中，我曾經將收入分成三種不同類型，它們分別是：

1. 工資收入。工資收入就是你為錢工作而得到的收入，它以支票的形式付給你。當你要求加薪、獎金、加班費、佣金或者小費時，你還可以得到更多。

2. 組合收入。組合收入通常來自於有價證券，例如股票、債券和共同基金。將來，絕大多數退休金將要依靠組合收入。

3. 被動收入。被動收入通常來自於房地產投資，它也可以來自於個人專利或智慧財產權，例如歌曲、圖書或其他知識產品的收入。

富爸爸為什麼不喜歡工資收入

在富爸爸的頭腦中，最不好的收入莫過於勤勉工作帶來的工資收入。對他來說，那是最差的收入，主要因為以下四個原因：

1. 它是課稅最重的收入，而且你對納稅多少最沒有發言權，也無法自行決定納稅時間。

2. 你不得不整日為此工作，因而耗費自己一生最寶貴的時間。

3. 幾乎沒有什麼槓桿可以利用，多數人增加工資收入的主要途徑是更賣力地工作。

4. 你的工作幾乎沒有剩餘收入。也就是說，你工作拿到薪水，接著又得為了拿到薪水而去工作。這種反覆輪迴，在富爸爸看來，意味著個人幾乎沒有什麼可利用的槓桿。

隨著年齡的增長，我總覺得富爸爸不喜歡工資收入是一件很有趣的事情。他常常說：「對孩子最糟糕的建議，莫過於讓他上學讀書，以便謀得一份高薪工作。」那樣說並不意味著他對學校本身很反感，其實他反對的是讓孩子終其一生，只是為了拿一份薪水而工作。我知道，大多數人嚮往那種能給自己帶來很多工資收入的高薪職位。這也正如我前面所說的，很多人的現實不只是不同，而且根本是截然相反。富爸爸也說：「**讓人終生為了一份工資而工作，就像教人做一個生活的高薪奴隸一樣。**」

為什麼富爸爸喜歡被動收入

儘管擁有全部三種收入方式，但如果讓富爸爸從中選擇一種喜歡的收入方式，他肯定每次都會選被動收入。這是為什麼呢？因為那是他付出勞動最少的收入，納稅也最低，而且長期以來帶來的收益最高。也就是說，他努力爭取被動收入是因為從長遠來看，他付出的勞動愈來愈少，服務的人卻愈來愈多，等他年老之後得到的收入也會愈來愈多。

為了年輕富有地退休，我必須懂得要努力賺哪一類錢。我和金能夠提早退休，就是因為我們制定了努力工作獲取被動收入的計畫，而不是像大多數人那樣爭取工資收入。另一個不同就是，我們打算退休時擁有更多被動收入，而不是簡單的組合收入，而後者正是大多數人退休後所依賴的。大多數人退休後主要依賴的組合收入，並不總是一種最好的收入，因為在三種收入中，它負擔的稅率居於第二位，而稅務負擔往往是個人一生中最大的一筆開支。以下將要進一步做出解釋。

富爸爸擁有上述三種收入，因為每種收入都有優點和不足。窮爸爸辛勤勞作一生，只依賴一種收入。當我們分析他們的一生時可以看到，正是這個小小的不同造成了最後財務狀況的天壤之別。

富爸爸窮爸爸為不同類型的錢而奔波

富爸爸窮爸爸都是整日奔波，但卻不是為了同一類型的錢。窮爸爸一再強調說：「好好上學，你才能找到一個高薪的工作。」富爸爸則說：「不看你賺多少，而看你最後擁有多少。得到工資收入最辛苦，最後留下來的卻最少。」

五〇%的錢

富爸爸常常將工資收入，也就是從工資裡得到的收入稱為「五〇的錢」。因為不論你賺了多少錢，政府總是透過一種或多種方式至少從中拿走五〇%。如果你現在年薪五萬美元，至少有二萬五〇〇〇美元最後會被政府拿走，而且大多數在你接到這筆錢之前，就已經先被扣除了。即便你拿到了剩餘的二萬五〇〇〇美元之後，各種稅還會接踵而至。正如很多人所了解的，當你賺錢、消費、儲蓄、投資，甚至當你死亡時，都不可能擺脫得掉納稅這件事。事實上，如果沒有做好準備，當你去世時你所承擔的稅將會非常高。正如富爸爸常說的，「如果你對去世後自己擁有的錢沒有規畫，政府就會替你想辦法。」

在富爸爸看來，個人辛辛苦苦地工作，最後卻被政府拿去至少五〇%的收入，實在不是一個很明智的決定。

（幾年前，各項稅率甚至超過五〇％。最近幾年稅率相對較低，但為了補償損失，許多稅法漏洞被掩蓋了。事實上，在富爸爸主要依靠工資收入的那些年代，他常常稱自己的工資收入是八〇％的收入，因為當時政府拿走了高工資收入者八〇％的錢。）

窮爸爸從來不懂不同類收入之間的區別，因此他為了那五〇％的錢辛勤工作，接著聽從會計師的建議購買更大的房子，以便獲得從來沒有真正享受過的稅收減免。他從不深入了解不同收入之間的區別，往往重新回到學校進修，以便獲得晉升和加薪。也就是說，他努力工作、努力學習，賺的愈多，納稅也就愈來愈多，因為他是為了五〇％的錢而工作。

富爸爸很難理解那些終生尋求高薪工作或者不斷希望加薪的人，他經常說：「當你獲得加薪時，政府同樣也會得到更多錢。」對他來說，用終生辛勞得到五〇％的錢，在財務上實在不是明智之舉。

二〇％的錢

大多數人想利用富爸爸所說二〇％的金錢，也就是資本收益、股票增值或者有時還包括房地產收益來維持退休生活。幾年前這個比例還很高，也就意味著為了資本收益而工作現在似乎顯得更明智一些。如果你聽到政客們說：「我的對手正在給予富人稅收減免。」他們其實往往正在給予投資收入一些稅收減免。

許多人在財務上更聰明些，不願意為了工資收入而賣力工作。許多人尋求認股權，如果公司經營成功，他們將獲得二〇%的錢（其中一部分被當做工資收入，但隨後的增值部分將是二〇%的錢。）如果公司的市值沒有提升，那麼認股權可能也就一文不值。關鍵在於人們能否理解稅收優勢，以及不同類型收入的槓桿能力不同。富人與窮人之間差距不斷加大，因為很多人沒有注意到收入類型的不同。他們辛勤工作，得到的卻是一種並不適當的收入。

〇%的錢

我和金提早退休的一個原因是我們利用了納稅延遲資金——這被富爸爸多次稱為〇%的錢。納稅延遲資金是資本收益中沒有馬上納稅的錢，而且只要我們選擇納稅延遲，一般都可以得到。

例如：我們預付五千美金，買下價值五萬美元的房子。兩年後，我們以一〇萬美元的價格轉讓。我們得到的資本收益應該是五萬美元，但我們選擇不繳付資本收益的二〇%，也就是一萬美元。如果從股票或者共同基金中獲取同樣一筆錢，大家可能只有馬上納稅，而我們則在這次交易中可以延緩繳納收益所得稅，並且用五萬五〇〇〇美元投入到下一個專案中。這五萬五〇〇〇美元中，包括這次五萬美元的收益，以及當初五〇〇〇美元的定金。也就是說，我們兩年之中獲得了五萬美元，也就是一〇〇〇%的收益，而且沒有要馬上納稅。在法律規定的範圍內，我們不但納稅延遲，而且用從技術上講屬於政府的錢作為首付款，投資購買一間價值三三萬美元的公寓。接著，我們利用銀行的錢和賣家的部分資產，填補了自己剩餘的二七萬五○○○美元資金缺口。我們不僅運用了其他人的錢，還運用了政府的錢，從而使自己能夠年輕富有地退休。從一九八八年到一九九四年，我們多次運用了這種投資和納稅策略。

在美國，與投資有價證券相比，投資房地產的一個優勢是可以合法獲得免稅代碼。政府這樣做的目的是鼓勵投資者繼續將資金投到房地產專案上，從而為那些不買房子或者買不起房子的人提供住處。這些稅收減免讓我和金這樣的投資者不斷提供大量出租房屋，抑制了房屋租金的上揚，大幅降低許多無殼蝸牛的租金支出。因為房地產業是美國經濟的重要組成部分，上述納稅優惠讓美國的房地產業充滿生機，促使國家經濟一直保持強勁增長。如果房地產業受到打擊，美國經濟勢必受到嚴重影響。

免稅的錢

獲取免稅的錢的途徑也有不少，其中一個就是投資免稅的市政債券。例如，用一○○○美元投資年利率為五%的免稅債券，意味著每年可以獲得五○美元的免稅。儘管這聽起來並不十分令人振奮，但是很多時候這樣的結果也是人們所渴望得到的。

免稅的○%的錢

另外一個獲得延遲納稅的途徑，就是從改造現有房產中獲得。例如，購買一○萬美元的租賃房產。其中土地價格是二萬美元，房屋價格是八萬美元，政府允許每年有一定比例的房屋折舊費，而且這筆折舊費不用納稅。如果政府答應我們總共二十年八萬美元的折舊計畫，那就意味著，每年我有四〇〇〇美元額外收益不用納稅。當你的組合投資額達到數百萬美元的時候，四〇〇〇美元不是一個大數目，那僅僅是折舊費，如果與其他並非真正損失的損失加起來，就有可能是很可觀的數目。

富人合法獲得稅務減免的一個辦法，就是不斷延遲自己的房地產收益，直到他們去世前，再將那些房地產變為一些類似慈善基金的東西。如果那樣做的話，他們可能就不必為過去所有延遲並使用了大半生的資本收益或折舊費納稅。正是由於這些法定的稅收減免，許多富人在生命結束前，往往捐出他們的公寓或者房地產。透過捐贈資產的稅費延遲，他們家族往往變得更為富有，甚至無需資產。他們有了足夠的錢獲取其他資產，可以再次慷慨出手。

稱職的顧問

這個時候，對你最好的建議就是尋找能幹稱職的顧問。我不是稅務律師、稅務會計，也不是房地產律師。這些高度專業化和非常複雜的法律領域，需要你尋找最好的顧問，尤其是在你已經或準備致富的時候。正如富爸爸常常提醒的：「最昂貴的建議都是所謂免費的建議，它往往來自於那些現在沒有也從不準備致富的親戚朋友。」

糟糕的顧問

糟糕的建議不僅可以來自於朋友和家庭，也可以來自於所謂的專業財務顧問。很多人被告知說，家庭是他們獲得稅務減免的最好途徑。但在我看來，這種建議卻屬於糟糕建議之列。在美國，個人用來支付利息的錢中，政府允許你得到三〇％左右的稅務減免。這意味著，如果你繳納給政府一美元，政府會允許你個人保留其中的三〇美分。但是，假如這樣做對你有什麼道理的話，那你就先送給我一美元，然後我可以送還給你五〇美分。

另外一個問題是，很多財務顧問沒有告訴你，如果你的工資收入超過了一二萬五〇〇〇美元，你將開始失去房子的利息稅減免。因此，我認為不能辛辛苦苦拿工資收入，然後為了所謂稅收優惠而購買一棟大房子。

獲得稅收減免的最好辦法

在前面幾章中，我已經講過人們對於明智和冒險的不同認識。在我的第一個例子中，我提到窮爸爸認為看重工作安全最為明智，創建自己的公司就是冒險。富爸爸的觀點恰恰相反，他說：「如果你為了工作安穩而工作，那麼你工作付出得愈來愈多，得到的卻會愈來愈少。對我而言，為了獲得所謂的一點點安全，付出這樣的代價就太大了。」

現在情形和我幼時沒有多少變化，**少工作多賺錢的最佳途徑仍然是首先擁有自己的企**

業。創建自己的企業也一直是世界上獲得稅收減免的最好辦法，開創自己企業的一個原因是：繳稅時，你就會與過去有所不同。

雇員	**企業主**
收入	收入
納稅	消費
用納稅後剩餘的錢消費	為消費之後剩餘的錢納稅

現在，雇員們用一生中最寶貴的東西去換來稅後的收入。例如，大多數雇員不得不用稅後收入來買車。對企業主來說卻大大不同，如果他的車用於商業，或者為了某些特定的用途，那麼他就可以用稅前收入購買。當你為了五〇%的錢工作時，你的汽車比老闆的汽車實質上昂貴許多，即便你的車價本身便宜。企業主還可以在很多場合下使用稅前收入交易，例如足球票、旅遊費用、餐費、孩子保母費等。企業主可以用稅前收入支付上述費用，而員工們只能用稅後收入支付（當然，企業主的財務支出必須符合企業財務規則，也可能要受到另外一些限制。）因此在美國，不僅大多數人為了五〇%的錢而工作，而且他們還得用剩餘的收入購買相對昂貴的東西。當我跟著富爸爸探討這個問題時，我也很快意識到追求所謂的工作安全，所付出的代價確實是太大了。

特別提醒

本書不是法律教科書，只是提醒大家注意收入上的不同。因為在你賺錢的過程中，那是減少稅務支出的合法途徑。如果你利用同樣的策略，只是想方法設法減少稅務支出，你就很有可能會觸犯法律。這點非常重要，也是我鼓勵大家尋求頂尖稅務顧問的原因。我遇過很多人，他們做事的唯一目標就是減少稅務支出，最後遭到政府的嚴厲懲罰。再次提醒大家，尋求這個法律領域頂尖專家的協助彌足珍貴。

極少的稅收減免

當你學習掌握現金流象限，你可能就會很快意識到，對雇員來說稅法簡直糟糕透頂。事實上，正是這些低收入的雇員承擔的稅率最高——我們的政府就是這樣「保護」工薪階層的。即便是處於S象限的自由職業者，也要比處於E象限的雇員擁有更多的稅收減免機會。

最好的當然是B象限，因為E象限允許你充分利用不同象限的不同法律優勢。例如，作為處於B象限的人，我可以利用E象限、S象限以及I象限的各種稅收優惠。對於E象限和S象限的人來說，卻無法做到這一點。也就是說，在美國，如果你是雇員或是像律師、醫生那樣的自由職業者，你就永遠無法享受到B象限的人所擁有的諸多稅收減免。而B象限的人卻可以方便地得到E象限、S象限和I象限的各種稅收減免。需要再次提醒的是，如果你想運用法律允許的各種稅務優惠，尋求優秀的財務、稅務建議和計畫都是十分重要的。

辛勤工作究竟是為了哪一類錢？

問題在於，你整日辛勤工作，究竟是為了哪一類錢？如果你是為了五〇%的錢而工作，你就必須比別人更努力，因為E象限人拿到的錢是最為昂貴的。如果你向任何一位財務顧問請教，等到的回答可能會很讓你失望，只因為你處於E象限，他們能為你做的事情非常有限。實際上，政府已經封堵了這個象限的許多稅收優惠。

計畫401(k)存在的問題

我發現401(k)其實也有一個重大缺陷。你將部分工資收入存入其中，增值情況良好，並且在退休取出時獲得了二〇%的資本所得稅減免，但是，實質上你已經是二次納稅，因為你的工資收入本身就已經承擔了很重的稅率。儘管你認為自己正在進行組合投資或者投資二〇%的錢，但是，提款時你會發現，你還要繳納與工資收入一樣的稅費。也就是說，即便你投資了可以獲得稅務延遲的二〇%的錢，但是當你需要現金時仍然要繳納五〇%的稅。那意味著你為了五〇%的錢辛勞終生，當你退休時，你仍然要繳納五〇%的稅。

401(k)存在的第二個問題是，它只為打算終生貧困的人服務。如果你退休後收入仍然很高，你將繼續為退休金繳納高昂稅金，因為你的收入提高而非降低。

讓我們討論三種不同層次的財務計畫，一種安穩、一種舒適，還有一種富有，切記每一種計畫都有不同的投資工具。401(k)計畫和儲蓄是實現安穩和舒適計畫的有機組成，卻不是致富計畫的一部分。

社會保險存在的問題

社會保險存在的問題在於，它只是為那些想做窮人的人服務。如果退休後忽然發現社會保險不足以維持自己的生活，你又會出去為薪水而工作，政府就會開始減少你的社會保險金。也就是說，在大多數情況下，獲取全額社會保險金的唯一前提是你選擇做一個窮人。

對於那些堅信所有的錢都應該存入銀行的人來說，儲蓄是一件明智的選擇，他們的錢為五〇%的錢工作。我在銀行也有存款，但我並不覺得儲蓄像很多人認為的那樣明智。我有銀行存款，那是作為自己安全、保險的財務計畫的一部分，而不是致富計畫的一部分。儘管我認為讓自己的錢去賺五〇%錢的同時又遭遇通貨膨脹，並不是一個是明智之舉。

最糟糕的現實

在接下來的幾章中，你就會明白為什麼從稅務角度來講，最糟糕的建議莫過於：「讀書上學，找個工作，工作勤勉，積極儲蓄，然後將錢投入到401(k)計畫中」。這條道路上的每一步建議都在鼓勵人們為了五〇%的錢而辛勤工作。富爸爸之所以貧窮，就是因為這是他對自己和孩子的建議。在說到金錢的時候，這是他唯一的現實。

如何獲得更多有稅收優惠的收入

如果你也想年輕富有地退休，你就需要聽從富爸爸的建議。他的建議也是從建立自己的企業開始的。

透過創建一個小型家庭型企業，購買特許經營權，或者加入網路銷售公司，你就會獲得很多稅收優惠收入。如果你壓縮開支，利用稅收優惠的收入，你可能就會在財務上占據主動。但是，切記你的目標應該是多賺錢，而不只是少納稅。它們的區別是：一個是稅務計畫，一個則是逃稅。

對於真心想致富並守住財富的人，你的稅務策略不應該自己來，而應該找專業的顧問和你共同制定。

不為賺錢而工作

在《富爸爸，窮爸爸》中，我曾經講過一個故事：富爸爸每一個小時就拿走我一〇美分，讓我不為賺錢而工作。很多人認為那是一個有趣的事情，但是不為賺錢而工作卻不是他們現實的一部分。我想告訴大家這樣一種思想：如果你想為稅務延遲或免稅的錢而工作，那就意味著在大多數情況下，你需要不為賺錢而工作。

付酬勞動收入的稅費一般是最高的，因此在學校遇到聰明能幹的年輕人為找到高薪工作欣喜若狂時，我常常暗自為他們擔心。一個抱有這種思想和現實的年輕人，就是那種將來會為了五〇%的錢工作愈來愈辛苦的人。直到他們四十歲，也擁有高薪工作，忽然有一天感到很困惑：為什麼一些朋友在財務狀況上已經遠遠超越自己？不辭辛勞的員工財務狀況最後落後於別人，主要因為他們賺的是工資收入，他們勤勉工作只是為了加薪或者獎金。

即使窮爸爸底薪高於富爸爸，富爸爸最後還是迎頭趕上，並超過窮爸爸賺錢的極限。富爸爸說：「你一定要投入時間，無論你是否為工資收入、組合收入或被動收入而工作。為工資收入而工作的人，面臨的困境是他們不得不終日辛勞，最後自己的最高收入也遠遠低於那些為組合收入或被動收入而工作的人。因為當你為組合收入和被動收入工作時，將會工作少而收益多，而且繳納的稅費也愈來愈少。」

下列這組對比資料也可以說明這一點：

工資收入　　五〇%的錢
組合收入　　二〇%的錢
被動收入　　〇%的錢

窮爸爸最後被富爸爸在財務上超越，只是因為工資收入常常源於勞動，而其他兩種收入源於資產。隨著時間的推移，為富爸爸工作的資產數量和規模在緩慢穩步地增加。對窮爸爸來說，只知道必須透過自己更加辛勤地工作，才能獲得更多五〇％的錢。

E象限的人幾乎無法控制自己的稅費，因此不得不承擔最高的稅費，即便退休也是如此。如果你現在的收入主要來自於E象限，你或許真的應該考慮設法從其他象限賺錢。S象限比E象限多了一些優勢，主要在於能夠從稅前總收入中扣除某些支出。E象限和S象限共同存在的問題在於，個人勞動的槓桿因素非常小，而承擔的稅費仍然較高。最能夠自己控制稅費、具有最大不勞而獲的槓桿潛力，而且有最合法的稅務優惠的是B象限和I象限的人。

如果你迫切希望能夠年輕富有地退休，你或許應該考慮如何不為賺錢而工作。當你捫心自問：「我怎樣才能不為賺錢而工作致富？」這一刻你可能開始將你的思想帶入另外一個現實。如果你的腦海中還是茫然一片、不知所措，那就要設法改變你的現實，花些時間和精力研究B象限和I象限人的致富之路。

富爸爸說：「**為了錢而工作很難致富，如果你想成為真正的富人，那就好好學著如何建立、購買或者創造自己的資產。只是為了加薪而賣力工作是很危險的。**」因為人們為了加薪而工作，就像深深陷入老鼠賽跑的怪圈一樣，而另外一些人則在財務上遙遙領先。

許多非常富有的人，在他們自己的休閒時間還可以變得更富裕。因此，如果你有了工作，那就繼續工作，但是一定要利用好自己的業餘時間。當朋友們在打高爾夫、釣魚、看電視體育節目的時候，你就應該開始自己業餘的商業活動。惠普公司、福特汽車都是從一間車庫開始起家，切記現在你從貧窮到富裕的步伐必須比以往任何時候都要快。

邁克爾·戴爾從大學生到億萬富翁只花三年的時間，當同學們做家庭作業或者在街上喝啤酒時，他正在自己的宿舍創建價值上千億美元的企業。現在他的大多數同學也都到了三十多歲，整日勞碌奔忙，為的是得到五〇%的錢。也有不少人現在又重新回到學校，希望透過進修獲得加薪，他們仍然在喝著啤酒，看著電視體育節目。最後，他們也許會有自己的大房子，新式多功能廂型跑車，孩子也在私立學校就讀，他們希望自己的401(k)能夠在自己退休時提供足夠的資金。

或許他們中間有些人還會默默地驚嘆戴爾這個大學未讀完就輟學的人，怎麼能如此幸運！是的，戴爾的幸運開始於他不同的現實，他努力學習，但不是為了分數，而且他樂於不為賺錢而工作。

我和金之所以能夠提早退休，是因為我們費盡心思創建自己的企業、購買房地產。這個規劃讓我們的工作愈來愈少，得到的卻愈來愈多。我們不為錢而工作，但是勤勉努力，建立、購買或者創造自己的資產，正如富爸爸曾經建議的那樣。我們對所謂的高薪職位或加薪毫無興趣，對沒有多少槓桿形式的工作，以及只有五〇%槓桿收入的工作，也都是興趣索然。對我們來說，那是不聰明的選擇，而且從長遠來看也相當危險。

在後面的章節中，我將講述如何用最小的風險獲取更多的資產，獲取更多的財務收益。不過我還是要提醒，或許你們需要不為賺錢而從事研究和工作，以便學會如何獲取這些資產。不為賺錢而從事研究和工作的人寥寥無幾，這也是年輕富有的退休者少之又少的原因。

我並不反對納稅，稅金是生活在文明社會的一項必要開支。如果沒有稅金，我們就不會有警察、消防隊員、教師、清潔工、法院、道路、紅綠燈，當然也不會有政治家。本章的重點在於探討如何合法且聰明地控制自己的稅費負擔。

建議：請列出你現在每月各種類型的收入：

1. 工資收入________元
2. 被動收入________元
3. 組合收入________元

在大多數情況下，如果想退休，那麼你就需要被動收入和組合收入。掌握獲取被動收入和組合收入愈快，年輕富有退休就會來得愈快。不只可以提早退休，你或許還會感受到更多的財務安全。你或許會覺得自己原來也很聰明，因為你將要獲得二〇%甚至稅務延遲的收入，而不是大多數人致力追求五〇%的收入。

本書的最後一個部分，將集中討論如何更安全、更有效地獲得更多的組合收入和被動收入。

但是再次提醒大家，在你得到那些收入之前，或許更需要不為賺錢而學習和工作。經過了嚴格認真地不為賺錢而學習和工作，才能到達另外一個現實。如果你決定開始獲取更好的槓桿收入的旅程，就牢記萊特兄弟的故事吧。因為樂在其中而非為了分數從事研究的人，萊特兄弟是這些人的典範。他們不為賺錢而工作，沒有任何保障，聰明地應對風險，最後使他們甚至整個世界進入了另外一個新天地！

第八章
快速致富的捷徑

《富爸爸》系列叢書《富爸爸，富小孩》出版不久，一份深具影響力的報紙刊登了一篇評論文章。當時，幾乎所有的媒體都極其讚賞《富爸爸》系列叢書的新作，對我的書進行了公正客觀的評論。不過那份有影響力的報紙上關於《富爸爸，富小孩》評論的卻不是如此。他們一開始就攻擊我不會寫作，而且或多或少暗示我應該重新返校學習寫作。具有諷刺意味的是，我已經在書中坦言，由於不會寫作我中學時的英文課有兩次沒有及格。十五歲時，我因為寫作能力不佳而被視為愚蠢與失敗者，這是我人生中非常痛苦的一段記憶。

從那以後，我從來沒有說過自己可能會成為一個作家。寫作可能是我最差的技能，因此我在中學度過了一段難熬的時光。在《富爸爸》系列叢書的第四本《富爸爸，富小孩》中，我講述了自己如何克服閱讀寫作的低能，如何從大學畢業的經歷。探討了如何發現和培養孩子的獨特天分，當然這種天分不僅僅限於閱讀和寫作，還可以培養他們財務生存技巧等。那篇評論的批評看來是針對我的寫作技巧，而不是書的內容，這也是我整個中學時代一直面臨的問題。

在那篇評論即將結束的時候，對我的書也做了一點肯定，可能想使評論顯得客觀公正一些：「該書將幫助你的孩子在將來走上社會後，更容易得到雇用。」在這之前，我感覺他對我寫作技巧的批評還算公正，但是在文章末尾加上這樣一句，說該書唯一的正面意義是讓你的孩子更容易得到雇用，的確讓我憤怒。我懷疑作者是否真正讀過我的書，《富爸爸 富孩子，聰明孩子》從來沒有說要讓你的孩子更容易得到雇用，它是在鼓勵孩子成為不受雇用者。如果你希望年輕富有地退休，就需要思考如何才能成為不受雇用者。我們再一次看到，差別在於他們腦中有不同的現實。

如何才能成為不受雇用者

在心智槓桿的概述中，需要再次重申，個人現實簡單地說就是你認為什麼是真實且正確的。或者也就是大家常說的，個人感知就是你的現實。當有人問我：「改變一個人的現實很難嗎？」我回答說：「那要根據個人情況。」對我來說，那就是自己內心的一場爭鬥，就是用富爸爸認為聰明的事情，取代窮爸爸認為聰明且值得一做的事情。在許多方面，**將一個人的現實從中產或窮人轉化到富人的現實，就像多年用右手吃飯的人有天突然改用左手吃飯。雖然不難做到，只要堅持就能如願以償，但也不是一件很容易的事情。**

致富的最快捷徑是盡快改變你的現實。對大多數人來說，這一點知易行難，因為他們更願意待在自己原有的現實裡，即便那是一個財務吃緊、入不敷出的現實。富爸爸說：「大多數人傾向於生活在自己原有的天地裡，而不是拓展自己的空間。」他認為，大多數人更願意舒適地工作一生，而不願過幾年不舒服的日子來努力改變自己的現實，讓自己一生的剩餘時間實現飛躍。用前面的比喻來說，那就是大多數人寧願用右手吃飯、貧困終生，也不大願意學習使用左手吃飯、快速致富。在很多方面，那也是改變大腦現實所需要的。

內容與環境

《高速公司》（Fast Company）是一本著名雜誌，該雜誌最近一篇題為「學習101」的文章中寫道：

> 在新經濟時代，對於任何想永遠保持高速成長的個人、團隊或公司來說，學習都是一個最重要的工具。
>
> 在舊經濟時代，內容是主宰；在新經濟時代，環境是主宰。

也就是說，學會從右手為主到左手為主，比習慣於使用何種餐具本身更為重要。

現在的學校教育，仍然在對學生苦苦灌輸更好的「內容」，而不是讓他們留意資訊時代來臨，已經給我們生活世界的「環境」帶來了根本性改變。就像前面提到的那篇書評中所說的，我的書唯一值得肯定的地方就是讓孩子們更容易受雇用，大多數教師都想設置能讓孩子更容易受到雇用的課程內容。那也是為什麼學校教育一直關注內容，而不是環境的原因。

世界的環境已經發生改變。在我們父母成長的大蕭條時代，環境是工作職位很少，工作安穩與否便是最重要的事情，那也是我的父母強調好分數和工作安穩重要性的原因。在我父母生活的時代，如果你在一家大公司找到一份安穩的工作，公司將會負責你退休後的財務安全。你也可以全身心投入工作，勤勤懇懇不知疲倦，但那完全是生活所迫。今天，經過一九九〇年代以來的經濟持續高速發展之後，很多人意識到，我們的環境或者雇工規則已經發生了徹底改變。

內容、環境和能力

儘管富爸爸不大使用「內容」、「環境」，而是使用「現實」這個詞，有時也使用「能力」這個詞。他常常說，「**窮人不僅有一個窮的現實，窮的現實還意味著他沒有能力讓錢留在自己身邊。**」

他的意思是，當人們說「我永遠不會富裕」、「我買不起」或者「投資是很冒險的」時，實際上已經剝奪了自己致富的能力。他說：「當一個擁有窮人或者中產階級現實的人，突然一下子得到大筆金錢，他們在思想和精神上往往沒有能力去把握。因此，那些金錢就會氾濫成災，最後喪失殆盡。」這也就是為什麼常常聽到有人說：「金錢只從我的手頭經過。」或者說：「不論能賺到多少錢，每到月底我總是覺得手頭很緊。」「等到有多餘的錢以後，我再去投資。」

偶爾，我也會引用富爸爸在家裡對他兒子和我講道理時所做過的實驗。富爸爸先準備一隻空水杯，然後拿起一個又大又滿的水缸往這個空水杯倒水。自然，很快空水杯就溢出了水。只要繼續往裡頭倒水，水還會繼續溢出。富爸爸說：「世界上有很多財富，如果你想致富，首先必須拓展自己的現實（環境），以便能長久地擁有那份財富。」在培訓班上，我也用這個例子說明內容、環境和能力的關係。我將水分別倒進一盎司的小量杯，然後倒進一隻小水杯和大水杯，依此簡單說明窮人、中產階級和富人擁有金錢能力的不同。

如何拓展你的能力

當有人問我：「我應該如何拓展自己的現實和環境？」我常常回答說：「透過觀察自己的想法。」我也想起了富爸爸喜歡的一句話：「金錢就是一種思想。」我用富爸爸的這句話回答這個問題，他還指出下面這些話存在的問題。

1. 「我買不起。」
2. 「我不會做。」
3. 「那錯了。」
4. 「我已經知道了。」
5. 「我試了一次，不是那樣。」

6.「那不可能，不會是那樣。」

7.「你做不到。」

8.「那不合規則。」

9.「那很難辦到。」

10.「我對了，你錯了。」

富爸爸說：「憤世嫉俗者與傻瓜是來自現實和可能性兩端的孿生兄弟。」他接著說：「傻瓜相信任何虛無飄渺、不切實際的計畫，而憤世嫉俗者對超乎自己現實之外的東西都嗤之以鼻。憤世嫉俗者的現實裡容不進任何新東西，傻瓜的現實裡又滿是愚蠢的想法。**如果想真正富足起來，你就需要一個開放的思想、一個靈活的現實，以及能讓新思想變為現實和利益的能力。**」

在此，可以引用《高速公司》雜誌的一段話：「在舊經濟時代，內容是主宰；在新經濟時代，環境是主宰。」

用富爸爸自己的話來說，也就是：「**如果你想快速致富，那就需要有一個開放的大腦去接受新思想，需要有不斷提升自己能力的技巧。為此，你需要一個可以改變、拓展和快速成長的現實。用一個窮人的現實，或者一個存在很多弱點和局限的現實，致富就永遠是一個不可能完成的使命。**」

為什麼不能致富

一九八五年，我、金和朋友拉里坐在加拿大的惠斯勒山上。為了年輕富有地退休，我們決定甘願忍受許多不適和痛苦，讓自己進入新的現實。的確，有時那是很痛苦的事情。當有人問我如何才能快速致富、如何才能提早退休，我往往簡單回答說：「我一直在改變自己的現實。」當有人接著問，如何改變一個人的現實時，我就會直接引用甘迺迪總統最喜歡的一句話：

「一些人看到本來存在的事物也會問『為什麼？』我夢想到從未有過的事物，卻會問：『為什麼不能這樣？』」

如果你想快點致富，就應該超越現在舒適的現實，進入嶄新可能的領域，正如甘迺迪總統所質疑的：「為什麼不能這樣？」

擁有一個能夠快速拓展現實或環境的大腦，就是一種重要的槓桿形式。事實上，那也許就是你最重要的槓桿形式，尤其是在這個快速變化的世界。對於富爸來說，有一個可以快速拓展現實的大腦非常重要。我認為那是他最偉大的個人技能，也是他不斷取得商業成功的原因。現在，隨著年齡增長，我也比過去懂得了許多道理，更加感激富爸爸當年從來不讓我們說「我買不起」的良苦用心。在未來的日子裡，改變和拓展個人現實的能力會成為你最重要的槓桿形式。在未來的日子裡，那些善於改變和拓展自己環境的人將會把不具備這種能力的人遠遠拋在後邊。正如《高速公司》雜誌所說：「**在新經濟時代，環境是主宰。**」

如果你想不斷發展，年輕富有地退休，就需要不斷快速改變自己的環境，因為環境決定了內容，而且環境與內容結合就構成了個人的能力。

有關心智槓桿重要性的討論即將結束，不過，我們在後面的章節中，仍將繼續引用這個關於個人現實力量的重要概念。

下一部分將討論個人財務計畫槓桿的重要性。制定個人財務計畫之所以重要，是因為大多數人有空泛的夢想，卻沒有實際可行的計畫。擁有年輕富有退休的夢想固然重要，但為了讓夢想變為現實，搭建溝通夢想和現實的橋樑——計畫就顯得尤其必要。

你的心智槓桿將要在後面的章節中接受檢驗，因為我們涉及的金錢數額超出了大多數人的現實。如果金錢數額超過你的現實或環境，那麼這些金錢數額將永遠只能是夢想。正如前面所講，通常來說，很難讓一個年薪不到五萬美元的人，想像不久就會拿著一百萬美元的收入退休。然而，很多美國人夢想著有一天能夠帶著一百萬美元退休，但是只有不到一％的人真正實現。對於其餘九九％的人來說，那永遠只能是一個夢想。

好消息是，如果懂得擁有正確現實或環境的重要性，懂得制定一個計畫的重要性，那麼，你年輕富有退休的機會將會大大地增加。

如果能夠改變自己的現實，而且制定一個切實可行的計畫，你會發現不用工作而賺到一百萬美元或甚至更多錢變得非常容易，比起為了五萬美元年薪終生奔忙也要容易得多。決定的關鍵是一個不斷拓展變化的現實或環境，以及隨後制定的計畫。下一部分將集中討論如何制定一個讓你年輕富有退休的切實可行的計畫。

第二部分
計畫的槓桿

以下是曾任美國前總統柯林頓政府勞工部長的羅伯特・萊許（Robert Reich）某次接受訪問時的談話片段：

「日益擴大的貧富差距向我們提出了一個嚴肅的問題。」

「作為勞工部長，我的目標就是讓美國人得到更多更好的工作。經過在那個崗位上辛苦工作多年之後，你可能發現工作和薪水已經成了自己生活的全部。但是，實際上並不是這樣。」

「那不只是有一個工作，也不只是有很高收入的問題。」

「在不可預知收入的新經濟時代，出現了兩條道路：快車道和慢車道，沒有中間路線。」

問題是：你和你制定的計畫是在快車道，還是在慢車道？

第九章
你的計畫有多快？

「給我速度！」

——湯姆．克魯斯《捍衛戰士》中經典對白

工作終生、儲蓄並將錢投進退休基金帳戶是一個十分緩慢的計畫。對九〇%的人來說，這似乎是一個很明智的計畫。不過，這絕非是那些希望能夠年輕富有就退休的人所要的計畫。如果希望退休時年輕又富有，你就需要一個比絕大多數人快很多的計畫。

如果有機會，請你去租《捍衛戰士》這部電影來看看，看看那些年輕的飛行員必須飛行，必須做出生死抉擇的經歷。對他們來說，控制速度的能力十分重要，因為他們的生命完全依賴於自己控制的速度。在今天的社會生活和商業活動中也是如此。對於每一個夢想商業成功的人來說，為了適應商業領域的變化，改變和拓展自己環境的速度已經至關重要。現在，中產階級和窮人之間的鴻溝已經不復存在，中產階級和富人之間的鴻溝發生了急劇變化。坦率地講，如果你擁有的是一個工業時代的計畫或環境，那你在財務上的表現將會被遠遠拋在後面。而且不是落後於跟你年同齡的人，而是被那些更年輕、思維敏捷、創意傑出的人超越。由於這種不斷加速的環境變化，在我們之中有些人二十歲就成了百萬富翁，而有些人到了五十歲還在到處尋找年薪五萬美元的工作。不幸的是，很多像這樣五十歲的人還在鼓勵自己的孩子步上自己後塵，坐著父執輩們坐過的慢車上路。

《富爸爸，提早享受財富——投資指南》中，我曾經一開始就明確提出：投資是一個計畫。我也曾經說過，大多數人計畫終生貧窮，很多像窮爸爸那樣的人一輩子都在說：「當我退休之後，我的收入就會下降。」也就是說，他們計畫工作終生，而且會變得更加貧窮。富爸爸說：「如果你想年輕富有地退休，你就必須制定一個快速的計畫，而這個計畫可以讓你用愈來愈少的工作，換來愈來愈富有的生活。」

如何制定一個快速計畫？

富爸爸關於金錢的一個基本觀點是：「**金錢就是一個思想觀念。**」接著，**富爸爸可能還會說：「思想觀念有快慢之分，正如火車有快慢之分。在金錢上來看，大多數人還是處於慢車道，眼睜睜地看著快車從自己身邊超過。如果你想快速致富，那麼你的計畫必須包括一系列快速的思想觀念。」**

如果我們準備修建一棟房子，大多數人首先會請一位建築師，大家一起制定一系列計畫。但是，當同樣的這些人開始修建自己的財富或者未來計畫時，很多人卻不知道從何做起。很多人從來沒有自己的財務計畫，沒有一個自己的財富藍圖。提到金錢，大多數人都會依照父母的財務計畫，而那個計畫往往就是努力工作、積極儲蓄。按照這些計畫，成千上萬的人在工作之餘，透過自己乘坐的火車車窗呆呆地看著窗外各種豪華轎車、私人飛機、豪華住宅等從自己身邊掠過。

如果不打算一輩子坐在火車、飛機、汽車上盯著車窗發呆，或許你應該制定一個更快速的財務計畫。以下就是如何開始建立發展一個快速計畫的一些建議。

建議一：首先選擇好自己的退出戰略

經常有人問我：「我該如何開始投資？」或是「我應該投資什麼？」面對這些困惑，我往往會反問他們：「你的退出戰略是什麼？」有時，我還會緊接著提出第二個問題：「你想在幾歲時退休？」

富爸爸一再強調：「**資深投資者在進行投資之前，一定會制定退出戰略。**」制定退出戰略是投資的前提，因此富爸爸常說：「**開始總是從結束起步的。**」也就是說，在投資之前，你需要先明白如何、何時、何地、賺多少錢的時候退出。例如，如果有人對你說：「打算度假之前，你首先要做的事情應該是什麼？」可能的答案是：「確定你的目的地。」如果有人問你，「我應該學習些什麼？」可能的答案是：「結業之後，你想達到什麼樣的目的？」其實，在投資問題上又何嘗不是如此。在做出投資目標的決定之前，你首先應該明白從何處結束，因此富爸爸常說：「確定自己的退出戰略是一個重要的投資前提。」

現在，很多人覺得他們的公司或政府將來有可能不再照顧自己退休後的生活，因此許多人開始進行投資，都是為了自己長遠的財務安全。涉足投資自然是件好事，但我還是擔心，這些人當中的許多人並沒有優先考慮清楚自己的退出戰略。

你在結束工作之前想賺到多少錢？

幾年前，有人給了我一份聯邦政府的統計資料。儘管這項統計是多年前的資料，但我認為其中的比率或數字應該不會有多大的變化。

假設六五歲是大多數人打算退出或退休的年齡，那麼你到了那一天的時候打算賺到多少錢？美國國家健康與教育署針對二十歲到六五歲的一些人進行了追蹤調查，結果顯示到了六五歲，在每一百人之中：

三六人	已經去世
五四人	依靠政府或家庭支援而生活
五人	不得不繼續工作
四人	生活過得不錯
一人	生活富有

這項統計證實了我前面的說法，那就是：大多數人好像都有一個辛勞終生，退休後又陷入貧困的計畫。他們不是打算退休後生活貧困，要不就是對自己的財務計畫或退出戰略根本毫不在意。

看看這些統計，問題在於當你到了六十五歲就要退休時，你打算或計畫成為哪一類人，或者什麼樣的人。窮爸爸儘管教育程度很高，但勞碌一生，後來又多次回到學校接受更多的培訓和教育，但是到了晚年仍然處於社會的底層。富爸爸的情況截然相反，他晚年的富有程度遠遠超越富翁名單上的多數人。儘管他們兩人基本上都是白手起家，但是他們的計畫和退出戰略不同，**一個人計劃計畫貧窮的退休，另一個人計畫富有的退休。他們六五歲之後都仍然在工作，但一個是不得不工作，一個是想享受繼續工作的樂趣。**

你的退出戰略目標是什麼？

仔細分析前面那份政府統計資料以後，我覺得有必要找出更有用的資料，進一步找出他們的不同。在美國政府的這項統計資料基礎上，根據二〇〇二年美元的價值，我加上了他們不同的收入。到了六五歲退休的時候，他們不工作的收入降到了下列數額：

窮人　　每年二萬五〇〇〇美元以下
中產　　每年二萬五〇〇〇美元到一〇萬美元

小康　每年一〇萬美元到一〇〇萬美元
富裕　每年一〇〇萬美元或甚至更多
極度富裕　每月一〇〇萬美元或甚至更多

不幸的是，只有一%的美國人結束工作生涯的時候可以達到小康或更好的生活。根據美國國家健康與教育署統計，三六%的人已經去世，他們在退休之前離開人世。也就是說，健在的六四%的人中，五九%的人沒有達到小康水平，只有五%的人達到或超過那個標準。形成上述局面的其中一個原因是，他們慢速的財務計畫中沒有明確定義退出戰略。

在投資培訓班上，我常常問那些投資者：「當結束工作退休回家的時候，你想成為哪一類人？」也就是說，「你們確定的退出標準是什麼？」一個很有趣的現象是，大多數人樂於直接將中產階級作為自己退休目標。我接著說：「如果你們熱衷於此，就會一直開慢車，最後也確實會到達那裡。」接著，我進一步解釋說：「這個慢車道就是循著找一個安穩工作、埋頭苦幹、保持較低的生活水準、積極儲蓄、投資長線專案等這樣一條路，一直走下去。」

當有人問我：「在慢車道上我能過著小康生活嗎？」我的回答是：「可以，你可以透過找到一個安穩、高薪的工作達到這個目標，但是你必須從很年輕的時候開始投資，將收入中的絕大部分用於投資，生活節儉，還得寄望於市場不會出問題，而且要準備在五五歲之後才能退休。」我接著解釋說：「運用安穩的工作、節儉的計畫達到小康生活，需要付出很大代價，其中之一就是運用上述保守的計畫，常常很難達到富裕或者極度富裕。」如果你只想在退休時達到中產或小康水平，那或許你就根本不需要閱讀本書，因為市面上針對這些人的書籍已經很多。中產或小康水準是很多人的退出目標，但在現實狀況下，我感到擔憂的是大約五〇%的美國人還沒有達到這個目標。

搭上快車

如果你也像我一樣都是白手起家，期望年輕富有地退休，還想達到富裕甚至極度富裕，你或許就得放棄工作安穩，而必須搭上快車趕路。**為了搭上快車，你需要有開放的思想，思維敏捷，更好的商業和投資培訓，以及更快的計畫。**也就是說，這些人需要擁有不同於常人的思想環境和內容。利用安穩的工作和長線投資計畫達到小康生活的人，無需富裕和極度富裕者所需要的內容、環境以及嚴格的控制能力。也就是說，他們可能會擁有財富，但卻絕對不會有富人和極度富裕階層的人所擁有的現實。正如富爸爸所說：「富人並不只是擁有很多金錢的人。」

我和金打算在退出激烈的生活競爭時達到小康水平，這是我們最早的目標。等一九八五年確立新的目標後，我們就不再那麼整日奔忙，而是準備自己的退出戰略。等有了自己的退出戰略，我們就知道應該做些什麼，從哪裡開始。對我們來說，**建立自己的企業和投資房地產就等於搭上了快車。**那就意味著放棄不少周末假日，少看一些電視，也意味著不斷有朋友和親戚會來追問：「你們為什麼不找一個穩定的工作？」「你們為什麼工作得這麼辛苦？」

工作辛苦，缺乏安全感，按照嚴格的計畫讓快車急行。當我四七歲、金三七歲時，我們透過投資達到了目標。從一九八五年確立計畫，一九九四年實現計畫，總共用了九年時間。開始時我們確立了一個儘快達到小康生活的計畫，同時也給我們帶來了足以達到富裕和極度富裕生活的培訓和經驗。這裡，「足以」一詞非常關鍵，本章和下面幾章將對它做出進一步解釋。

我們的投資每年帶來超過一〇萬美元的被動收入，我們會更加富裕，只為我們有時間、資金和不斷前進的資格和條件。五年後，我們從小康達到富裕。下一站是極度富裕的水準。

理論上來說，我們貫穿各個層次的基本計畫非常簡單，那就是建立自己的公司和投資房地產。現在，我們繼續建立公司和投資房地產。儘管計畫很簡單，卻大大地增加了我們的教育和經驗。這種教育和經驗讓我們加快建立公司和購買房地產的速度。也就是說，我們也犯過錯誤，然後不斷改正，從中學到許多東西。透過犯錯和學習，提升許多方面，例如我們環境的規模、內容或者知識、掌控更大專案和資金的能力，以及處理更大更複雜問題的速度等。乘坐快車賦予我們經營公司和投資的能力，大大不同於那些乘慢車達到小康水平的人所使用的能力。

我們在起步階段雖然進展緩慢，但卻得到了教育、經驗以及一大群志同道合的朋友。在穩步推進計畫的過程中，不斷提升我們的個人環境、內容和能力，我們建立公司或尋求絕佳房地產專案的速度也在不斷增加。當我周圍的許多人達到他們的收入巔峰時，我們收入的潛能才剛剛開始發揮。當很多人為八萬美元到三五萬美元的年薪興高采烈時，我和金的收入也剛剛搭上了快車道。令人欣喜的是，我們工作的時間愈來愈少，收入卻愈來愈多。一切都按計畫有條不紊地進行著。

一九六〇年代，我正在中學就讀，窮爸爸當時的收入遠遠高於富爸爸。等我上大學的時候，情況已經發生變化，儘管窮爸爸的年薪到達職業生涯的最高峰，富爸爸的收入還是一下子達到窮爸爸的二十多倍。他們到了六十歲左右時，窮爸爸在財務上已經出現問題，勉強維持生活。如果沒有社會保險和醫療保險，他或許要流落街頭或者不得不依靠孩子生存。另一方面，富爸爸的淨資產估計超過一億五千萬美元，而且還在不斷增加。等到他們六五歲時，富爸爸一年的收入超過窮爸爸一生的收入。他們兩個人都是按照自己的計畫行事，正如美國前勞工部長萊許所說：「兩條道路已經出現，就是快車道和慢車道，沒有中間路線。」

建議二：制定一個為你服務的計畫

我估計，九〇%的人擁有同樣的計畫，那也是超過九九%的人退休時生活在小康水準以下的原因。也有人想努力達到小康或富裕水準，但是他們沒有實現自己的計畫。

我一再強調制定計畫的重要性，因為我們每個人都需要考慮自己的優勢和弱點、希望和渴求。我明白不得不制定自己的財務計畫，因為我在學術上不像窮爸爸那樣聰明。我的聰明表現在其他領域，而不是學校教育所認可的那些。制定個人計畫首先要做的一件事情就是透過尋找自己最擅長的方面，發現自己的天賦。

在《富爸爸，富小孩》一書中，我講述了七種不同的天賦，四種不同的學習方法。現行教育制度只承認一種天賦，那就是語言文字學上的天賦，也就是閱讀和寫作的能力，而學習的方法只有一種。窮爸爸幫助我發現了自己的天賦和學習方法，即便那是不被他所領導的教育管理部門所承認的。現在，我能夠賺錢，主要依靠完成自己計畫過程中學到的東西，而不是學校學到的東西。

即使你已經走出校門，或者沒有孩子，釐清個人的天賦和學習風格也是一件很好的事。**如果你想年輕富有地退休，釐清個人的天賦和獨特的學習風格是整個財務計畫的重要組成。**

離開工作安穩的老路

我至今仍然清楚記得，一九七〇年代後期拉里和我離開全錄公司（Xerox Corporation）的情形。那是很多人羨慕的工作，也是我所做的最後一個傳統工作。二十多年後的今天，昔日的好多同事都在為全錄公司面臨的技術、財務上的挑戰而憂心忡忡。大家之間的差距已經拉大，不只是在金錢上，還有個人現實的差距，是新舊現實之間的巨大差距。

環境的挑戰

前面所講述的並不是我自吹自擂，而是為了說明短短二十多年來我們個人環境的改變。二十多年前，在許多人眼中，找一個安穩的工作，並一步步向上爬升是一件明智的選擇。我仍然清楚地記得，好多人不能理解拉里和我為什麼要離開全錄這樣大公司的好職位。畢竟我們當時都是各地分公司銷售部門的負責人，公司還在不斷成長，我們的未來看起來一片光明。當時，不僅主動要求離開大公司是一件不可思議的事情，放棄一個高薪的職位同樣讓很多人難以理解。人們普遍認為，應該謀求自己職位的不斷提升，直到有一天成為部門經理甚至地區的副總經理。

當我對一九七五年以後出生的年輕人講，我大概在他們出生前後離開了全錄公司，其中不少人似乎可以理解我的行動，他們自己也不願在公司玩那種「階梯遊戲」。對他們之中的許多人來說，值得做的事情是創辦自己的公司，透過IPO（最初公開上市，initial public offering）上市，然後年紀輕輕就退休，或者創辦另一家公司接著上市。二五年來，人們個人環境的變化真是太大了，現在許多和我同年的人甚至不知道IPO是什麼，但是他們的孩子知道。他們的孩子熱衷於談論如何成為一個企業家，或者和一個可以讓公司上市的企業家合作，這些孩子們希望能走上致富的快車道，而不是像父母那樣沉浸於嚴酷的生存競爭之中。這種財務上的嚴酷競爭，最後將我們這一代人中的許多人引向困窘不堪的境地。

如何把握這種變化？

我的一些朋友討厭時尚、音樂和技術的改變，他們不喜歡打擊樂，不想擁有網路企業，樂於看到很多網路公司紛紛倒閉。他們之中的一些人仍然相信工作安穩、社會醫療保險等工業時代的觀念和承諾。

一些人主動迎接挑戰，也有些人逃避改變。我的一些朋友熱衷於尋找不太受網路影響或威脅的工作，其中有個人找了個教師工作，其實他並不喜歡教育孩子，而是想在急劇變化的世界尋找一個避難所。他想尋找一個安穩、不會被解雇的工作，而現行的教育體系為他提供了這樣一個遠離世界變化的樂土。

還有一個朋友購買了一個永遠不會受到網路影響的公司。她說：「我已經老得無法去學會利用網路進行交易，因此我想經營一家與網路沒有一點關係的公司。我沒有為退休準備任何錢，因此我打算一直工作，直到自己完全做不動的那一天。」

上面都是一些不願意隨著時代變化調整個人現實和環境的例子，在中產階級和富人的差距日漸擴大的當今社會，他們很可能會更加落伍。航船正在緩緩離岸，駛向可能有更多機遇、財富、幸福的新天地，但不少人卻選擇了停滯不動甚至逃避，只因為他們不能改變自己的精神環境。他們的思想還是停留在遙遠的過去。

預見未來

在從倫敦飛往紐約的航班上，我坐在ＩＢＭ公司的一位高級經理身邊。在我們彼此認識後，我問他：「你如何為未來做準備？」他回答說：「當成年人用自己的眼光觀察世界時，他們肯定就會出錯。那也是為什麼這麼多成年人不能預見到即將來臨的變化的原因。如果想看到十年後的世界是什麼樣子，就去觀察十五、六歲的男孩和女孩。用他們的眼光觀察世界，你就會準確地看到未來。

「如果你能從自己的視野中跳出來，真正用年輕人的眼光來觀察，你就會看到一個更加博大精彩的世界，一個充滿了巨大變革和無數機遇的世界。相對於汽車帶給福特，石油帶給洛克菲勒，電腦帶給蓋茲，以及網際網路帶給雅虎（Yahoo）和網景（Netscape）創立者們的機遇，未來的社會將為我們帶來前所未有的商業和投資機遇。」

我接著問：「我們是不是會很快看到，一個高中學生自己創業成為億萬富翁？」

他回答說：「是的，我敢打賭。」

如果你因為錯過了離開碼頭的最後一班船，現在還沒有致富，那也不必過於擔憂，另外一條通向富裕和機遇樂土的船又在準備啟航。問題只在於你是否願意搭乘？

歷史在不斷重複

我在學校喜歡的功課就是經濟學和經濟史。經濟史彙集各個歷史時期主要經濟學家的見解和主張，包括亞當．史密斯（Adam Smith）、大衛．里卡多（David Ricardo）、托馬斯．馬休斯（Thomas Malthus）以及約翰．梅納德．凱因斯（John Maynard Keynes）等，他們的生活故事和當時觀察世界的方法都十分有趣，尤其在研究技術、人類和經濟學的演化發展的時候。

其中一段經濟史的命名源於一群叫勒德分子（Luddites）的人。在一八一一年到一八一六年間，英國手工業工人裡頭的一群人因為擔心失去工作，結夥襲擊工廠和機器，企圖破壞機器運轉。在今日，若指稱某個人是勒德分子，常常是指攻擊技術革新、受到技術革新的威脅或者希望所有新技術都消聲匿跡的人。當年的勒德分子雖然已經遠去，現代的勒德分子卻已經粉墨登台。歷史總是在不斷重演自己的過去。

你是否已經嚴重落伍？

一定有很多人都曾經看過「改頭換面」（Makeover）這種類型的電視節目，主持人將衣著怪異的男人變為女人，將小丑變為風度翩翩的情人。由髮型師、形象顧問和色彩專家組成的團隊，可以將遠離時尚的人變成一個時尚寵兒。其中的變化著實讓人驚異，有時甚至是革命性、完全徹底的改變。

我有個朋友是高級專業形象顧問，他透過幫助富人改善形象而獲取報酬，我是他的客戶之一。我付費請人選擇合適的衣服，修剪與眾不同的髮型，就是為了不落伍。我也想與時代同步，讓個人的環境、內容同時變化，追隨最新的時尚潮流。的確，改變個人形象幫助我站在時代前面，而不是生活在過去。

這位專業形象顧問曾經對我說：「當一個人為生活而感到興奮滿足的時候，他很可能就已經落伍。在那種狀態下，他感到自己非常成功，充滿樂趣、活力四射且十分性感，甚至兼而有之。因此，很多與我年齡相仿的人看起來仍然像個嬉皮，不少人曾經在反對越戰的年代非常活躍，另一個方面，這也是現在很多老兵仍然穿著舊軍服的原因。在那場戰爭中，他們深切地感受到自己的活力和生命的意義。」

當你看到人們穿著大學時代的T恤上衣，即便他們已經畢業好多年，其實那也是透過衣著懷舊的一種表現。另外，有些人年老的時候，行為、外表和衣著開始愈來愈像自己的父母。還有一個相反的趨勢，就是有些人開始打扮得像孩子一樣，以便讓自己顯得年輕，重溫自己最具魅力的年代。我們可以說，沉溺於過去的人，遠遠多於隨時間推移而主動改變自己的人，這點可以在他們的衣著上看出來。當然這並非只是衣著上的變化，而是對過去環境的一種懷念。隨著年齡的增長，人們往往變得更加固執，更加不知道變通。

為什麼不想固守過去？

現在，我們看到太多過分追求時尚和過於時髦的人，但那並不是我想說的。我鼓勵大家衣著時尚得體的其中一個原因，就是因為人們總是渴望與時代同步。如果不能站在時代前面，你就會永遠生活在過去。

如果你生活在過去，你就會投資過去的一些專案，這些過時專案很可能會讓你損失金錢，而不會為你帶來財富。可以說，人們購買過時投資專案的其中一個原因，就是他本人依然固守過去。

未來將會出現什麼？

如果想年輕富有地退休，你就應該投資那些即將出現的專案，而不是已經出現的專案。在投資領域，「早起的鳥兒有蟲吃」這句老話一再得到驗證。

預見未來使你致富

富爸爸常常對邁克和我說：「如果想致富，你就需要不斷開闊視野，需要站在時代前面，洞察未來。」富爸爸對我們講述了一連串的故事：洛克菲勒因為看到人們不斷增長的汽車需求，以及隨之而來的巨大石油需求而致富；福特在只有富人才擁有汽車的時代，看到中產階級渴望擁有汽車的現狀而致富；在更為現代的今天，蓋茲在ＩＢＭ年邁而聰明的決策者們看好單片機的時候，預測到個人電腦的美好前景，從而成為富甲天下的超級富翁；年邁的ＩＢＭ決策者們沒有像福特那樣思考問題，所以斷送了ＩＢＭ的未來，成就了微軟公司。如果我是ＩＢＭ的投資者，我會讓那些短視的傢伙走人，還要追討回他們所得的高薪。不幸的是，他們仍然拿著紅利，而投資者卻失去了未來。那些創建雅虎、網景以及其他著名網路公司的年輕人，因為洞察未來，大學沒畢業就變成了億萬富翁。

如果你錯過駛向油田的船，或者錯過了電腦、網路時代的船，也不必擔憂，下一班航船又要啟航。如果沉溺於過去，你可能就會錯過下一班航船，或者情況更糟，搭上了鐵達尼號。因為從表面看來，它更大更安全，性能外觀也更好，尤其是在今天這個內容和環境都急速變化的時代。

在電影《捍衛戰士》中，所有戰鬥機飛行員的口頭禪就是：「開火！開火！」如果看過影片，你或許還記得，留給他們向敵機開火的時間往往只有幾秒鐘。如果你等待時間過長，或者沒有準備好，那麼你就可能失去機會。在賺錢的事情上也是如此，可以捕捉的機遇之門通常開得很小。如果你不能及時應對，而是沉溺於過去，打扮得像老爸老媽一樣，沒有任何準備，缺少必要的商業投資技巧，或許你就根本無法看到機會。你不僅可能錯過真正的機遇之窗，也有可能抓住的只是已經過時的機會，導致最後滿盤皆輸。

一九九九年，某個朋友對我說：「我聽從你的建議，投資了一處租賃房產。我在一個很好的街區用一五萬美元購買了一套聯式住宅（兩家合住）。這是一個良好的開端，是嗎？」

我沒有向他表示恭喜，因為還不清楚是否值得恭喜。這是一個滿不錯的開端，問題在於，他投資的專案早已過時。他已經遲到了，應該投資的時候卻沒有投資。當然，不管怎麼說，這也應該算是一個好開場，總比遲遲不動來得強。即便損失一些錢，他也至少會獲得寶貴的知識和經驗。

但是，他並沒有在對的時機投資，因為我和金早在一九八九年到一九九四年之間就已經投資這類專案。我們購買的時候市場正處於低谷，我們也曾經勸他購買，但是他卻說：「不，那太危險了。我也許會失業，公司已經裁減不少員工。另外，房地產的價格現在如此低迷，如果持續走低怎麼辦？趕上市場低谷怎麼辦？」

機遇之門曾經打開過，現在已經關閉。十年後，當房地產價格達到巔峰，股票市場出現波動，我的那位朋友才意識到自己應該出擊了。他投資的專案已經過時，就像他本人的觀念一樣。

他已經落伍，現在選擇的出擊目標也已經過時。雖然他已經開始了投資，但我擔心他付出的代價太大，房子標價過高，遠遠超過實際價格。如果有可能的話，那項資產幾乎很難帶給他現金流，升值也會很緩慢。當然，至少他已經開始了投資，即便投資的是一個過時的專案。我還是很高興他邁出第一步，這是不同於他們父母、不同於工業時代的一步。

我和金繼續投資我們的公司和房地產專案，不同的是，我們看重的是專案未來的發展前景，而非過去。這也是為什麼各位讀者應該與未來同步、當機遇之門打開時準備出擊的原因，就像在一九八九年到一九九三年發生在我們身上的一樣。那段時間，我們在房地產和股票市場上都取得優異的成績。我在二〇〇一年開始撰寫本書時，整個股票市場走低，納斯達克股票指數回落了五〇%。而一九二九年經濟大蕭條發生時，美國整個股市也才跌了四二%。經濟縮水在所難免，前面那位購買房產的朋友開始慌了手腳，他意識到自己在那座聯式住宅上付出得太多。但是，對我來說，新的機遇之門卻又一次打開了。

在投資培訓班上，我有時候會請金談談自己的投資經驗。她常提到，我們一九八九年開始投資，一九九四年就停止了投資。接著她說，根據計畫，我們本來打算在一九八五年到一九八九年進行投資。那時，我們正在建立自己的公司，研究房地產業投資。大家或許還記得，一九八五到一九八九年的房地產價格非常高。因此，我和金一直準備在機遇之門敞開的時候出手投資。當這一天終於來臨的時候，我的那位朋友驚慌失措，而我們開始大量買進。我的那位朋友制定的投資計畫沒有為已經到來的機遇做任何準備。現在，他已經在財務上遠遠落伍，他投資的專案過分昂貴，更糟的是他還沒有為以後即將到來的機會做好的準備。他的衣著打扮得像個老人，儘管他實際比我年輕，而他的投資思路則更像一個老氣橫秋的人。

在美式橄欖球運動中，獲勝的四分衛是能將橄欖球投向沒有接球手的地方。也就是說，四分衛在腦子裡必須清楚接球手即將到達的位置，並且將球投向那裡，即便接球手當時不在那裡。但是，如果四分衛按照常理去做，他或許就會來一個持球強攻。同樣，足球運動員必須將球踢進對方守門員守備疏漏的球門。一個計畫年輕富有退休的人也必須做出同樣的事情，他們必須制定計畫，為尚未出現的機會做好準備。因此，與時代保持同步、預見未來就顯得非常重要。

制定未來的計畫

如果你真的渴望年輕富有地退休，你就必須為未來制定一個計畫，為現在還不存在的未來制定一個計畫。就像洛克菲勒為汽車工業的未來做準備，蓋茲和戴爾為電腦時代的到來做準備一樣，你也必須為未來即將出現的機遇做好準備。如果不能這樣，你就有可能投資已經過時的專案，而過時的投資肯定沒有好的前景。

如何預見未來？

為了年輕富有地退休，你或許需要為未來、也就是還沒有出現的未來做些訓練。正如IBM的那位高級經理對我說的：「**成年人預測未來時，常犯的錯誤就是從他們自己的眼光出**

發，那也是許多成年人無法洞察到即將來臨的變革的原因。」也許ＩＢＭ公司已經從年輕的蓋茲那裡學到教訓。那個教訓就是：**如果想洞察未來，你就需要從一個年輕的角度出發。如何應對時尚、音樂和技術的變化，反映了一個人思考方式和思維環境的靈活性。如果一味固守過去的東西，或者不能與時代同步，也許就會完全失去未來。**

預見未來的另外一條途徑就是研究過去。在我的現實中，歷史總是在不斷重複自己，即便重複的方式並不完全相同。**很多成年人失去未來，或者錯過了未來，因為他們在規劃關於未來的計畫時，絲毫沒有考慮過去。**

我在舊金山和一位剛從大學畢業的年輕記者聊天。當我對她說，共同基金非常危險，即將崩盤，她一下子變得很生氣。過了一會兒，她開始引用股票經紀人的詞語和觀點對我說：「我投資的共同基金三年來一直保持最高利息，平均每年增長二五%。股票市場是最好的投資場所，因為即便有一九八七年的震盪，股票市場還是持續上漲了四十年。那是你投資的最好選擇。」她一直沒有報導我和她的那次會談，因為我們對未來的看法相去甚遠。今天，她那些神聖的基金已經下跌了五〇%。

她所提到的現象和資料或許也有正確的地方，問題在於她的資料並沒有追溯到遙遠的過去。如果她懂得市場的歷史，應該明白平均七五年就會有一個衰退周期。當然，這並不意味著每七五年就一定要有個衰退，但這些歷史至少對認識市場持續上揚四十年有所幫助。最近的一場市場衰退發生在一九二九年，市場恢復或者說重新達到一九二九年初的榮景共花了二五年，也就是直到一九五五年才重新恢復。我和她的談話是在一九九八年，她所說的市場上揚四十年的說法當然也沒有錯。但是，因為沒有考慮太多歷史，她關於未來的預言就不大正確。富爸爸一再叮囑我，一定要認真閱讀經濟史。如果你想更進一步地理解未來，我向大家推薦一本偉大的書《世界哲學家》（The Worldly Philosophers），作者是羅伯特・海爾布魯諾（Robert Heilbroner）。對於想藉由了解過去而洞察未來的人來說，那真是一本偉大的書。

我在講授有關投資的課程時，曾經請大家填寫一份財務報表。接著，我讓他們藉由財務報表回顧過去，問他們未來是否也願意如此？如果他們因為報表中充滿了不良債務、不良收入、不良支出和不良欠款，在以後的財務報表中看不到光明的未來，那麼他們不會喜歡這個財務報表，我會鄭重建議他們開始解放思想、追求時尚，扔掉過時的衣服，徹底更新衣櫥，改變過去的朋友圈子，尋求新的未來。如果樂意改變自己的現實迎接未來的挑戰，年輕富有退休的可能性就會大大增加。

不過，我還是驚訝地發現，對於大多數人來說，僅僅就是清理衣櫥和更新衣著這樣簡單的改變也是那麼艱難。很多人出去購買了新衣，但是樣式卻沒有更新，這並不是真正意義上的新衣服。他們購買的只是舊時代的新衣，也就是自己感覺充滿樂趣或是最為成功的年代的衣物。許多人害怕未來，害怕未來的快樂或憂傷、平靜或熱烈，他們寧願一直生活在過去。

我在導言中寫道，年輕富有的退休其實並不難做到，而是非常容易。不過對於許多人來說，放下過去、勇敢迎接充滿未知的未來，甚至比做到年輕富有地退休本身更為艱難。對很多人來說，保持父輩們過去的環境、衣著和收藏似乎更為安全可靠，這也是超過五〇%的美國人退休時仍然處於貧困或接近貧困水準的原因。因為他們搭上財務「慢車」走向生命的終點，這自然也是根據自己的計畫。

第十章

遇見財富的槓桿

當我在培訓班上展示下列退出戰略資料時，很多人根本無法想像一個財務自由的未來，也就是無需工作卻擁有一〇萬美元的年收入。

窮人　每年二萬五〇〇〇美元以下
中產　每年二萬五〇〇〇美元到一〇萬美元
小康　每年一〇萬美元到一〇〇萬美元
富裕　每年一〇〇萬美元或甚至更多
極度富裕　每月一〇〇萬美元或甚至更多

很多人無法想像會擁有那麼多錢，原因在於實際生活中他們沒有那麼多錢。很多人也許夢想著擁有這麼多錢，也許會說自己有朝一日會賺到那麼多錢，但是在實際生活中，大多人只是夢想而已，並沒有打算真正實現它，上述統計資料再次證明了這一點。

現在創造了未來

很多人沒有明確的財務目標，因為他們經常使用「有一天」、「或許」、「將來」等詞語。富爸爸常說：「你的未來決定於自己的今天，而不是明天。」看到前面的統計資料，你或許會捫心自問：「我今天的所作所為，是否會讓自己實現明天的財務目標？」

一個無法避免的實際情況是：九九％的美國人後來的年收入勉強超過了一〇萬美元。大多數人還是沿著父母的足跡，執行著父母當年的計畫，做著與父母同樣的事情，結局也相差無幾。

我剛從越南回來時，海軍陸戰隊軍官的津貼只有九〇〇美元，而富爸爸兒子邁克每年的投資收入已經接近一〇〇萬美元。兩人之間的巨大差距，令我有一種深深的挫折感和失敗感。

如果讀過《富爸爸，提早享受財富——投資指南》，或許你會記得富爸爸在我離開海軍陸戰隊之前，和我一起制定個人計畫的事情。正如書中所講述的：「**投資是一個計畫，而不是一個結果或者過程。**」

計畫是實現夢想的橋樑

富爸爸畫了張草圖給我，我們倆站在一條大河河岸旁。他說：「計畫是實現夢想的橋樑，你的工作就是讓計畫或橋樑真正實現，使自己的夢想變為現實。如果你只是站在河岸的一邊，夢想著另外一邊，那麼你的夢想就永遠只能是夢想。因此，首先要讓你的計畫實現，你的夢想也就會成為現實。」

一九八五年到一九九四年期間，我和金努力實現我們的計畫，而不是僅僅沉溺於各種夢想。我們所做的也就是《捍衛戰士》中大多數戰鬥機飛行員所做的。我們每天都在努力，為機遇之門的突然敞開做準備。如果那一天來臨時，我們就會放手出擊，直到機遇之門重新關閉。

正如富爸爸所說：「你的未來決定於今天的所作所為，而不是明天。」也就是說，今天所做的事情就決定了你的未來。我和金沒有固定工作，甚至身無分文，因為我們從來沒有將來要成為一個雇員的計畫。相反地，我們花了大量時間參加各種培訓班，學習如何建立自己的公司、如何投資房地產。即使我們沒有錢，我們仍每天練習創立更好的公司、投資更好的房地產專案。現在，我們終於創建自己的公司，也投資了房地產專案。將來，我們或許還會繼續建立公司和投資房地產業。我無意於再去做窮爸爸退休後所做的事情，他當時是去找一份工作，以補貼社會保險金收入的不足。他的人生從尋找一份工作開始，又從尋找另一份工作結束。

到了二〇二〇年，將會有數百萬與我同年齡的人像窮爸爸那樣，退休後再尋找另一份工作，以補貼社會保險收入的不足。他們明天所做的事情，和他們今天所做的事情相差無幾。

現實的改變

還有另外一件事情，窮爸爸幾乎每天都在做，那就是他常常說：「當有了一些錢以後，我就會去投資。」他的口頭禪是：「我買不起。」當需要採取實際行動時，他可能會說：「你瞧，我今天沒有時間，我們明天再談吧。」這些都是他平時每天必做的「功課」，到了晚年也是如此。在我看來，造成他貧困的主要原因就是他擁有一個窮人的現實，即使他賺了不少錢，他也不願意改變自己的現實。

正如我前面所說的，**致富的捷徑在於不斷改變和提升你的現實**。但是顯然的，對大多數人來說，改變他們的現實、改變他們今天的所作所為，可能是致富路上最艱難的事情。回到家鄉夏威夷後，我看到許多朋友還完全在做自己父母當年做過的事情。他們問我目前在做什麼，我回答說主要在建立自己的公司和投資房地產，他們不少人的反應與我父母當年所說的如出一轍：「我買不起。」「你也知道我一直想投資，等我哪一天有了錢，或許我也會開始投資。」當我告訴他們應該提前準備和學習投資，他們常常又會說：「噢，你知道我現在有多忙嗎？我沒有時間學習投資，政府應該提供免費的投資培訓課程，那樣的話我或許還會去聽幾節課。我為什麼要花錢去學習投資？無論如何，投資風險太大了，我還是願意將錢存在銀行裡。」如果富爸爸聽到這些，一定會非常生氣地說：「聽了他們的講話，你就可以預見他們的未來。」

如果想年輕富有地退休，你或許應該先回顧自己的講話，預見自己的未來。你可以先問問自己：「如果我一直使用那些詞語，用那樣的方式思考問題，我退休的時候可能會處在哪個收入水平？是窮人、中產、小康、富裕，還是極度富裕？」如果你真誠地希望改變自己的人生，首先要做的就是透過改變自己的計畫、詞語和每天的行為來實現。你的未來決定於今天的所作所為，而與你的夢想無關。正如富爸爸所說：「如果你每天所做的事情就是躺在床上、看著電視、吃著糖果，你永遠不可能遇到美麗的王子或者公主。」

從今天開始自己的未來

為什麼那麼多人將要貧困衰老的退休？因為，他們不能停止手頭正在進行的工作，即使那並沒有什麼前途。他們不能改變自己的環境，這個環境包括工作安穩、努力工作、積極儲蓄等。很多人都會變老，他們穿著過時的衣服，固守著父母或者工業時代的觀念，遠遠落伍於當代社會和未來。這些都不是一個人的生理年齡問題，而是個人環境問題。

那麼，現在人們如何開始自己的富裕、自由之路？答案還是從你的心智開始，從你每天的詞語、思想、行動開始，從你檢查每天所做的工作以及相處的人開始，從你懂得為了搭建一個實現夢想的橋樑，你必須設法使自己的計畫更為切實可行開始，腳踏實地，而不是空想而已。正如富爸爸所說：「夢想家整日做夢，而富人制定計畫搭建實現夢想的橋樑。」你應該現在就著手制定一個面向未來的計畫，開闢未來。**對許多人來說，首先要做的第一步就是不要再做手頭那些將來不想做的事情。如果你不想為了一份薪水勞碌終生，那麼現在就開始摸索學習如何為被動收入和組合收入工作吧。等你找到答案，就馬上將這些答案作為計畫的一部分。這意味著你需要更多研究、讀更多書、參加更多培訓班、開始創立一個家庭企業、結識新朋友。也就是說，從現在就開始做明天希望的事情。**

如何預見未來？

常有人問我：「如果我現在還無法看清自己的未來，我應該如何預見未來？」或者「當我現在年薪不到五萬美元的時候，我怎麼想像年薪一〇〇美元的未來？」

這是一個非常好的環境拓展問題，我在富爸爸多年前的談話中找到了答案，他曾經用大寫字母在黃色便箋紙上寫道：

視力是你用眼睛能看到的，
洞察力是你用心智看到的。

當我問富爸爸，什麼東西可以開闊個人的眼界時，他說：「詞語和資料。」他強調學會閱讀財務報表的重要性，因為如果不能閱讀財務報表，你就無法預見自己未來的財務狀況，甚至對自己過去、現在或未來的財務狀況茫然無知。我設計了現金流遊戲，透過教授富人的詞語和資料開闊他們的眼界。其中之一就是讓一群朋友一起玩「現金流101」遊戲，等到你掌握了這個遊戲，你可以傳授給其他人，鼓勵他們採取行動。或者你也可以繼續玩「現金流202」遊戲，這是一種更複雜的遊戲，正如你所玩的遊戲。請記著富爸爸的話：「你今天的所作所為決定了你的未來。」當人們問我如何快速致富時，我說：「我每天都在玩遊戲。」事實上，你玩那個遊戲愈多，教授別人愈多，讓遊戲在自己生活中的地位愈重要，你關於未來的眼界就愈開闊。也正如富爸爸所說：「如果，你想未來自己能有一副健康的牙齒，那就從今天開始注意好好刷牙吧。」

快速詞語與快速計畫

如果想制定一個快速計畫，你就需要學會運用快速詞語。很多人沒有快速致富，就是因為他們在計畫中運用的是慢速詞語，而不是快速詞語。如果你想提升自己快速致富的眼界，你就需要運用快速詞語。

如果想年輕富有地退休，想快速致富，你就需要用更新潮、時尚、快速的財務和投資詞語。

沒有使用快速、有效的詞語，就像一個職業伐木工所說：「我不在乎是否使用電動鋸刀砍伐更多的木材，好賺取更多的錢。既然老爸給了我這把斧頭，我就打算使用它砍樹，直到生命結束的那一天。」現在很多人準備參加工作，卻仍然想使用老爸老媽留下的「斧頭」去賺錢和投資。

你是否還在揮舞老爸留下來的斧頭

在我講完願意用斧頭而不願用電動鋸刀的伐木工的故事後，我問在場的人：他們是否還在揮舞老爸留下的斧頭？

經過了一段令人困惑的時刻和困惑的表情之後，忽然有人反問我：「你是不是在問我們，在管理財務方面是否仍然像父母一樣？」

我回答說：「是的，那正是我的問題。」接著，我又說道：「現在很多人從事的職業已經和父母大不相同，但是在金錢、投資和退休等重大事情上，他們和父母的處理方式完全相同。在這些方面，可以說很多人仍然是在揮舞父母留下的『斧頭』。」

如果還要進一步解釋，我可能會說：「詞語作為工具，正如斧頭作為工具一樣。談起金錢的時候，無數人運用的詞語工具仍然緩慢、陳舊，就像在使用早已過時的斧頭來砍樹一樣，結果也就可想而知。」

大腦的工具

在我教授的某次培訓課上，一位年輕女士問道：「你的意思是說，在談到金錢的時候，也有一個快速詞語和慢速詞語的問題？」

我欣然回答：「正是如此。如果金錢是一種思想，那麼這種思想是由詞語組成的。大多數人使用慢速詞語，讓他們只能有一個慢速思想，那也意味著他們只能緩慢地獲取財富。」

「詞語也是工具？」那位年輕的女士輕輕問道，只有她身邊的人才能聽見。

我點了點頭，回答說：「富爸爸曾經說：『詞語是大腦的工具，那麼多人陷入財務困境的主要原因，就是他們給了自己大腦一個過時、慢速、陳舊的詞語工具。如果想致富，首先要做的就是更新你自己的詞語工具』。」

「你能為我舉出一個過時、慢速、陳舊的詞語的例子嗎？」那位年輕的女士問道。

「當然可以，」我回答說，「大多數人認為儲蓄是一件明智的選擇，**儲蓄本身就是一個慢速詞語。透過儲蓄你也可以致富，但代價是時間，是你一生的時間。**因此對我來說『儲蓄』就是一個慢速詞語。窮爸爸教育我如何儲蓄，富爸爸則讓我不要儲蓄，他教我如何擴大資本。」

「但是，如果一個人不懂得如何擴大資本，那應該怎麼辦？」另外一個學生問道。

「有時候，相對於儲蓄或投資，最好的選擇是學習擴大資本的方法。擴大資本是一個有學問的技能。」我回答說。

「不過，對於個人來說，學習如何賺錢是不是很困難？」一個學生問道。

「正如學習任何新東西一樣，對我來說，一開始的時候確實有些困難。就像學騎自行車，開始時我很緊張，也犯了不少錯誤，直到今天我有時還會出錯。但是，我從這些錯誤中學到不少東西，因此隨著年齡的增長，我的教育和經驗使擴大資本變得愈來愈容易。相反地，另外有一些人年齡愈來愈大，卻仍然想透過勤勉工作和儲蓄改善財務狀況。這是一個非常緩慢的計畫，他們使用的或許是從父母那裡繼承的陳舊、慢速的財務工具。」我說。

「因此，當我們大家省下一〇〇美元的時候，你可能已經多賺了上百萬美元。」另外一個同學插話說，「那也就是你所說的詞語是致富的工具，詞語也有快速、慢速之分。」

我點點頭，說道：「是的，**詞語是大腦思維的工具。**」

計畫使用更快速的詞語

如果你打算制定一個年輕富有退休的計畫，你或許需要更新你的詞語，如果你改變了自己的辭彙，或許就會加速自己的創意。例如：

慢速詞語　　高薪工作
快速詞語　　現金流

窮爸爸常常建議我：「想辦法找到一份高薪工作。」

富爸爸則常常建議我：「想辦法從資產裡找到現金流。」

找到一份高薪的工作，在起步階段看起來是致富的一條捷徑，但是在大多數情況下，最後卻可能是一條慢車道。記得剛開始職業生涯的時候，窮爸爸比富爸爸的收入高上許多，但到了晚年時，情況完全相反，而且兩人收入的差距之大就像寬闊無邊的太平洋一樣。事實上，很少有人透過高薪工作而致富。下面就是資產所能夠帶來的現金流，以及為什麼資產現金流比工作收入更好的一些原因。

先讓我們回顧一下三類不同的收入：

工資收入　　五〇％的錢
組合收入　　二〇％的錢
被動收入　　〇％的錢

工資收入：大多數情況下，它來自於個人的勞動或工作。
組合收入：大多數情況下，它來自於有價證券，例如股票、債券和共同基金。
被動收入：大多數情況下，它來自於房地產投資，以及專利、著作權等收入。

通常情況下，在做出任何財務決策前，聘請能幹的專業顧問（包括稅務顧問）都是非常重要的。對這個人合法的節稅計畫，對另外一個人可能就是違法的事情。在這一部分，我們重點強調的是要懂得使用不同的詞語，以及工資收入與被動收入之間根本性的區別。至於說到槓桿作用，納稅對於大多數人來說都是反面或者負面的槓桿。一個為了工資收入奔忙的人，至少比為了被動收入奔忙的人要辛苦兩倍。為了工資收入而工作的人，就像進兩步、退一步，最後步履蹣跚，進展緩慢。

退休之後或許你還得納稅

那些說「好好工作和儲蓄，然後領退休金」的人，實際上只能得到五〇％的錢。退休之後，你開始領取養老金，但是需要和工資收入一樣納稅。正如富爸爸所說的，這只是五〇%的錢。此外，儲蓄利息收入也需要和工資收入一樣納稅。

很多退休者說：「我必須繼續工作，因為政府提供的社會保險金根本不夠生活支出。」但是，如果他重新工作，彌補社會保險金收入的不足，那麼政府不僅要徵收工資收入稅，還要因為他現在工作而調低社會保險金。當富爸爸說：「多數人打算貧困終生。」他自然明白自己在說什麼，他已經注意政府法律考慮到一些人退休後的工資收入。如果你不貧困，想賺到更多錢，政府卻不願意幫助你。許多退休者很快發現，重新工作只能加速貧困，由於納稅的原因，很多退休者最後放棄繼續另找工作。

關鍵在於，選擇使用努力工作和儲蓄等詞語，就是選擇了一種很緩慢的詞語，它們讓你只能有一個很緩慢的財務計畫。在財務計畫中選擇使用這些詞語，可能會讓你退休後年收入達到一〇萬到一〇〇萬美元的小康水準，卻無法讓你的收入達到富裕或極度富裕水準。正如富爸爸所說：「富人並不只是擁有很多金錢。」富人使用著一系列詞語，這些詞語讓他們獲得與眾不同的人生經驗，例如學習如何擴大資產，而不是儲蓄。

另外一些詞語是：

慢速詞語	儲蓄
快速詞語	賺錢

富爸爸也曾經鼓勵大家學習如何儲蓄，但是他本人從來不這樣做。他說：「關注儲蓄花去太多的時間，而且儲蓄本身也沒有多少槓桿作用，很多人用來儲蓄的資金就是稅後收入。」為了得到一〇美元的儲蓄收入，他其實應該得到二〇美元，因為和工資收入一樣，這是五〇％的錢。另外，你的儲蓄利息也需要繳納很高的稅金。

富爸爸沒有將目光盯在儲蓄上，而是花費很多精力去鍛練自己的賺錢能力。他說：「**如果掌握了如何創建自己的企業和進行投資的方法，你就會賺到很多錢，今後的麻煩便是錢太多了。當你有很多錢以後，你可以將多餘的錢放進自己的個人銀行，而不是去儲蓄。**」

在《富爸爸，提早享受財富——投資指南》中，我講過有關錢的兩個難題：一個是沒有足夠的錢，一個是錢太多。大多數人只知道第一個問題，也就是沒有足夠錢的問題，他們乾脆就只學習如何儲蓄。富爸爸的財務計畫是關於如何處理大量金錢的問題，面臨的問題是手頭上剩餘的錢太多，他一直在尋找投資金錢的專案。富爸爸的現實和環境就是擁有富足的資金，而窮爸爸的現實就是缺錢，這也是窮爸爸為什麼勞碌終生、積極儲蓄的原因。

為了錢而工作，與賺錢有什麼區別？如果讀過《富爸爸，窮爸爸》，你或許還會記得我聽了窮爸爸的話準備動手賺錢的故事。我曾經想熔化牙膏管，然後在石膏模子中鑄出二五美分、一〇美分和五美分錢來。窮爸爸發現後，不得不給我解釋賺錢和偽造錢的區別。窮爸爸無法傳授我賺錢的方法，因為他只知道為了錢而工作。**在金錢的世界裡，許多富人都是透過設法賺錢成為巨富，而不是為了錢而工作。**例如，蓋茲成為世界上最富有的人，就是透過賺錢而非透過為了錢而工作。他建立自己的公司，然後出售公司股票成為世界首富。

出售公司股票是賺錢的一種重要方式。簡單地說，只要有願意接受你的買家或賣家，有一個完備的市場，在這種環境下你就會賺錢。例如，我的書也是一種賺錢的方式，只要透過出版商有一個市場，那麼書為我賺錢就會遠遠勝過我自己為了錢而去工作。如果我是個需要親自工作才能拿薪水的醫生，那我可能就是為了錢而工作的人。如果我是一個發明新藥並透過藥物製造商出售藥片的醫生，藥片可能就是我賺錢的工具，這就遠遠勝過為了錢而工作。

總之，在大多數情況下，**為了錢而工作是一個很慢的途徑。如果你明白自己要做什麼，那麼尋找一個賺錢的新方法可能就是致富的捷徑。**因此，假如你打算為了錢而工作並努力儲蓄，那你可能就還是在揮舞父母留下的又老又鈍的「斧頭」。

另外，還有些詞語可以放慢你致富的腳步，也有些詞語可以加快你致富的腳步。

慢速詞語	升值
快速詞語	貶值

如果你不能全面理解升值和貶值的含義，也不必擔心。我本人真正掌握這兩個概念也花了些時間。如果你想更進一步地理解它們，或許應該向會計師或資深房地產投資商請教。如何將這些概念運用於自己的財務計畫，下面這個例子或許可以給大家一些幫助。

幾天前，在某個電視節目中，播放了高中孩子們學習如何在股票市場投資的故事。其中一位受訪的學生說：「因為購買了某公司的股票價格不斷上漲，我賺了很多錢。」也就是說，他做投資遊戲是為了獲取資本收益或者股票升值。但是，大多數人說：「我們的房子就是很好的投資」，因為他們希望自己的房子能夠升值。

我也曾經聽一些朋友說：「我在這個新的高爾夫球場附近購買了不少地產，那是一筆不錯的投資，我預計五年內價格會上漲一倍。」對他們來說，這是一個很好的投資，他們滿懷希望地想在五年內價格上漲一倍。

但是，富爸爸教導他的兒子和我使用不同的詞語。當進行任何投資時，他總是說：「**利潤產生於你購買投資時，而不是出售的時候。**」也就是說，他從來就沒有將希望寄託在自己的投資升值上。對他來說，如果真有什麼升值，那也屬於額外收入。富爸爸為了投資的直接收益，也就是現金流而投資。同時，他常常為了「虛幻現金流」而投資，也就是為了貶值而投資。前面幾章裡已經提到有關房子貶值的例子。他喜歡直接的現金流和貶值，因為他不必等著投資升值來賺錢。他說：「等著股票或者房地產專案升值有點太慢，風險也太大。」

關鍵在於，如果你想等著將來賺錢，這個計畫就是個慢速計畫，因為你本身在使用慢速詞語，隨之而來的是慢速想法。我想再次重申富爸爸的話：「利潤產生於你購買時，而不是出售的時候。」我遇過許多人，他們購置一塊房地產，每個月都在損失錢，他們還對我說：「當地產價格上揚的時候我就會賣掉它，賺回自己的損失。」

在澳洲，很多人購置房產，每個月都在損失錢，但仍然認為那是很好的投資，因為政府會給予他們損失部分稅收減免。在我看來，那實在是輸家的思維方式。我經常問他們：「為什麼不去購買那些能給你每月帶來收入，並且也獲得稅收減免的產業？」得到的回答往往是：「不，我的會計師告訴我，應該尋找一個每月花錢並且可以帶來稅收減免的專案。」他們願意選擇搭乘風險很大的慢車，而不願選擇有很大利潤空間的快車。

慢速詞語	避免風險
快速詞語	控制風險

窮爸爸常常說：「那太冒險了」、「小心行事」、「為什麼要冒險」。他愈相信這些觀念，就愈容易失去對自己財務狀況的控制。作為一名處事謹慎的雇員，他失去了對自己納稅的控制。作為一個將「投資風險太大」、「我對金錢毫無興趣」常常掛在嘴邊的人，失去了愈來愈多的財務培訓機會。最後，即便退休之後，他所要繳納的稅金依然愈來愈多，投資了幾個自己認為穩妥可靠的專案，但是這些專案要不是毫無報酬，要不就是讓他賠錢。

我的一位遠親，在部隊幹了二五年，退休時是一個軍官。現在他每天坐在電視機前看財經節目，看著自己持有的股票價格不斷下跌。因為無法控制自己投資組合的價值，他感到愈來愈沮喪。一天，他看到自己持有很多股票的一家公司的總裁有了私人新式豪華飛機，並且說自己的主要經理人都擁有百萬美元的紅利。雖然他也加入了怒氣衝天的股東之列，但他們能得到的實在太有限。

在《富爸爸，提早享受財富——投資指南》中，我曾經提到富爸爸的十大投資控制工具。對於那些想對自己現在和未來生活有所控制的人來說，這些工具都至關重要。現在，我擔心的是九〇%的美國人和許多西方國家的人，對自己的財務未來幾乎無法控制。在幅員廣大的發展中國家，這個比例可能還要更糟。

富爸爸讓我制定一個學習掌握控制自己財務未來的計畫，他說：「為了成為財務快車道上的一員，你需要制定這個計畫，那不僅僅是控制金錢的問題。」如果你想進一步了解這十大投資控制工具，可以閱讀《富爸爸，提早享受財富——投資指南》一書。

關於風險和控制的詞語，富爸爸說：「**一個人愈是追求安穩，愈會放棄對自己人生的控制。」現在，我目睹了兩個世界的演化：其中一個我稱為「負責型社會」，這些人認為他們自己應該對今天和未來的生活負責；另外一個我稱為「受害型社會」，這些人相信別人、公司或者政府應該對他們的生活負責。不論是團隊、家庭或者公司，任何集體都會出現這兩類的社會。他們都從自己的環境和現實出發，都相信自己是正確的。兩個社會區分的核心思想在於對風險和控制的認識。受害者為了避免風險，往往將自己生活的控制權拱手讓人。不過當他們發現自己早先交出的權力被人濫用時，也會惱怒異常。可以說，受害者其實往往就是自身的犧牲品。**

在未來幾年中，財務上的受害者會愈來愈多。許多人將財務控制權交給專業人士，花錢聽取他們的各種建議。很多未來的受害者沉醉於一些老套的說法，例如「長期且多樣化投資，不要輕易出手，市場已經連續上揚了四十年，謹慎行事。」受害者花錢買來這些建議，只因為他們自己更願意相信這些建議。如果他們沒有明智地選擇自己的顧問，他們很可能就會成為財務上的受害者。

慢速詞語　　共同基金

快速詞語　　D章程五〇六條款

現在，成千上萬的人將自己財務未來和財務安全的賭注押在股票市場和共同基金上，甚至連我本人的退休金計畫中也有共同基金。不過，我從來沒有打算運用那些共同基金快速致富，也從不指望那些共同基金可以負擔我退休後的生活。我個人對股票市場沒有多少信心，也發現共同基金成長過於緩慢並且需要用我自己的錢。正如我在本書前面所講的，如果可能，我寧願用借來的錢致富，而不願用自己的錢，但是銀行不會借錢給我投資共同基金。

我說共同基金太慢的另外一個原因是，任何有價證券的巨大利潤或者升值都源於公司創建階段，也就是公司上市之前。富有的投資者投資一家公司的股票時，他們往往根據美國證券交易委員會制定的D章程五〇六條款以及其他規定進行投資。也就是說，富有的投資者往往在公司還沒有公開上市的時候投資，而普通投資者在公司上市後才開始投資。兩者之間的差距非常大，例如，如果你在英特爾（Intel）公司上市前投資二萬五〇〇〇美元，今天的市值可能就達到四千萬美元。

關鍵在於，富人已經在普通人注意到那家公司之前賺了大筆錢。那意味著富人的投資風險常常很低，而回報潛力卻很大。在共同基金購買公司股權之前，富人的鉅額利潤已經產生了。接著，人們開始購買持有上市公司股權的共同基金，而其實早在這家公司上市之前，富人已經開始投資。也就是說，富人不是透過投資共同基金或者股票，而是根據D章程五〇六條款透過私下備忘錄進行了投資。致富的潛在速度在共同基金與首次公開上市或五〇六條款規定的投資之間差距非常驚人。正如富爸爸所說：「**投資共同基金實際上是投資『食物鏈』的終端，已經沒有多少油水可賺。**」

我聽到有人說：「首次公開上市的股權在股價上揚的牛市是個好選擇，但在股價走低的熊市卻不一定。」這種說法有一定道理，但是不論股票市場表現如何，富人一直投資那些還沒有公開上市的公司。掌握富人投資用的詞語、辭彙和行話是會大大地加快你個人致富步伐的原因之一。

在不久的將來，富人將會變得更富裕，因為他們將會在公司首次公開上市之前就介入。他們將不再投資技術、電腦或者網路公司，而將涉足新的熱門生物科技公司、遺傳工程公司，以及名字後面有「系統」或「網路」的新型公司。他們將投資的未來熱門公司的名字，我們可能從來沒有聽說過。他們往往在普通投資者投資之前，就已經透過投資公司和房地產專案賺取了鉅額金錢。他們用私人備忘錄、有限責任組合或者其他一些方式進行投資，而不是透過共同基金。

慢速詞語	零售支付
快速詞語	批發購買

很多人都對批發價與零售價了解不少，投資上也是如此。富人更富的原因之一，就是他們以批發價而非零售價進行投資。

當你觀察現金流遊戲的時候，你可以看到老鼠賽跑和快車道。在老鼠賽跑中，投資者支付的是零售價，而在快車道中，投資者支付的是批發價。富人愈富的原因之一，就是他們常常以批發價進行投資。

慢速詞語	賺買股權
快速詞語	出售股權

比爾·蓋茲不是透過購買微軟的股權，而是透過出售股權成為世界首富。正如在零售支付和批發購買的討論中所講的，富人之所以致富，是因為他們經常出售股權。為了成為一個股權

出售者，你需要創建或者合夥創建公司。

慢速詞語	上學
快速詞語	參加培訓班

窮爸爸常常返回學校學習，他曾經到過芝加哥大學、西北大學和史丹佛大學等著名高校學習進修。每次從學校回來，他都興高采烈、信心百倍，期待著新的晉升，因為他花了時間去學校進修。

富爸爸則不是這樣，他常常參加各種培訓班。他說：「如果你想成為一個更好的雇員，或者更好的專業人士，例如醫生、律師、會計師，那你就去上學。如果你對學位、晉升、工作安穩等毫無興趣，那麼就去參加培訓班。培訓班是為那些關注財務發展而不是為了工作晉升和工作安穩的人設計的。」

與學校授課相比，我更喜歡培訓班的授課，因為學校學生的成分更為複雜，而培訓班則要單純得多。我和金曾經商定，我們每年至少參加兩個培訓班。我們打算兩人一起參加培訓班，因為我們發現即便是那些不大理想的培訓班，也會使我們的婚姻、友誼和商業合作關係更加融洽。資訊或教育能讓人們團結得更加緊密，如果未能一起學習，就好像在兩個人中間嵌進了什麼東西。

多年來，我們參加了許多投資培訓班，包括市場、銷售、系統開發、員工管理、投資課程等。我們還準備參加一個由政府主持，講授如何從政府借款投資低收入住宅專案的培訓班，費用只要八五美元，我們想從學習中獲得數百萬美元的收入。因此，我認為參加培訓班的收穫比晉升大得多。

我遇過一些作家，他們在學校的寫作表現很好，但他們的書銷售量卻遠低於我。當我建議他們參加一些直銷、銷售訓練、模仿寫作課程培訓時，很多人一聽到就很震怒。的確，就像我在《富爸爸，窮爸爸》中所說的，我是一個暢銷書作家，但不是一個書寫得最好的作家。

幾天前，我遇到一位朋友，他送女兒到一個很不錯的州立大學讀書。他為自己花了八萬五○○○美元讓女兒完成四年學業自豪，但女兒畢業時，找到一個年薪只有五萬五○○○美元的工作時，他終於變得沮喪不已。

後來，他問我的培訓班費用是多少，我告訴他三天時間需要五○○○美元。他覺得太貴了，說道：「我承受不了。這樣短的時間，你們收費實在太高了。」當他問我三天內我會教些什麼東西時，我回答說：「第一天，我們講授如何像比爾．蓋茲那樣創建自己的企業，並且成功通過首次公開上市。萬一你不想成為比爾．蓋茲那樣的人，而只想以批發價購買股票，我們就會講授如何成為首次公開上市的主要成員之一。」我接著說：「第二天和第三天，我們講授如何尋找房地產投資專案，如何做出快速評估，以及如何購買它們。也就是說，我們教你思考、談判、分析問題，就像唐納德．川普（Donald Trump）那樣在房地產專案上思考和投資。前幾天，我們教人們如何運用股票預購買賣，也就是套利基金經理人的交易方式，這是與共同基金經理人不同的交易方式。此外，我們還會教授如何利用公司減少納稅，保護自己資產。你將會見到快車道上的一些投資人，他們將告訴你如何尋找世界上最好的投資槓桿。更重要的是，你會遇到一批像你一樣的人，他們也像你一樣思考。也就是說，你可能會結識新朋友，他們致富的速度與你差不多。」

他還是說了句：「三天收費這麼高，實在是太貴了！」

正如我前面所說過的，詞語也有快慢之分。對我來說，我更願意三天花五〇〇〇美元學習如何賺取百萬甚至億萬美元，而不願意花掉四年時間用八萬五〇〇〇美元去學習年薪只有五萬五〇〇〇美元或者稍多一些、但需要一輩子不斷工作的課程。另外需要注意的是，這五萬五〇〇〇美元是工資收入。

此外，我還經歷過一種快速、低價、高效的教育。一九七四年，我離開海軍陸戰隊，也明白自己不會像窮爸爸那樣一直做雇員。我開始訂購了南丁格爾—科南特公司（Nightingale-Conant）的錄音帶。那個錄音彙集了世界上一些偉大的商業、勵志和管理大師的資料。至今，我仍然記得當時購買的厄爾．南丁格爾（Earl Nightingale）的錄音帶「跑在前面帶頭追獵」（Lead the Field）。在我負責公司地區銷售工作並打算辭職離開的時候，我反覆聽那捲錄音帶。事實上，在體育館健身或開車時，我至少每年還要聽一次。

有人問我：「如何去找一個導師？」我經常回答：「向南丁格爾—科南特公司索取一份目

錄，然後準備仔細傾聽世界上最偉大導師的教誨。」正如富爸爸常說：「事實上，富人致富是在家裡，或者是在空閒時間。讓你致富並不是老闆的工作，而是你自己的工作。」

南丁格爾—科南特圖書館提供的資料，包括一些偉大的導師，例如坦普爾曼基金的創建人約翰·坦普爾曼爵士（Sir John Templeton），以及布萊恩·特蕾西（Brian Tracy）、齊格·齊格勒（Zig Ziglar）、丹尼斯·韋特利（Dennis Waitely）、奧格·曼迪諾（Og Mandino）、塞思·戈丁（Seth Godin）、麥維·麥凱（Marvey Mckay）等人的錄音帶。在開車、體育館健身或者散步時，我從錄音帶中學到好多東西，賺到很多錢，找到許多可以釋放的靈感，提出了很多觀點，發現了很多解決問題的途徑。南丁格爾—科南特圖書館提供的錄音資料非常寶貴，你只要支付不到一〇〇美元的費用，就可以在許多私人時間聆聽一些世界上最偉大的培訓導師的教誨。你所要做的就只是按下播放鍵，就可以聽到最智慧的聲音。這些錄音帶沒有為我帶來一個大學學位，但是我在那裡找到了財務自由之路，找到了更為寶貴的自信。

為什麼有些人只尋求內容？

上學的人與參加培訓班的人的一個重要區別是在環境和內容上。當上學的人問參加培訓班的人：「你從培訓班上獲得了什麼？」參加培訓班的人往往張口結舌，說不清自己到底學到了什麼。原因在於，不少培訓班更注重環境拓展，而不是內容增加。剛剛進行環境拓展的人常常無法回答一些問題，尤其是關於學到了什麼具體東西的問題。一個學院氣很濃、更願意做雇員的人，常常很難理解這種不易言傳的境界。一個希望自己環境保持不變，只想增加內容的人，只會等待新內容的出現，而很難理解一個樂於拓展自己現實的人。如果環境發生變化，他們就會變得焦躁不安。這也是他們只關注內容的增加而對環境的拓展毫無興趣的原因。不過，那些走在時代前面的成功者，往往都同時追求環境的拓展和內容的豐富。

到了離開老鼠賽跑的時候嗎？

幾天前，有人問我：「我玩了一次現金流遊戲，現在我該怎麼辦？」

我反問道：「你玩了一次現金流101遊戲？只有一次？」

「只有一次。」他回答。

「你玩這個遊戲用了多長時間？」我問道。

「大約三個小時。」他回答說。

「你最後離開老鼠賽跑了嗎？」我問。

「沒有，從來沒有，但是我從中學到了教訓。」他說。

「你從中學到了什麼？」我問。

「我感到厭倦。我感到沉浸在老鼠賽跑遊戲中枯燥辛苦，我知道自己痛恨這種遊戲，因此我想請你告訴我，我接著應該怎麼做。我不想玩遊戲，我想致富，告訴我後面應該怎麼做。」

我拿起遊戲板畫了一圈老鼠賽跑標記。

我放緩了語氣，指著老鼠賽跑遊戲，問道：「對你來說，這只是個無聊的遊戲？」

他點了點頭，笑著說：「是的。我不想再玩遊戲，我想真正在生活中發財。」

「你不認為這個遊戲其實也是一個真實的生活？」我反問道。

「是，」他微微露出了一絲不屑，「那個遊戲不適合我。」

「這倒很有趣，」我仍然指著老鼠賽跑遊戲說：「對我而言，這個遊戲就是真實的生活。我來問問你，你是在老鼠賽跑上，還是在快車道上？」

他一臉茫然，不知怎麼回答。

接著，我說：「對我而言，這個遊戲就是真實的生活。在真實的生活中，我們每個人都在某一條道路上。」我曾經偶然讀到美國前勞工部長

萊許的一篇文章，也曾經在這一部分開始時引用過。我拿出那篇文章，讀了一段萊許的話：

> 「那不只是有一個工作，也不只是有很高收入的問題。」
>
> 「在有不可預知收入的新經濟時代，出現了兩條道路：快車道和慢車道，中間沒有一個過度地帶。」

「你的意思是，快車道真的存在？」他問道。

我點點頭，說道：「是的，老鼠賽跑同樣也確實存在。九九%的美國人投資於老鼠賽跑，他們的處境愈來愈尷尬。正如萊許所說，這兩條道路之間非此即彼，沒有過度地帶。那就意味著你要不在這條道路上，不然就是在那條道路上。你想從哪條道路上開始自己的投資？」

「我擁有高薪職位，賺的錢也不少，這難道不意味著我是從快車道上開始投資的嗎？」他反問道。

「抱歉，我並不那樣認為。當然我還不清楚，你必須告訴我有關你個人的其他一些情況。你投資了什麼專案？」我問：「你是個百萬富翁嗎？你的年薪超過了二〇萬美元了嗎？」

「我在自己的401(k)計畫中投資了三五萬美元，我的年薪超過一二萬美元。這難道不代表我就是在快車道上嗎？」他接著反問。

「不，我並不那樣認為，」我回答說，「至少根據美國證券交易委員會章程，你還不在快車道上。」

「我不明白，」他說，「你能告訴我有哪些不足嗎？」

我深深吸了口氣，打算說服他打開自己的環境和大腦，接受新的內容和資訊。長期以來，我一直覺得教育那些自以為無所不知的人是最困難的事情。大家都知道，在一個已經裝滿水的杯子裡繼續倒水是很困難的事情。同樣，教導一個大腦封閉或者裝滿其他內容的人，讓他接受一些新東西也是很困難的事情。

我慢慢地開始說：「因為對我而言，這個遊戲就是一個真實的生活，所以我設計了兩條道路。在現實生活中，我們大家都居於其中一條道路上，正如萊許所指出的，兩條道路非此即彼，中間沒有過度地帶。」

「你的意思是，我們不是居於老鼠賽跑，就是居於快車道。」這個時候，他才顯出了一些興趣。

「是的，」我說，「遊戲告訴我們，我們應如何離開老鼠賽跑。設計這個遊戲的目的就是打開人們大腦中致富和走上財務自由之路的可能性，脫離很多人知道的老鼠賽跑，脫離為了金錢勞碌終生卻永遠不能達到理想生活的煎熬。這個遊戲掌握得愈熟練，教會別人的機會愈多，你的大腦就會愈開放，你的心智、環境和內容中就會有更多的財務自由思想。如果不願意開放自己的心智，你就很可能成為終生奔忙於老鼠賽跑的那九九%的人之一。」

「即便我賺了很多錢，也是如此嗎？」他問道。

「這是一個很好的問題，」我大聲回答，「單單有錢並不一定能脫離老鼠賽跑，也並不一定能站在快車道上。那也是富爸爸常說的：『金錢並不一定能讓你成為富人』的原因。」

「為什麼？」他顯得困惑不解，「如果有錢，不是就可以拿著很多錢擠上快車道嗎？」

「這也是一個很好的問題，答案仍然是否定的。」我回答說。我現在知道他的大腦已經開始接受新東西，而不再做出無所不知的樣子。我接著說：「**脫離老鼠賽跑不只需要金錢，有了錢也不一定就能擠上快車道。**」

我整理了一下思緒，問道：「你還記得《華爾街日報》（The Wall Street Journal）等報刊的一些廣告嗎？你還記得財經報刊常常刊登一些衣著光鮮、神氣十足的男人，站在華爾街上手握『我現在有錢進行投資了』的標牌？」

「是的，我看過那類廣告，但是不太了解他們在幹嘛。」他回答的聲音很輕，仍然帶著一絲疑惑。

「一九九五年到一九九九年間，這類廣告很多。可見，當時很多人從股市或工作中賺了不少錢，他們正尋求屬於快車道的富人的投資機會。問題在於，即使很有錢，他們也找不到位於快車道上更好的投資機會。即使由於各種偶然的機緣，他們進入了快車道，但是對於大多數人（包括有錢人在內）還是無法涉足一些最好的交易。」

「即使他們有錢也無法進入快車道嗎？」他一臉茫然，「為什麼？我不明白。」

「因為金錢不能使人自然地進入快車道，金錢只能使那些人停留在老鼠賽跑場。」

「金錢也不算數，為什麼？」他問道。

「快車道上的人都已經擁有很多財富，那也就是金錢為什麼不再算數的原因。為了在快車道上進行更好的投資，主要是看你懂得多少東西，並且認識誰。」

「你的意思是，表中列出的東西可以衡量一個人是否在快車道，而不是金錢的多寡。」他輕輕地說。

「非常對，」我笑著說，「富人與窮人、中產階級在許多方面不只是有區別，而且是截然相反。窮人和中產階級認為金錢非常重要，但是當富裕之後，你會發現金錢不再那麼重要。」

我用幾分鐘的時間為他說明人們退出戰略的不同，我說，很多人都可以達到小康水準，也就是年收入一〇萬美元到一〇〇萬美元，但是如果他們這些錢都是藉由努力工作、儲蓄和節儉而得到，他們可能就永遠無法涉足富人和極度富裕的人的投資專案。很多人不能投資，只是因為他們缺乏在快車道上投資所需要的培訓和經驗。他們有錢，但怎麼樣也帶不來別的東西。

「那也就是為什麼在一些廣告中，過著小康生活的人手握著『我現在有錢進行投資了』標牌的原因。」這位腦子裡接受了一些新環境的年輕人說：「他們有錢，但是沒有人希望得到他們的錢，因為他們從來沒有準備搭上快車道。」

「是的，」我說，「這也就是富爸爸說『富人不只是很有錢』的原因。」

「那我應該怎麼做呢？」他問道。

「好吧，首先要做的事情是回去至少玩十二次現金流 101 遊戲，直到你在一個小時內能夠離開老鼠賽跑遊戲，無論你從事何種職業、薪水高低、所處市場狀況，以及遇到什麼困難。接著看看快車道上的詞語，查詢一些詞語的真實含義。掌握這些詞語的含義後，再去尋找那些在快車道上投資的人。花時間和他們在一起，聽聽他們的詞語，了解除了金錢對他們來說最重要的東西。對他們的詞語理解得愈透徹，與他們交流的愈順暢，你就會更清楚地看到他們的世界——快車道的世界。」

「你也曾經那樣做過嗎？」他問道。

「何止如此，我一直都在那樣做，我生活中的每一天都是那樣做的。正如我說的，這個遊戲本身就是真實的生活：你要不是處於老鼠賽跑，要不就處於快車道。」

「那你是怎麼跳出所謂的老鼠賽跑？」他問，「我知道你最初是一無所有的。」

「我有一個計畫，一個擺脫老鼠賽跑的計畫。重要的區別在於，我的計畫從起步就是一個富人的計畫。這個計畫讓我獲取很多金錢，但是更重要的是，讓我獲得了邁向快車道所需要的詞語、培訓和經驗。因此，**首先花些時間選擇個人退出戰略，接著開始設計制定自己的計畫——一個邁向快車道所需要的培訓、經驗和詞語的計畫。**」

那個年輕人點點頭，他的心智現在終於開放了。「因此，很多人雖然退休，但仍然像老鼠賽跑一樣，是嗎？」

「基本上是這樣，」我輕輕地回答，「他們的生活也是根據計畫。他們搭上慢車道，而且在此度過了一生。我不願意搭上慢車道，因此我一直在尋找更好的計畫，一個為自己服務的計畫。我也希望你能找到一個更好的計畫。」

那個年輕人點了點頭，輕聲地說：「我會的！」

結論

在我看來，很多人辛勞終生卻仍然未能徹底擺脫貧困，或者陷在殘酷的老鼠賽跑中，原因就在於他們根據一個緩慢的計畫行事。如果想年輕富有地退休，重要的一步就是坐下來輕輕地捫心自問：「我在實施什麼樣的計畫？我在實施的是什麼類型的人會做的計畫？」此外，其他還需要考慮的問題有：

1. 我的個人退出戰略是什麼？
2. 我的詞語和思想有多快？
3. 我現在處於哪個車道？將來我想處於哪個車道？
4. 我現在工作是為了哪種收入？它是我將來想得到的收入嗎？
5. 安穩工作的長期代價是什麼？

第十一章
誠信的槓桿

從一九八五年到一九八九年，我和金沒有任何被動收入和投資組合收入。我們工作勤勉，努力建立自己的公司，以便有更多槓桿經營的工資收入。我們得到的所有額外收入都用來支援我們建立自己公司的活動。我們明白自己需要何種收入，明白自己所需收入的明確定義，明白必須將工資收入轉化為被動收入和投資組合收入，但是我們不知道當那一天來臨的時候，究竟會發生什麼？不知不覺過去好多年，富爸爸的教誨卻仍然迴盪在耳邊：「**當被動收入和投資組合收入成為個人生活的一部分時，你的日常生活將會發生徹底改變。**一定要牢記這一點。」

富爸爸和窮爸爸都堅持自己對詞語的理解，分歧僅僅在於他們關注的詞語不同。一個爸爸讓我關注與學校密切相關的詞語，另一位則讓我關注與金錢、商業和投資密切相關的詞語。不知道有多少個夜晚，我手捧辭典思索著兩個爸爸關注的不同詞語的含義。

我遇到過很多自稱投資者的人，當我問他們有多少被動收入或者投資組合收入時，不少人即使承認自己有，也沒有多少。然而，他們卻一直以投資者自居。窮爸爸和富爸爸都曾經說過：「你一定要像你所說的那樣，名不符實可不好。」我想，年輕而富有的退休者為什麼屈指可數，其中一個原因就是好多人所說的和所做的並不一致，他們使用的詞語對自己來說並不一定是那麼回事。

並非只有定義不同

讀過《窮爸爸，富爸爸》的朋友，或許都會記得窮爸爸和富爸爸對資產和債務的不同理解。窮爸爸自信懂得兩個詞的含義，因而從未想到要查詢它們的準確含義。當然，即便他去查詢這些詞，也不會有多好的結果。原因很簡單，多數的學術辭典也從來沒有將兩者間的區別解釋清楚。

我討厭從辭典上查詢詞語的含義，不過我一直在查詢自己尚未真正理解的詞語。因為我認為，詞語是人類能夠使用的最有力的工具，正如富爸爸所說，「詞語是大腦思維的工具，詞語讓大腦掌握眼睛看不見的東西。一個用詞貧乏的人必然思想貧乏，並導致最後生活的貧乏。」花一些時間思考自己和許多人的深刻差異，就會發現正是工資收入、投資組合收入和被動收入的不同決定了我們的生活。這些都是相對簡單的詞語，但是只要明白它們之間的區別，就會有截然不同的生活。

如果你想改變自己未來的財務狀況，最重要且代價最小的一步就是先弄清楚自己經常正式

使用詞語的含義。在電視上，一些大型投資公司不斷製造出許多新穎詞語，例如價格收益率、股息再投資計畫、市場資本總額等有關投資的林林總總、花樣繁多的行話和術語。他們想讓你也認為，掌握這類概念對於成為一個像他們那樣的成熟投資者十分重要。不過，**如果你真的想在退休時年輕富有，首先應該弄懂一些更基礎且更重要的概念。這些概念包括流動比率（流動資產與流動負債之比）、速動比率、易變現比率（商業銀行遵守的流動資產與存款債務總額之比）、債務與收入比率，以及資產與債務比率、工資收入與被動收入和投資組合收入之間的比率。**

掌握詞語的力量

為什麼我們會說基礎的概念更重要呢？答案在於，例如價格收益率、股息再投資計畫和市場資本總額，這些詞語實際上和你毫無關係，尤其是當你剛剛涉足商業和投資活動的時候。對你的生活來說，更重要的是一些基本比率，例如債務與資產比率、易變現比率等。它們對於個人十分有用，你可以在實際生活中嘗試運用。如果你懂得如何個性化地應用這些比率，確實將它們落實到個人生活中，它們就可能成為你生命中不可或缺的一部分。到了這一天，你才算真正掌握了詞語的力量。

價格收益率廣泛應用在一些上市公司，例如ＩＢＭ和微軟，但它不大適用於個人，除非你想把自己賣掉（但我認為買賣人類的奴隸制現在已經不復存在，將來也不會再出現）。對於不知道價格收益率為何物的人來說，價格收益率能讓你迅速評估一種股票的貴賤，就像商場顧客詢問每磅豬排的價格一樣。豬排售價每磅二．九九美元與一．一九美元之間有很大差別，但任何一個明智的顧客都知道，考慮各種條件，只有價格便宜並不能斷定就是個好交易，價格收益率的高低同樣如此。

價格收益率只可以衡量股票價格與收益之間的比價。例如，如果每股股息是二美元，股票價格是二〇美元，那麼這種股票的價格收益率就是一〇。那就意味著如果沒有什麼變化，你需要十年時間才能撈回二〇美元。單單依據一種股票價格收益率的高低，並不能評斷交易本身的好壞，正如每磅豬排的價格並不能決定買賣的好壞一樣。實際上，在購買便宜的豬排之前，你或許更應該考慮清楚其他因素。

在網路泡沫時期，許多股票價格很高卻沒有什麼收益。如果你用價格收益率來衡量，那麼投資網路公司就顯得十分荒唐可笑。到了整個市場低迷、經濟不景氣時，許多人都希望當初他們購買並存放在冰箱中的是一些便宜的豬排，而不是價格很高卻沒有實際收益的垃圾股票。現在，即便冷凍豬排也比一些網路公司的股票值錢。真正可笑的是這樣一些人，他們認為你可以投資沒有任何現實性而前景似乎看好的行業。許多年輕的網路公司的推動者環境不錯，卻沒有好內容，這個內容就是商業投資的教育和經驗。

還有一些更重要、更基礎和具有決定意義的比率需要掌握。如果能充分理解並運用它們，就會大大增加你個人致富或在財務上成功的機會。其中最實用的一個就是債務與資產比率。因為我們每個人都會運用這個比率，而且應該每個月都運用這個比率。例如，如果你有長期和短期債務，總額大約是一〇萬美元，而你的資產是二萬美元，那麼你的債務與資產比率就應該是：

$$\frac{\$\ 100{,}000\ 美元}{\$\ \ 20{,}000\ 美元}$$

在上述情況下，你的債務與資產比率應該是5。需要注意的問題是這個資料意味著什麼呢？在實際生活中，它似乎沒有多少意義。但是，如果下個月你的債務與資產比率變為10，那可能就預示著你無法安排個人生活。債務與資產比率為10，意味著你的債務上升到二〇萬美元，或者你的資產下降到一萬美元。在另外一些場合，這些數字或許還包含更多意味，因為它們是與你個人生活密切相關的真實數字。正如富爸爸所說的：「務必關注你的個人財務狀況。」你最後會明白，這些簡單的比率是教導你思考和管理個人財務狀況的最佳工具。

比率在生活中的運用

正如價格收益率反映了投資者對於上市公司管理狀況的信心，作為個人生活的管理者，你也同樣需要在生活中運用一些比率。如果你想更進一步地管理個人的財務狀況，那麼就應該掌握下面一些比率。

富爸爸讓我掌握的一個比率，就是他自己提出的所謂財富比率，也就是：

$$\frac{\text{被動收入}+\text{投資組合收入}}{\text{總支出}}$$

評估個人財富比率的目的是設法讓你的被動收入和投資組合收入等於或超過總支出。這將意味著你可以放棄手頭現有的工作（你的工資收入來源），堅持個人的生活風格。**一旦你的被動收入和投資組合收入超過總支出，這個比率將變為1或者更高，你也將擺脫老鼠賽跑的生活。**這也是玩「現金流101」遊戲的目的，我發明的這個紙板遊戲將教你如何獲取被動收入和投資組合收入。

例如：

$$\frac{\$\,600\text{ 美元（被動收入）}+200\text{ 美元（投資組合收入）}}{\$\,4{,}000\text{ 美元（總支出）}}=0.2$$

如果富爸爸看到0.2這個比率，也就是說被動收入和投資組合收入等於總支出的二〇％，他一定會極力勸告你設法提高自己的被動收入和投資組合收入。正如他所指出：「**當被動收入**

和投資組合收入成為個人生活一部分的時候，你的生活就會徹底發生改變。務必牢記這些話。」他認為，對被動收入和投資組合收入掌握得愈透徹，個人生活也會隨個人現實的改變而改變。

富爸爸認為，財富比率是需要掌握的一個很重要的比率，因為它是你管理個人生活能力的一個重要指標。他說：「許多人退休時生活貧困，因為他們從來不明白被動收入和投資組合收入的重要。」

大約有五年時間，我和金雖然明白被動收入和投資組合收入的意義，也希望在自己的生活中擁有這些，但是卻並沒有獲得上述兩項收入。在一九八七年突然發生股市危機以及長達七年的經濟衰退之後，我們意識到機遇之門終於敞開，終於到了獲得那兩項收入的時候，以及我們的財富比率不再是零的時候了。一九八九年，我們購買了自己第一筆房產，到了一九九四年，我們每月的被動收入超過一萬美元，而總支出不足三〇〇〇美元，財富比率達到了3.3。現在，即便總支出大大增加，我們的財富比率還是超過了12。這也是讓詞語成為自己生活不可分割的一部分的力量。

如果你渴望年輕富有地退休，或許也應該讓富爸爸的財富比率成為自己生活的一部分。我認為，你會發現它們對你個人的意義遠遠超過IBM或微軟公司的P／E比率。**如果每月都檢查自己的財富比率，與那些期待加薪的人相比，你的個人生活將會有更顯著的變化。**富爸爸提出的財富比率概念，深深地影響了我對生活中何者重要、何者不重要的認識。

回顧自己的生活，我覺得正是這些來自於富爸爸的簡單教誨，讓自己獲得了生命中最重要的財富。現在，我的個人債務與資產比率大約是 0.7，這意味著即便我有很多債務，我每天晚上仍可以高枕無憂。我的債務不斷，但是從來沒有打算消滅債務。關鍵在於，富爸爸的簡單教誨與我一生的生活息息相關，對我個人的深刻影響甚至遠遠超過我多年前所學的微積分、球面三角學以及化學的收益。我從來沒有用過微積分、球面三角學或者價格收益率做出過投資決定，因為這些東西並不實用，對我個人財務的成功也幾乎沒有多少關係。

為你的生活注入力量

在本書的第二部分，我想從詞語、行動以及誠信上強調兩點：第一點，一些簡單的定義和數字會為你的個人生活注入很大的能量。正如任何一位購物高手都要先了解每磅豬排的價格，我們大家都應該注意自己的**債務與資產比率**、**財富比率**，以及其他一些在此不想贅述的簡單數字指標。

第二點，只懂得詞語含義和滿口全是充滿智慧的專業術語，距離真正成功仍然還很遙遠。現在，運用自己還沒有掌握的辭彙，這樣的人多得不計其數，例如價格收益率等一些詞語，就是為了讓人聽起來顯得比當事人更有智慧。關鍵在於，如果你渴望退休時年輕富有，持之以恆地提高個人的財務辭彙就顯得特別重要。同時，掌握詞語含義之外的東西也十分重要。我個人認為，一定要讓那些詞成為個人生活和現實的一部分。例如被動收入——我對這個詞充滿感情，因為它已經是我個人生活的重要組成部分。被動收入對於我的意義，其實就相當於加薪對於很多雇員的意義。我對加薪沒有多少熱情，因為對我來說，那是一筆沒有多大前途的收入。

我曾經花了多年時間，摸索如何將勞動收入轉化為被動收入。時間愈久，我獲取的生活經驗愈多。我曾經和許多財務工作者打過交道，例如股票交易員、房地產經紀人以及財務顧問等等。這些人本身存在很大問題：一方面，他們向你推銷投資專案，這些專案將來可能為你帶來被動收入和投資組合收入；另一方面，他們自己卻只為工資收入而工作。在我看來，那顯然有些不誠實。

你財務顧問的鼻子有多長？

富爸爸喜歡童話故事，其中之一就是匹諾曹（Pinocchio）的故事。在故事中，一個名叫匹諾曹的木偶想變成男孩子。他經常撒謊，而且他撒謊愈多，木鼻子就長得愈長。只有當他開始說真話時，他才慢慢變成一個有血有肉的男孩子。富爸爸為他的兒子邁克和我講了這個童話故事，他說，「那也是自己的心思意念變為現實存在的另一個例子。」

當我想到無數的人將自己財務未來和財務安全的賭注押在股市上，就不禁倒吸了一口涼氣。因為失業率節節攀升，市場持續動盪疲軟，他們整日為自己的財務未來憂心忡忡。我剛剛讀到一則報導，一些退休者因為聽信投資顧問和保險推銷員的建議，讓自己的退休金化為烏有。報導中說，這些投資顧問和保險推銷員開始推銷上述偽造的投資專案時，並沒有得到所在公司的認可，只因為公司減少他們的佣金（工資收入），他們就找了一種偽造投資專案，出售給那些信任他們並希望年老時有一點被動收入和投資組合收入的退休者。

在即將到來的十多年裡，可能將有數以百萬計的人在年老時陷入財務困境，因為他們聽信了那些長長鼻子、所謂專業人士的謊言。這些人不斷鼓吹：「股市一直在攀升，共同基金每年紅利平均達到一二%，應該投資長線專案，多元化經營，依照購入證券的美元價格計算損失。」

誠信的力量

儘管富爸爸和窮爸爸強調的詞語不同，但是他們同時強調「誠信」的重要。他們都認為誠信的含義之一就是個人言行的統一，他們都說：「聽其言，但更重要的是觀其行。」如果某個人說：「我將會在早上七點來接你。」結果他的確在早上七點來接你，那麼他當時的誠信就是百分之百，他就是言行一致的人。但如果這個人到時候根本沒有出現，後來也沒有道歉，那麼他當時的誠信只有〇%，他就是言行不一的人。

窮爸爸指出，詞典中「誠信」的定義之一就是「完整」和「完全」。他接著說：「一定要像你所說的那樣。」他提醒自己的孩子信守諾言的重要。他還說：「到最後，我們就是我們的詞語，我們擁有的只有自己的詞語，如果詞語不好，你本人也不會很好。」因此，他一直說：「絕對不要許下自己不準備實現的諾言。」

前幾天在達拉斯市（Dallas），有兩位青年問我能否參加我的投資培訓班，他們希望能拿到免費門票，因為他們沒有錢。由於他們當時所說的情況讓人感到同情，我和金同意送給他們靠近門口的兩張門票。結果，他們從此再也沒有露面，我也終於明白他們為什麼會沒有錢，即使兩人都有很好的工作。

誠信的計畫

在我擁有大量財富的計畫中，一個簡單而重要的組成就是尊重詞語的力量，真正做到言行一致。多年來，富爸爸要求我信守諾言。他說：「**如果你在小事情上信守諾言，那麼你在大事情上也將信守諾言。一個不能在小事情上信守諾言的人，肯定做不了大事情。**」在此重提富爸爸的這句話，因為心懷夢想卻一事無成的人太多了。他們大多有著宏偉的計畫，但是卻不能信守自己的小諾言。富爸爸說：「在小事情上不信守諾言的人是不可信任的，如果在小事情上不能信守諾言，就不會有人幫助你實現大的理想。如果不能信守諾言，人們就不會信任你，對你和你所說的話也會沒有信心。」

我曾經看到富爸爸和窮爸爸關於詞語力量的智慧建議，也曾經看到當壓力降臨時，很多人就顯示出自己的本性。我有一個經常不能按時赴約的朋友，他一直對我不與他在商業上往來困惑不解。他也經常撕毀與合作夥伴、雇員和銀行的協定，經常利用法律規定合法地欺騙他人。儘管取得了商業上的成功，他還是不得不經常尋找新的合作夥伴。他破壞自己的關係網，而不是利用自己已有的各種關係，因而只好與完全陌生的人重新開始。尋找新的合作夥伴應該沒有多大問題，但是他的木鼻子愈來愈長，愈來愈難以掩藏。

我過去的另外一個朋友，面對壓力時經常說謊。她不是告訴別人真相，而是選擇撒謊，並且認為自己可以僥倖逃過別人的注意。當她身處困境時，她就會說：「這不是我的錯，我不得不這樣做。另外，我沒有撒謊，你沒有聽到我說話。」正如富爸爸指出的：「在小事情不信守諾言的人不足信任，如果你在小事情上不被人們信任，人們就不會幫助你實現更大的夢想。」

因此，我將窮爸爸和富爸爸充滿智慧的話語轉述給大家，這句話就是：「確保你自己言行一致。」在講到快速詞語和慢速詞語的時候，我曾經說過，自己的計畫之一就是從思想、精神和行動上完全掌握這些詞語。富爸爸要求我制定一個計畫，從思想、精神和行動上理解新詞語的含義。例如，他說：「一旦學會了以批發價而不是零售價購買股票，你的生活將會永遠發生改變。當你懂得用批發價購買股票，自己會變得多麼富有的時候，你將再也不想用零售價去購買。」他還說：「一旦懂得儲蓄與賺錢的不同，你的生活將會永遠發生改變。」「一旦你懂得降價比期盼提價好以後，你的生活將會永遠發生改變。」「如果你在自己生活中逐步落實這些詞語，讓它們成為自己生命的一部分，你的生活將會與那些只懂得這些詞語定義的人迥然不同。」

確保學到見到的新的快速詞語成為自己生活的積極組成部分，這些詞語在我的財務計畫中占有相當分量。在富爸爸看來，如果我僅僅用這些財務詞語裝點自己的門面，用以顯示自己比別人智慧，那麼我就完全是一個言行不一的人。

我將窮爸爸和富爸爸的教誨轉述給大家，就是想提醒大家在制定自己計畫的時候，一定要理解和掌握這些新的快速詞語的力量。不能只知道它們的定義，或者更糟地連定義都不明白，卻把這些詞語掛在嘴邊，在沒有聽說過的人面前炫耀。讓詞語成為自己身體不可分割的一部分，你就掌握了它們的力量。

富爸爸常說：「世界上有兩種人，傳教士和教師。傳教士告訴你應該如何去做，但他們自己卻並不這樣去做；教師告訴人們他們正在做或已經做過的事情。在金錢、商業和投資領域，只說不做的『傳教士』太多太多了！」

結論

如果你想年輕富有地退休，就應該花時間不斷豐富自己的財務辭彙，切實按照所說的去做，不要流於空談。一定要記住，詞語是大腦思維的工具，而涉及財富的時候，有快速詞語和慢速詞語之分。

最具破壞性的詞語

富爸爸常說：「**在所有詞語中，最具致命破壞性的詞就是『明天』。**」他接著說：「窮人、失敗者、失意者以及不健康的人，運用『明天』的頻率最高。他們的口頭禪就是：『我將從明天開始投資。』『我將從明天開始節食和鍛鍊。』『我將從明天開始讀書。』如此等等，不勝枚舉。」富爸爸認為，「明天」比任何一個詞毀掉的人都要多。他說：「『明天』一詞存在的問題，是你永遠找不到一個『明天』。明天並不存在，明天只存在於夢想家和失敗者的腦海中。等待明天的人將會發現，過去的惡習永遠與自己相伴，根本無法消除。」他最後這樣結束了自己關於「明天」的評論：「我從未見到過所謂『明天』，我所擁有的只有今天。**『今天』一詞屬於成功者，『明天』一詞屬於失敗者。**」

在下面的章節中，我們將討論如何從今天開始做簡單的事情，而這些簡單的事情將大大地改善你的明天。

第十二章
童話的槓桿

從醜小鴨到白天鵝

富爸爸喜歡「龜兔賽跑」的童話故事，有次他曾經對我說：「我之所以成功，是因為我一直是隻烏龜。我來自不富有的家庭，在學校不是聰明的孩子，我沒有讀完中學，也不是特別能幹。但是，我比很多人富裕得多，這只是因為我從不停下腳步。我從來沒有停止過學習和拓展自己可能的現實。」

富爸爸喜歡童話和聖經故事，在本書卷首我曾經和大家分享大衛和歌利亞的故事。富爸爸喜歡大衛這個小傢伙用投石器槓桿擊敗巨人的故事。富爸爸喜歡童話故事，但他並不是一個偉大的讀者，他從那些童話中吸取生活的經驗和教訓，並用來指導自己的生活，指導自己從一無所有到資產萬貫的一生。

曾經有好多次，我和金瀕臨破產，身上的錢所剩無幾，我就會找一個地方靜靜地坐下來，回味富爸爸講給我聽的「龜兔賽跑」。我記得他說：「人的一生中，經常會遇到那些比自己更聰明、更快、更富有、更有權力、更有天分的人。他們一開始領先，並不意味著一定會贏得這場人生的比賽。如果你對自己有信心，做那些很多人不願意做的事情，每天都爭取一點進步，最後你一定會贏得人生的比賽。」

另外一個富爸爸喜歡的童話是「三隻小豬」的故事，他常常將這個故事和「龜兔賽跑」結合起來。在我十二歲左右時，富爸爸說：「搭建財務屋子時，不同的人使用的材料也不同，窮人用的是稻草，中產階級用的是木頭，富人用的是磚石。作為一隻成功的烏龜，雖然步履緩慢，但一定要確保自己搭建的是一個磚石結構的房子。」

一九六八年，當我離開紐約的大學回家過耶誕節時，富爸爸和他的兒子邀請我到他們的新居作客，新居位於他們新飯店的頂層。當我們站在陽台上，凝視著白色的海灘和湛藍的大海時，他忽然問道：「你還記得我曾經告訴過你的那些故事嗎？還記得『龜兔賽跑』和『三隻小豬』的故事嗎？」

「當然，我記得非常清楚。」我半天才反應過來，依然驚訝於他們如此美麗豪華的新居。

「好了，好好看看，這棟屋子可是磚石打造，一點也不假。」他的嘴角露出一絲微笑。

當時，富爸爸沒有再講其他東西。他只是一再跟我重複前面兩個童話，讓我感覺那些童話都快變成生活中的真實故事了。的確，富爸爸像一隻烏龜，走過一條更長、更慢而且不安穩的道路，但現在終於獲得成功，而且爬得更高。他當時四九歲，一路上已經超越了很多兔子。

我也記得窮爸爸用木頭搭建的屋子，那也是一棟價格昂貴的屋子，位於檀香山的小康生活社區。當時窮爸爸剛剛升任夏威夷州教育局長，達到了自己人生的巔峰，成了公眾人物。這些都和富爸爸一樣，不同的是他們其中一個人控制著自己的未來，另外一個卻沒有。一個生活在磚石打造的屋子裡，另外一個則不是。三年後，窮爸爸失去了安穩、可靠的工作，留下來的只有那座木頭搭建的屋子。

醜小鴨的意義

一九六八年，富爸爸站在自家豪華公寓的陽台上，提醒我回憶另外一個童話故事。我從來沒有想到這個童話對他有那麼重大的意義，因為在我和他的兒子邁克的孩提時代，他一直沒有在我們面前說起過。「你知道醜小鴨的故事嗎？」他問道。

我靠著陽台，點了點頭。

「在我一生中的許多時候，我都把自己看做一隻醜小鴨。」富爸爸徐徐道來。

「你在開玩笑吧，是不是？你怎麼能將自己看做是一隻醜小鴨？」我簡直不能相信，因為富爸爸是一個英俊瀟灑的男人。

「當我十三歲輟學的時候，我像一個旁觀者那樣看待這個世界。在這個社會中，有些人不能適應，有些人已經遠遠落伍。我在父母的商店裡幫忙的時候，那些中學橄欖球隊的男孩子常常欺負我、推擠我，甚至毀壞商店裡的東西。那些年齡稍大欺負弱小的傢伙，常常跑進我們的店鋪，將貨架上的罐頭搖下來，或者將柑橘扔到路上去，並且持續騷擾了好久。」

「你反擊過他們嗎？」我問道。

「當然，曾經有兩次，不過我最後被他們揍得鼻青臉腫。」富爸爸說：「我在這裡不是要講那些身強體壯、欺負弱小的故事。其實，在這個世界上，還有另外一種欺負弱小的人。」

我驚訝於富爸爸的這段經歷，靜靜地朝陽台下方看去，聽著他的講述。

「我還碰到過一些有知識或學院派十足的欺負弱小者，他們走進商店，用高人一等的口氣對我說話。因為他們自恃受過良好教育，覺得比其他人聰明，而且瞧不起我們這些沒有上過學的人。」

「我們學校裡這類的人很多，」我插嘴說，「他們自認為比你聰明，或者有更高學位，好像就有了資本與你談話或相處時頤指氣使。」

富爸爸點點頭，接著說道：「在店鋪工作時，我還遇到了一些在社會上欺負弱小的人。他們趾高氣昂，只因為他們出生在富豪之家，或者因為漂亮、性感、瀟灑、有人緣。當我為他們服務時，常常被嘲弄。記得有一次我問一個女孩是否願意和我約會時，她周圍的朋友立刻哄笑一片。我還記得其中有位女孩子對我說：『難道你不知道富家千金從來都不願意跟窮小子一起約會嗎？』這些話的確深深傷害了我，直到現在也不能忘懷。」

「這些事情還在繼續發生，」我接著說，「我曾經遇到一個女孩子，她說因為我上不起常春藤盟校（Ivy League school），所以不願和我一起出去。」

「哈，至少你現在也是大學生了呀，」富爸爸笑了笑說，「當我同年齡的人紛紛走進大學校園的時候，我感到特別孤獨憂傷，覺得自己已經落後，成了一個多餘的人。因此多年來，我一直覺得自己就像一隻醜小鴨。」

富爸爸以前從未和我們分享過這段歷史。我當時二一歲，明白自己和邁克擁有富爸爸所沒有的優勢。我知道有段時間他的生活異常辛苦，需要付出很大的勞動，但是我從來不清楚那對他的內心到底有過多大的影響。

站在這個臨海的豪華陽台上，我慢慢意識到，可能就是怕我感到難過，富爸爸以前才不願意提起自己過去醜小鴨般的生活。平時他常常微笑，一臉的幸福，根本也沒有機會提起這些讓人傷心的往事。過了一會兒，我問道：「你用醜小鴨的故事激勵自己不斷前進，是嗎？你不願意用那個童話故事為自己的過去憂傷，是嗎？」

「是的，」他說，「我用過醜小鴨、三隻小豬、大衛和歌利亞，還有龜兔賽跑兔子的故事不斷激勵自己進步。不要被遇到的各種欺負弱小者所嚇倒，而要用他們勢利的言行激勵自己做得更好。現在，我們擁有磚石建造的公寓，自己就住在頂層的豪華房子裡。如果沒有從那些童話和聖經故事中汲取力量，我也許就不會有今天。我不再是醜小鴨，透過建造自己的磚石房子，像大衛那樣運用槓桿，像烏龜那樣花了大量時間，我終於站在自己成長的街區的巔峰上。」

「你變成了天鵝嗎？」我笑著問了一句。

「噢，還沒有達到，」富爸爸會心地笑了，「關鍵在於，如果願意，我們能夠成長、發展並且在生活中取得很大的變化。另外一點就是，那些童話故事能夠成為現實，醜小鴨會變成美麗的天鵝，慢烏龜能取得賽跑的勝利。」

醜小鴨變成了富裕的天鵝

在我的投資培訓班上，我常常列出以下的退出戰略：

窮人	年收入二萬五〇〇〇美元以下
中產	年收入二萬五〇〇〇美元到一〇萬美元
小康	年收入一〇萬美元到一〇〇萬美元
富裕	年收入一〇〇萬美元或甚至更多
極度富裕	月收入一〇〇萬美元或者甚至更多

我請培訓班上的學員不要成為習慣於撒謊的匹諾曹，如果他們繼續做現在正在做的事情，就要說出他們真實的想法來。我問他們：「如果你們繼續做現在每天都在做的事情，等你六五歲退休時可以達到什麼樣的財務水準？」我同時提醒他們，只有不到一%的人最後達到小康生活的水準之上。

很多人承認，退休時只要能達到中產階級的水準就已經心滿意足。他們最關心的是退休時能夠脫離貧困階層。也有些人提出我盼望以久的問題：「我如何才能超越小康的水準？」當時提出這個問題的人，最有可能在財務上從醜小鴨變成白天鵝。

在這個投資培訓班上，我再次講起了富爸爸告訴過我的童話和聖經故事。我問他們：「你能從這些故事中悟出什麼道理，並把它們運用到自己的生活中去嗎？你能找到一些適合自己的啟示嗎？你能想像，自己在財務上從一隻貧困的醜小鴨變成富裕的白天鵝這種情形嗎？」有一些學員真的照我的話去做，另一些人則茫然不知所措，覺得我怎麼能在投資培訓課上講這些童話故事呢。

接著，我說道：「對我而言，從中產階級的觀念達到小康的觀念，其間變化之大足以和從醜小鴨變成白天鵝相媲美。」

從慢速計畫到快速計畫

在我的某堂課上，有位年輕的女士問道：「第一步應該怎麼做？」

在回答這個問題之前，我拿出了下面這個掛圖。

接著，我說：「一九八九年，市場低迷下滑已經持續了兩年，我和金制定了自己的計畫。那是一個慢速計畫，我們打算十年內每年購買兩處房地產。由於市場整體下滑，我們發現了愈來愈多的交易和驚慌失措的人。不到一年時間，我們已經從大約六百個房產專案中購買了五個小型租賃房產，每一個都為我們帶來了相當的現金流。不過，現在市場情況不斷惡化，更多的交易機會出現。我們面臨新的問題：自己的錢也已經快要用完了。」

「所以，你雖然有很好的投資機會，但是錢已經用完了，是嗎？」那個年輕的女士問道。

指著掛圖上的玻璃杯子，我回答道：「是的，我感到自己處於環境的極限，也就是現實的極限。」

「那也就到了改變自己現實的時候了，是嗎？」另外一位學員問道。

我點了點頭，說道：「是的，是到了改變自己的環境，否則就要失去機遇的時候。」

課堂上寂靜一片，大家認真地聽著我的談話，我知道自己已經充分掌握了大家的注意力。

接著，我問道：「在你們之中有多少人曾經看到機會，但是卻覺得自己無法抓住？」

在場的很多人舉起了手。

「當這種事情發生的時候，」我說：「那就意味著你已經達到了自己環境的極限，也就是你認為自己最大的可能的極限。同時你也已經達到了內容的極限，它是自己應對各種困難和挑戰的知識總和。」

「接著又發生了什麼？我們應該如何應對？」學員問道。

「很多人選擇了放棄，他們說『我做不到』、『我買不起』。很多人會徵求朋友的意見，大多數的朋友會告誡他們不要冒險，要謹慎行事。」

「那你是如何做的呢?當你意識到自己的計畫過於緩慢，而現在出現了機會，資金卻已經用完，你怎麼辦？」學員問道。

「首先，我要做的就是承認自己是一隻也想放棄的烏龜，但事實上這並不是放棄的時間，而是繼續前進的時間。我也明白那是一個更有可能成為天鵝的時間，正如腦海中許多童話故事所講述的，我選擇了繼續前進而沒有放棄。我不知道怎麼做，但我知道自己應該做些什麼。這種局面持續了好幾周。在和金結束某次旅行回家後，我剛剛放下手提箱，電話鈴響了。電話是我很信任的一個房地產經紀人打來的，他興奮地對我說：『我剛才發現了一個很好的機會，如果你有興趣，我可以給你比別的客戶提前半個小時的時間。』」

「那是一個什麼交易？」學員問道。

「經紀人告訴我，那是一個有十二個單元的公寓，地理位置優越，主人急於出售，標價僅僅只有三三萬五〇〇〇美元，要求支付訂金三萬五〇〇〇美元。經紀人接著用傳真發來了房產收支概算材料。」

「你立刻買下了嗎？」學員問道。

「沒有，」我回答說，「我告訴經紀人，給我半個小時，我馬上去那裡看看。當我趕到那裡的時候，我才真正明白這是一筆多麼划算的買賣。我跑向一個收費電話亭，告訴經紀人我決定買下它。」

「即使你沒有資金，你也敢這麼做？」另外一位學員問道。

「我兩手空空，剛剛完成第五筆生意。我們確實資金困窘，因為我們同時投資房地產和其他商業專案。但是，即使我們沒有資金，我仍然按照賣主的要價，五年期利息八%付給他三〇萬美元。這是一筆頗具誘惑力的買賣，實在太吸引人了。」

「為什麼這是一筆划算的買賣？」另一位學員問道。

「有很多原因，首先是主人就生活在那裡，從沒有提高過租金。房客是主人的朋友，主人從來沒有想過要他們支付更多租金，因此租金比市場價低了二五%。第二個原因是，主人年歲已大，他們沒有精力管理，打算自己搬出去。作為不成熟的投資者，他們根本沒有想到自己房產增值。相反地，他們擔心隨著經濟不景氣，房價下滑，所以急於出售。第三個原因是，距離那裡一英里遠的地方正在建造一個電腦晶片工廠，將會有一千多名新員工遷來，這必然會帶動本地區房租上揚。但是，這些都不是我去銀行貸款買房的原因。我找來經紀人，告訴他我打算完全接受他們報價和要求。現在，我面臨的唯一困難是，怎樣在三十天內，也就是那對夫婦即將搬出時，籌到三萬五〇〇〇美元的現金。」

「在那三十天內，你是不是經常問自己『我怎樣才能買得起？』」學員問道。

「連續兩個晚上，我們輾轉反側，難以入眠，」我說，「我們不是擔心自己能否承受，我們一直問自己為什麼這樣瘋狂。我反覆問自己：『我為什麼要這樣做？我們現在做得好好地，各項投資也平穩地進行中，為什麼還要拓展自己的舒適邊際？』我一直考慮三萬五〇〇〇美元的事情，我明白這個錢數比很多人稅前年收入還要高，而我必須在一個月之內籌到。我也想放棄，自信心受到挑戰，我感到自己無力和愚笨。四個晚上過後，我終於平靜下來，開始問自己：『我們怎樣才能買下它？』」

「你到底是怎樣買下它的呢？或者說，你買得起嗎？」學員問道。

「最後，在激動、祈禱、盡力說服自己不要放棄之後，我拿著文件來到銀行，向銀行經理說明了情況，他拒絕貸款給我們。我問為什麼，怎樣才能做得更好。在他講完之後，我又趕到另外一家銀行。儘管我的表現比第一次好了一些，但還是被拒絕了，我又一次問銀行經理為什麼。等到了第五家銀行，我已經掌握了很多銀行家希望得到的資訊，了解他們為什麼希望得到這些資訊，以及他們希望用何種方式接收這些資訊。儘管我的表現有很大的改善，我們的要求還是被他們拒絕。我和金幾乎就要放棄了，但還是走向了第六家銀行。這一次，我們準備得更加充分，也明白了一項投資之所以是好投資的原因。為了說服第六家銀行，我們準備的東西甚至超出了這項投資本身。我們的陳述更加明晰專業，都是銀行家們希望聽到的話。我們的資料精確，將前面其他五項投資也囊括在內。我們可以用銀行家的詞語和數字解釋這為什麼是一項很好的投資，第六家銀行終於答應了。兩天後，銀行給了我們三萬五〇〇〇美元支票。又過了三天，他們讓我們去契約暫管辦公室辦理房產購置手續。」

「在那之後又發生了什麼？」學員問道。

「房地產市場持續走低，我們繼續購買，」我回答說，「即使手頭的錢很少，我們還是繼續購買。到了一九九四年，房地產市場回暖，我們終於獲得了今後生活的財務自由。一九九四年，那座十二個單元的公寓售價超過了五〇萬美元，每個月也為我們帶來一一〇〇美元的收益。其中我們用一六萬五〇〇〇美元的資本收益，透過納稅延遲購買了我們至今擁有的一座有三十個單元的公寓。這座有三十個單元的公寓每個月為我們帶來五千多美元的收益，加上其他產權和投資，我們每月的被動收入超過一萬美元，這足以讓我們過上小康生活。不久，我們就退休了。我們每月的被動收入超過一萬美元，支出是三〇〇〇美元左右，我們終於獲得了財務自由。」

「那就不是運氣，」一位學員說，「那是你的計畫不斷累積的結果。」

「我們等待機遇垂青，也抓住了這個機遇，」我說：「一九九四年後不久，房地產市場飛速上揚，找到這樣的機會就不大容易了。」

「因此，你沒有用自己一分錢，就賺了很多錢。」學員問道。

「是的，那件交易的確如此。不過，我並不想建議你們那樣去做。如果不懂投資專案，如果事情並不如你想像的那樣順利，沒有資金投資房地產要冒很大風險。我遇到很多沒有資金的房地產投資者，他們發現房地產專案上的投資支出遠遠超過自己的實際收入。我的一些朋友因為購買地產和公司時過分依賴槓桿作用，而最後陷於破產。這也是我為什麼不公開鼓勵大家購置無訂金房地產專案的原因。在涉足高度的槓桿交易之前，我鼓勵大家能有一些購買銷售經驗，尤其是管理房地產的經驗。在購買那座十二個單元的公寓之前，我曾經看過數百個其他房地產專案。我們公司的投資也帶來了大量現金流，足以應對任何意外的投資損失。無需頭期款的房地產專案，往往過度依賴槓桿作用，一旦出錯將會嚴重地影響你的生活。因此，我再次重申：我不向任何人推薦自己的做法。我告訴大家這個故事，還有另外一個原因。」

「還有什麼原因？」另外一位學員問道。

我再次走到了掛圖前面，在上面畫了些東西。

「我告訴大家這個故事，也是為了解釋自覺拓展和增加個人環境的重要性。」我說。

「今天，由於你個人現實和教育的積累，購買三三萬五〇〇〇美元的資產對你來說就很容易了。你的意思是這樣嗎？」一個學員問道。

「是的，我現在感到相當容易。」我說，「當初認為三萬五〇〇〇美元現金支出是一筆大投資，還將十二個單元的公寓看成很大的專案，

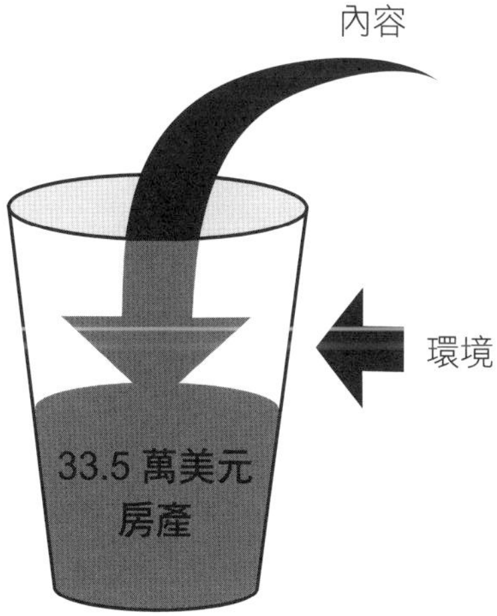

現在回過頭去看，都是很可笑的事情。但是，在那個時候，這的確是一個很大的數目。而且更重要的是，我和金自願超越了自己原有的環境和內容。」

「不過，大多數人不願推展自己舒適邊際，」另外一位學員說，「大多數人更願意安穩地做事，並且說『我買不起』。」

「那也是我的經驗，」我說，「我認為，只有不到一％的美國人達到小康生活水準以上的主要一個原因，就是很多人發現要超越個人現實、環境和內容並不容易。很多人往往根據已有的知識，解決自己的財務問題，而不是拓展自己的知識，解決更大的問題。很多人不是主動迎接更大的財務挑戰，而是勞碌終生，用自己感到舒適的方式去解決。他們寧願做貧窮而美麗的天鵝，也不願冒險成為一隻醜小鴨。」

「你是不是又將自己變成了醜小鴨？」一位學員笑著問道。

「是的，」我說，「在那座三三萬五〇〇〇美元的公寓交易之後，我們發現要達到投資二百萬美元的水準非常容易。從一九九四年到二〇〇一年，我們房地產投資額達到了二五〇萬美元，被動收入也輕易地就達到了一萬六〇〇〇美元。我們肯定達到小康生活的水準，而且也已經開始走向富裕。

對於了解我們的朋友來說，一定會記得《富爸爸，窮爸爸》的草稿就完成於一九九五年到一九九六年，現金流遊戲設計製作於一九九六年，我又重新回到了商界。同時，在一九九六年，我明白應該如何透過最初公開上市的程序讓公司上市，那是我遇到彼得以後的新收穫，這段經歷在《富爸爸，提早享受財富——投資指南》中做過介紹。同樣在一九九六年，《富爸爸，窮爸爸》也已經出版。一九九七年秋天，我們註冊成立現金流技術有限公司。我們進入了新的世界，擁有新的環境、內容和朋友，房地產投資達到二五〇萬美元。」

「所以，你繼續向別的領域拓展環境，但不再擴大房地產專案的投資。你是這個意思嗎？」一個學員問道。

「那正是我要說的，」我接著說道，「我們的小公司快速成長，遠遠超出了最初的預想。透過與彼得五年的合作，在未來幾年，我們將會有四家或六家公司透過最初上市的程序公開上市。現在都已經進入商業運作或者最初公開上市程序中，我們的可能性現實已經得到了顯著的拓展。我們的商業環境和最初公開上市程序也出現飛躍式的提升。」

「但是，你在房地產專案上的現實依然沒有改變，」學員說，「仍然是從三三萬五〇〇〇美元十二個單元的公寓起步，總金額還是保持在三三萬五〇〇〇美元到二五〇萬美元之間。那是你準備講的，是嗎？」

「是的，」我說，「在某個財務領域取得進步，並不意味著可以拓展到所有領域。那也是二〇〇一年，我和金決定重新涉足房地產業，再次拓展自己環境的原因。」

致富變得更簡單

多年前，富爸爸對我說：「**富人更富的一個原因就是：如果找到了致富模式，致富就會變**

得很容易；如果沒有找到致富模式，致富就總是很艱難，永遠貧困屬於必然。」

我在現實、環境和內容這些課題上花費了很大的精力，主要原因就是那是富爸爸的致富模式。他從來不說「我買不起」、「我做不了」，從來沒有停止對自己現實的拓展。正如你們已經知道的，富爸爸用童話和聖經故事作為自己的生活指南，度過懷疑和畏懼的歲月。他積聚財富的教誨，也正是我最感興趣的。他說：「**一旦你明白了致富的模式就是透過不斷拓展自己的現實，增加自己的槓桿，致富就會變得愈來愈容易。對於那些固守現實的人來說，自己的現實就是唯一的現實，他們致富的步伐自然也就大大地減緩。**」

這也就是說，富爸爸認為**一旦富裕，致富就會變得更容易，速度也更快。如果你從來沒有致富，生活就會變得更加艱難緩慢。**明白了這些，我和金就覺得可能又到了拓展我們房地產現實的時間了。我們用了五年時間，拓展自己公司的現實，加速最初公開上市程式，我們致富的步伐比以往任何時候都要快上許多。我懂得在致富的更高一個層次上時，變得更富裕將會更容易、更快，因為我在富爸爸身上已經看到了證明。

超過五百萬美元的專案會非常容易

二〇〇〇年末，股票市場暴跌，我們的公司卻在迅速拓展，我們的書和遊戲在世界各地銷售，我們的上市公司增長強勁，很快獲得了盈利。金對我說：「我打算重新投資房地產，如果我們想保持自己的財富，就需要有一些相對穩定的資產。」因此，我們又回到房地產市場，遇到了過去的現實、環境和內容。我們希望尋找那些需要支付三萬五〇〇〇美元頭期款、總價三三萬五〇〇〇美元的公寓。即使我們現在可以輕鬆劃撥三三萬五〇〇〇美元現金而無需貸款，但我們還是再次遇到了麻煩。事情並不像我們預料的那樣順利，我明白到了再次拓展自己現實的時候了。

之前，我和金一直在尋求總價四百萬美元左右的專案。我們對這個投資數額感到自在，因為如果需要，我們馬上可以支付超過一百萬美元的頭期款。我們認為自己懂得很多，但是未能找到一個很有意義或者符合我們新計畫運作的資產或公司。那時我遇到一位老朋友比爾，他在房地產專案上已經投資了數百萬美元。找到他以後，我問他我們的進程有什麼問題存在。他回答說：「四百萬美元是個很難辦的投資，銀行不喜歡那樣大的專案，而那個數額又不足以讓資深私人投資家感興趣。不過，超過五百萬美元之後，這樣的投資又會變得容易起來。」

在他說這些話的時候，我明白自己又到了個人現實和環境的邊緣。四百萬美元的專案對我來說簡單易行，但是五百萬美元的專案卻超出了我們當時心理承受的底線。我的腦袋一片混亂，我想，如果我不能讓銀行對四百萬美元的房地產投資專案感興趣，那我怎樣讓他們對五百萬美元的專案有興趣？我似乎能聽到自己的現實正在這樣提醒，也似乎又聽到了富爸爸的教誨，他讓我牢記童話故事的啟示，並且認為富裕之後，如果遵循原有模式就會更容易和更加富裕。我明白又到了遵循過去的模式、推進自己現實的時候了。

一切變得非常容易

在本書的開始部分，我曾經寫道：透過向銀行借貸，提早退休變得更加容易。當我和金決定拓展自己的現實和舒適邊際後，我發現那真像從政府借款一樣容易。

我已經講過，稅法總是向處於B和I象限的人傾斜，而對E和S象限的人不利。常常抱怨稅收過重的人大多處於E和S象限。原因在於，如果你身處B和I象限，政府急於成為你的合作夥伴，因為你可以提供住房和工作機會。我非常熟悉這些，因為富爸爸曾經告訴過我。但是，我一直不明白政府對於那些幫助自己的人能夠提供多大的幫助。在我開始尋找超過五百萬美元的房地產專案，並準備進一步拓展自己的環境之後，才算真正找到了答案。

我們的尋找還在繼續，我們在尋找那些遠遠超出我們舒適邊際的大專案。二〇〇一年，我們首次會晤了一個專門推銷政府的低收入者資助房專案的代理商，我們向她展示了自己擁有的房地產投資組合。其中，房地產投資總額有數百萬美元，主要集中在單價三、四〇萬美元的公寓。

「你懂得如何管理多戶家庭公寓，這很好。」那個不到三十歲的女代理商說道。

「為什麼？」我問道。

「因為政府的要求之一，就是借款人必須要有成功管理多戶家庭公寓的紀錄。你們已經從事這項工作十年以上，並從中獲利。儘管很多人希望得到這些政府貸款，但是只有少數人能夠如願以償。」那個女代理商接著說：「正如你們所知，大多數擁有一些房地產專案的人希望自主經營這些專案，收取租金和修理破損。那也是他們從來不會像你們那樣，學習管理更大專案的原因。」

我和金知道從事房地產投資，除了收取房租、修理廁所之外，還有很多的事情要做。過去十年來，我們學到很多東西。不過，現在又到了我們繼續前進的時候。如果我們繼續做，我們就會遇到新人，學到新辭彙，開始更大的遊戲。聽著前面兩位新朋友的話，我意識到過去十年來，我們已經變成了擁有四百萬美元房地產的「兔子」和「天鵝」。我們是小池塘中公認的大魚，到了繼續前行時，又再次感到不適，再次在更大的遊戲中變做烏龜和醜小鴨了。

坐在那位女代理商身邊的是一個投資銀行家，他主要是處理免稅、有息或無息政府公債的事務。當我問他政府的資金規劃如何時，他回答說：「如果你本人或者你的計畫符合要求，政府將會提供九五%到一一〇%的資金支援。」

「你的意思是，政府將會借給我們全部所需資金去從事下一項投資？政府會給錢讓我們購買自己的資產？」我問道。

「如果你符合條件，政府的支援可能還不限於此，他們甚至借錢讓你修繕公寓。」

「你是說，如果專案支出一〇〇〇萬美元，政府就會借給你一〇〇〇萬美元甚至更多。如果需要三百萬美元修繕費用，政府還會繼續提供？政府將會為我們購置自己的資產提供所有的資金？」我問道。

「是的，」那位投資銀行家點了點頭，「實際上，他們甚至可以借給你二〇〇〇萬美元，不過，一〇〇〇萬美元對你來說就是一個很好的起點。等你完成了一〇〇〇萬美元的專案，二〇〇〇萬美元，甚至五〇〇〇萬美元的大專案就不會遙遙無期。關鍵在於你要有一個令人信服的良好紀錄。」

我曾經聽富爸爸說過，投資賺錢可能會變得愈來愈容易，不過還是沒有想到會容易到這種程度。我仍然心存疑慮，禁不住又問了一句：「這種貸款應該屬於哪一類別？」

「我可以保證，它的年利率應該在五%到七%之間，期限四十年，而且沒有追索權。」

「沒有追索權？」我吃了一驚，「你是說，如果這個專案經營不善，我無力償還借款的時候，政府不會追討我的其他個人資產？銀行家從來都對沒有追索權的貸款深惡痛絕，當我每次從他那裡借款時，他一定要弄明白我所有的資產。」

「是的，」那位投資銀行家說，「但是，你必須注意，這裡的很多情況都不同於傳統銀行的借貸。」

「我感覺到了，」我說，「但是，我不明白政府怎麼會這麼好？」

「有時候，還會有更好的免稅政府公債專案，甚至偶爾還會有可以減免的貸款。如果你做得很好，政府就會完全減免你的貸款，就像給你撥款一樣。」

「政府為什麼要這樣做呢？」我仍然困惑不解。

「因為我們國家面臨一個很大的困難，就是如何為低收入者提供住房。政府擔心如果沒有像你這樣的人，成千上萬的人將會淪落到無家可歸的境地，或者生活在環境惡劣、犯罪叢生的貧民窟裡。政府也在追查那些黑心房東，並將他們送進監獄。這些黑心房東剝削那些窮人，政府需要出面阻止他們的行為。同時，政府願意為那些像你這樣被證明可以管理大型多戶家庭公寓專案的人提供數十億美元資金，幫助解決低收入者住房問題。」

「政府願意借錢給我，讓我變得更加富有。」我插了一句。

「很對，」那位像個房地產經紀人的投資銀行家笑著說，「那不僅僅是借錢，而是借一大筆錢。如果你在未來幾年表現得很好，如果你想做得更大、變得更富有，我會幫你借到數十億美元。去年，我們一家分支銀行因為找不到合適人選，不得不交還了數十億美元。」

金接著說：「最好的致富途徑，莫過於為更多人做更多的好事情。這提醒我們，應該考慮如何將貧民窟改造成低收入家庭安全舒適的公寓。」

「那也正是政府希望你們做的。我們社會面臨的很多問題都來自於貧民窟，如果你能順利地將貧民窟改造成安全舒適的公寓，只要你願意，你就可以得到愈來愈多的政府資金支援。」

「這也就是說，我們可以透過成為政府的合作夥伴而更加富有？」我低聲問道。

「是的，而且可以變成像你們夢想的那樣富有，」那位投資銀行家笑著說，「你們所要做的工作就是利用自己十年的經驗，繼續過去所做的工作，也就是擁有和管理多戶家庭公寓。我們也樂意幫助你們，讓你們更加富有。你們知道嗎，尋找像你們一樣有這麼多年經營管理經驗的人有多難？當你們準備好以後，只管打個招呼，這位女士就會幫助你們尋找中意的專案，我也會幫助你們聯繫所需要的資金。」

會談很快結束，我和金向他們道謝，然後走回我們的汽車。坐在車上，我仍然感覺難以置信，半天說不出話來。車子開出了好幾英里，金才開口講話：「你還記得十年前我們購買的那套十二個單元公寓嗎？」

「我也正在考慮那套公寓的事情。」我回答道。

「如果我們當時說『我買不起』，那將會發生什麼事？如果我們被那三萬五〇〇〇美元擋住了，我們現在的生活會是什麼樣子？」金接著問。

我想了一會兒，說道：「我認為我們直到今天也許還會那樣講。如果我們當時讓三萬五〇〇〇美元擋住了，那它今天也會擋住我們。」車子開了很遠之後，我似乎又聽到了富爸爸的教誨：「你的未來決定於今天，而不是明天。」我轉過頭來，對金說：「如果十年前就說『我買不起』，我們現在可能也還在說『我買不起』！」

開車回家的路上我們都沒有說話，但心中感到無比的興奮和幸福。快到家的時候，我好像又聽到了富爸爸的話：等到致富之後，想要變得更富有就很容易；很多人沒有脫離中產階級的生活，原因就在於他們不相信童話故事，不能從中得到一些啟發。到家下車的時候，我在心中再次默默地感激富爸爸，彷彿又聽見他的聲音：「**一定要記住，不論是以什麼方式，那些童話故事都有成為現實的一天！**」

第十三章
慷慨的槓桿

誰是真正貪婪的人？

好幾天前，一位著名的周末電視新聞評論員曾經激動地說：「我沒有涉足商業，因為我不是一個貪婪的人。」

小時候，我聽過很多次這類的話。來我們家的很多人都是大學教授，或者在教育系統或工會工作，也有一些美國和平隊員或者政府雇員。儘管他們沒有像前面那位電視新聞評論員說得那麼直接，但還是有人暗示商人經商就是因為他們貪婪的天性。

富爸爸的觀點與此恰恰相反，他經常說：「**從某種意義上講，貪婪是人類的天性。追求基本生存或更好的生活以及維持退休後的生活都是人類的本能。就算某些人從商或者富有，都不足以說明他們比其他人更貪婪。事實上，情況可能正好相反。大多數人不能致富的根本原因就是他們不夠慷慨。**」

在前面幾章中，當我和金決定增加我們持有的房地產專案時，政府資金的大門向我們敞開。為了更加富有，我們要做的第一步就是尋找一條更慷慨的路，為更多人提供更舒適更低廉的房子。

回顧歷史，最富有的人總是在某個方面顯得非常慷慨。正如前面提到的，在汽車僅僅為富人專有的時代，福特透過向一般大眾提供買得起的汽車，而讓自己成為億萬富翁。事實上，很多只為富人生產汽車的公司今天大多已經不復存在、銷聲匿跡，但是福特汽車公司卻實現了福特本人的理想，成為世界級工業巨頭。因此，如果你想年輕富有地退休，在你不斷尋找為愈來愈多人提供更好服務的途徑時，這種鍥而不捨的「貪婪」倒成為必要的事。如果你那樣做，就會找到個人極度富有的捷徑。

富裕的比率

富爸爸喜歡比率，正如他自己所說：「借用一個小小的比較，你就可以說明好多問題。」對富爸爸來說，比率就是簡單的比較，例如價格收益率就是一個簡單的比較。談到金錢，富爸爸說：「窮人和中產階級為了生活苦苦掙扎的一個主要原因，就是他們的比率沒有槓桿。」他認為窮人或中產階級的槓桿比率大約就是一比一。

在我上大學時，有一天，富爸爸給我看了他自己的一系列比率，他在紙上寫道：

企業　　1:5

工人	1:300
房地產	1:450
現金	1:600 萬
股票	1:200 萬

富爸爸的比率指的是他在五間企業中擁有的利潤；擁有三百多名工人；在不動產領域，他有四五〇名房客，其中還不包括工業不動產、商場和飯店。隨著時間的推移，下面的數字還會繼續增加，那也就是他為什麼愈來愈富有，工作時間卻愈來愈少的原因。

窮爸爸的比率從一比一開始，也以一比一結束，那也是他愈來愈貧困的原因。利用槓桿比率來衡量，窮爸爸堅信工作一天就得到一天報酬，他有時還做兩份工作。即便如此，根據富爸爸的定義，窮爸爸的槓桿比率仍然是一比一。富爸爸說：「很多人有兩份工作，不過只是工作時間更長，槓桿比率卻一點也沒有改變。」

從一九八五年到一九九〇年，我和金的槓桿比率大致如下：

企業	1:1
房地產	1:0
現金	1: 沒有很多

我們建立了一家企業，擁有一間房子，但從來沒有把它當做一項資產，因為我們每月都需要為它繳錢，我們也幾乎沒有什麼積蓄。股票和其他有價證券也不合理，這些花錢買來的東西從來沒有為我們帶來利潤。

到了一九九五年，我們的槓桿比率大致如下：

企業	1:0
房地產	1:70
現金	1:30 萬

到了這個時候，我們出售了自己的企業，購置更多能帶來效益的房地產專案，也在銀行有了存款。更重要的是，那些房地產為我們提供的資金，足以讓我們在停止工作後仍能維持小康生活。

二〇〇〇年我們的槓桿比率如下：

企業	1:7
房地產	1:70
現金	1: 幾百萬美元
股票	1:150 萬

上述比率描繪了一個有趣的財務進展圖，真正的收穫自然還是在企業領域。在那裡，很難反映出真實的市值或者現金流。我拿出這些資料，並不是在炫耀，因為它們本身並不值得炫耀，更不值得吹噓。事實上，我也曾經很猶豫是否要展示這些資料，畢竟這屬於個人隱私，我不願意公諸於眾。現在公布這些，只是想說明我們自己的道路和計畫。也想藉此說明，白手起家的人同樣可以修建財務上磚石結構的房子，就像「三隻小豬」故事中所講的那樣。

與極度富裕的人相比，即使數字沒有很大，但我們的致富計畫還花了好多年時間。如果順利，按照計畫，我們在幾年之後也可以躋身極度富裕之列。

或許你從上述資料中已經看到，近年來我們的計畫已經轉到建立企業上，而不再購置房地產專案。今後五年到十年，我們的計畫是繼續建立更多的企業，但是還要利用政府公債獲取大型房地產專案。

在此，我想強調的是應該不斷拓展自己的環境或現實，尋求更快更好的內容或教育。如果你想走同樣的致富之路，那麼我就要再次強調擁有開放的頭腦、超越個人懷疑、局限和自滿情緒，以及不斷學習、積極行動的重要性。我遇到過很多渴望以這樣甚至更快的速度實現財務成長的人，但也有不少人不願意拓展自己的環境，增加自己的內容。因此，有的人就在一個專案上苦苦掙扎，或者從一個專案到另一個專案，希望那是能讓自己致富的專案。我認為，一個人如果有不斷成長的環境和內容，將會變得愈來愈富裕，不論他從事什麼專案。決定一個人能否致富的主要因素是個人的環境和內容，而不是投資專案或者新的想法。正如我在其他幾本書中所講的，麥當勞的雷・克羅克（Ray Kroc）因為銷售了數以億計普通的漢堡而成為億萬富翁，而星巴克透過銷售一杯杯咖啡，同樣成為世界著名的品牌。

富爸爸常說：「**如果不改變自己的環境和內容，你的槓桿比率就會保持不變。**」我有個朋友，他總是能不斷提出賺取百萬美元的新主意。幾天前，他打電話給我，邀請我參與他的最新投資計畫。他有一個偉大創意，主要銷售他業餘打工的商場中沒有鋪貨的一系列服裝，他說：「每天都有顧客來店裡尋找這個牌子的服裝，但是我的老闆卻不想賣這個牌子。你為什麼不能借給我一些錢，讓我在對面開一間店。如果成功，我們五五對分。」

當我問他是否願意參加一些培訓，例如現金流管理、零售管理、銷售、市場以及招聘與解聘員工培訓等，他拒絕了。他說：「我為什麼要那樣做？我已經在這家店裡工作好多年，我不用再去學習就足以管理好一間店。」我拒絕借錢給他以後，他又來電提出另外一個專案，我最後還是拒絕了。

我之所以這樣做，只是因為懷疑他是否願意改變自己的環境和內容。他只想著賺錢，不過根據他的年齡，如果會賺錢的話早就應該很富裕了。因此，他一直認為下一個好主意或者商業機會將會讓自己致富，而根本不在意有限的個人環境和內容已經在扯自己的後腿。即使他開了那個店，或者他的新專案很成功，我仍然擔心他的槓桿比率可能還是一比一。也就是說，他很可能會沒日沒夜地沉浸於店裡的瑣事，而很少有機會拓展自己的環境和內容。

致富為什麼很困難？

如果環境和內容決定了你的槓桿比率僅僅是一比一，那麼你致富的希望將會非常渺茫。沒有槓桿，致富就會變得很艱難。請看下列現金流象限：

你或許開始明白，為什麼對於左邊E和S象限的人來說，由於槓桿比率的原因，致富之路變得非常艱難。大多數E和S象限的人，槓桿比率實際上就是一比一，很少有例外。例如，很多雇員同一時間只能為一家公司工作，就算找到第二份工作，槓桿比率仍然是一比一，對於一些小企業主，或者自由職業者來說也是如此。我的那位想開服裝店的朋友，可能就被一間小店搞得暈頭轉向，我很懷疑他能否管理更多的店。牙醫每次只能處理一個病人，律師和會計師每天可以預約的時間也是有限，這些人的槓桿比率基本上怎樣都是一比一。

當我和自己的稅務顧問聊天時，他說：「絕大

多數來自S象限的高收入專業人士，往往被一〇萬到一五萬美元的收入所束縛。賺錢多的人往往因為專業化程度高，每小時收費也較高。這些人最高年收入可能達到五〇萬美元，但是很少有人突破這個底線。」在這裡，他們存在的問題仍然是槓桿比率一比一。

在前面提到的龜兔賽跑的童話故事中，兔子起步很快，一個重要原因就是他們有某種天分、智力或才幹。他們或許就是表現優良的學者、接受能力強的初學者、偉大的運動員或者像電影明星一樣的藝術家，他們人生的開始階段都做得很好。不過對於像我這樣的「烏龜」，卻懂得贏得比賽的途徑就是要運用槓桿比率，富爸爸也採用了這個策略。

如果我確實非常聰明，就像研究火箭的科學家，那麼我也可能在傳統商業領域取得成功，占據有利位置。但是，在人生的開始階段，我就在學校遇到了麻煩，那時我就想必須尋找適合自己的路。現在，我的收入遠遠高於許多同年齡初入社會就拿到高薪的人，原因就是我運用了資本槓桿，而不是勞動力槓桿。

對於希望年輕富有地退休的人來說，首先需要做出的抉擇就是確定自己贏得比賽的合適速度。例如，如果你像棒球明星艾力克斯．羅德里格斯（Alex Rodriguez），簽訂了一個十年總價值二億五二〇〇萬美元的合約，加上一些商業協定，顯然對於他來說E象限是最好的選擇。即便羅德里格斯十年內的槓桿比率仍然是一比一，但那些現金加起來也是一個很好的比率。

如果你是電影明星茱莉亞．羅勃茲（Julia Roberts），她每部影片的報酬是二〇〇〇萬美元，很顯然那也是一條很好的路。保羅．奧尼爾（Paul O'Neill）是布希政府的財政部長，作為美國鋁業公司（Alcoa）雇員可以得到一億美元的股票認購權，即便工作時的槓桿比率也是一比一，他獲得的補償也是巨大的。如果你認為，自己最好的出路是在大公司謀得一個高層管理職位，那麼這或許就是最適合你的路，即便這裡的槓桿比率仍然是一比一。

我和金之所以選擇一條與富爸爸相同的路，是因為我們認為沿著他的路走，財務上成功的機會就更大。這條路要求我們購置資產，不斷增加自己的槓桿比率。

烏龜們的一條好路

我個人選擇富爸爸的路還有另外一個原因，也可以在下面現金流象限中看出來：

好多年前，富爸爸指著象限左邊對我說：「**E和S象限的收入潛力是有限的，而右邊B和I象限的收入潛力是無限的。**」

富爸爸接著解釋說：「**出賣勞動力賺錢的問題在於，你的勞動力是有限的。如果你學會獲取、建立自己的資產來賺錢，儘管步調緩慢，但你的收入肯定會增加。事實上，右邊的象限就是為烏龜們準備的，它們一開始雖然速度慢些，但是肯定會獲得愈來愈多的資產。**」

富爸爸還說：「**出賣勞動力的另外一個問題是，勞動力沒有長遠的剩餘價值。但是，如果你購置了一間房產，並將它出租，那麼你的勞動可能就會一次次獲得回報，甚至長達數年。**也就是說，你不到一星期的勞動可能會帶來好多年的回報。」一九九一年，我和金用五萬美元現金在某個旅遊勝地購置了一棟房子。那確實是一筆好買賣，因為它最早的價格超過了一三萬四○○○美元，我們從一家銀行購買了止贖權。從一九九一年以來，我們從這處房產中每月的純收入超過了一○○○美元，也就是每年一萬二○○○美元。我們購買、出租這棟房子所花的工作時間還不到八個小時。我們也曾經想過出售它以獲取利潤，但現在還是覺得太麻煩了。

為了工資收入而工作，還有一個問題在於，你不得不每天早晨都起來出售自己的勞動。在大多數情況下，如果你為了工資收入而工作，你的勞動往往很難有長遠剩餘價值。另外，你的收入潛力是有限的。如果你一點點獲取資產，你的收入潛力就會是無限的，而且那種收入可以一代代傳遞下去。不過，你的工作或職業卻很難傳遞給自己的孩子。

生活變得更加容易

富爸爸曾經指出，透過出賣勞動力，為了收入而工作常常意味著生活會愈來愈艱難，因為你不得不透過更加努力的工作，以賺取更多的金錢。他說：「如果槓桿比率一直保持在一比一，你們的生活將會變得愈來愈艱難。如果為了不斷增加槓桿比率而工作，你們的生活將會變得愈來愈容易，賺取的錢也會愈來愈多。」

財富的「量子躍遷」

很多人都聽說過「量子躍遷」（quantum leap）概念，另外有些人運用了「指數」概念，都是指超常規發展。也就是說，一加一並不等於二。財富的量子躍遷或者金錢的指數增加，都意味著一加一可能等於五、六、七甚至更多。那也就是說，如果你工作勤勉，建立堅固的磚石房子，就會常常遇到財富的量子躍遷，這是那些槓桿比率為一比一的人所無法看到的。

例如，從一九八五年到一九九〇年，我和金的生活純粹就是財務奮鬥。從一九九〇年到一九九四年，我們擁有的財富和財務成功突然接踵而來。從一九九四年到一九九八年，我們的生活再次穩定下來。我們努力建立自己的資產，尤其是在企業領域。我們不再投入大量資金在房地產上，因為房地產業整體價格過高，很難找到合適的專案。到了一九九九年，不僅我的書和遊戲開始暢銷，我們的其他商業投資也開始火熱起來。

這就好像一個人突然交上了好運、遇到新朋友或者有了新機遇，但實際上，多年沒有收穫的辛勞、偶爾出現的財務麻煩都為財富的從天而降做好了準備。原因在於，**資產價值往往以指數增加，而勞動價值則是增量增加。**例如，二〇〇〇年，我的會計師告訴我，我的一家公司市值達到四千萬美元。如果我們願意，那是一個出售的價格。同時間，我的律師將他的諮詢費提升到每小時二五美元。這就是資產以指數增加，而工資收入以增量增加的例子。再次說明了**左邊象限收入潛力有限，而右邊象限收入潛力幾乎無限。**

另外一個量子躍遷的例子，發生在我們擁有的公司股票數額上。從一九九六年到一九九八年，我們爭取到一家上市公司的股票。突然，那家公司陷於破產境地，我們損失了在那家公司擁有的一切，手頭持有的股票一文不值。不過由於經驗，我們獲取了那家公司的主要股份。我們以很低的價格，運用自己的知識換取了更好的新公司的股票。因此，我們得到許多好公司的股票，即使在股市下滑的時候，那些股票也表現良好。

在本書開始，我提到一位批評我的書評家曾經說，很多新公司在起步階段就陷入破產邊緣。現在，即使開辦新公司的風險依然很高，但經營過一些失敗的小公司的經驗，還是增加了我平穩地開辦新公司以及長遠成功的機會。回顧《富爸爸》叢書以及富爸爸網站的成功，我感到自己**現在的成功其實很大程度上源於過去的失敗。**金在商業上也曾經有過挫折和失望，這些教訓共同促成了我們今天事業的成功。正是我們這個團隊總結吸取了個人過去的經驗教訓，我們才有了享受今天不期而遇的巨大成功的機會。

我講這些東西，就是想鼓勵各位，即便在人生的道路上遇到什麼困難和挫折，還是要繼續前進。如果你從每次挫折中都能學到東西，而不是自責或推託，那麼你有關財富的知識就會大大地增加。如果你愈來愈慷慨，為愈來愈多的人服務，並增加自己的槓桿比率，我可以斷言，你將來一定會遇到這些忽然降臨的「量子變遷」或者財富的指數增長，就像烏龜也能得到一陣順風的推動一樣。

網路的力量

我曾經看過梅特卡夫法則（Metcalfe's Law），他部分解釋了財富的量子變遷或指數增長。羅伯特．梅特卡夫（Robert Metcalfe）是3Com公司的創建人，他認為，商業經濟力量就等於網路數量的平方。這就是梅特卡夫法則。

有關傳真機的故事或許對我們理解這個概念有所幫助。一九七〇年代，我在全錄公司負責銷售傳真機，當時我們面臨的問題是，只有極少數人擁有傳真機，知道它用途的人更少。因為傳真機很少，經濟價值也很低。隨著時間推移，愈來愈多的人開始使用傳真機，也就突然掀起傳真機的熱潮。現在，我的很多朋友在家裡或公司都有傳真機。

在這裡，梅特卡夫法則就是：如果只有一部傳真機，你的經濟價值就是一。

1：1^2 ＝經濟價值為1

經濟價值一的平方仍然還是一。但是，當你有了兩部傳真機，網路的價值就不只是簡單增加，而是巨大的變化。有了第二部傳真機，經濟價值就變成了四，而不是二：

$1：2^2＝$經濟價值為4

當整個網路上有一〇部傳真機時，數字變成如下：

$1：10^2＝$經濟價值為100

S象限的困境

對於個人獨立經營或者其他小型企業的自由職業者來說，他們通常無法享受梅特卡夫法則帶來的好處。例如麥當勞等的特許經營的集團公司，比夫妻二人經營的漢堡小攤更有實力，其中一個重要的原因就是因為梅特卡夫法則。

我發現那些努力工作、吃苦耐勞的人，通常必須加倍努力工作才能維持自主性，這就是為什麼許多專業人士選擇加入工會組織，以增加影響力。

E象限的聯合

多年以來，E象限的人最了解組織工會的價值。透過聯合，E象限的雇員比那些試圖單獨談判的人擁有了更多的力量。現在，美國最富有、最有權力的工會就是全國教育協會（NEA，National Education Association）。我們的教育體系改革緩慢，一個重要的原因就是由於教師工會。他們非常懂得網路的力量。

強者的力量

富爸爸常說：「在大富翁遊戲中，可以找到成為巨富的規則。」我們很多人熟悉這個規則，就是購買四棟綠色的屋子，組成一個紅色的旅館來經營。在大富翁遊戲中發現的致富規則同樣符合梅特卡夫法則。比較富爸爸和窮爸爸的槓桿比率，你或許就會理解富爸爸經濟實力持續增加，而窮爸爸的經濟實力一成不變的原因。

	窮爸爸	富爸爸
房地產	1：1　一成不變	1：450　持續成長

也就是說，窮爸爸的經濟實力仍然是一比一的平方，還是等於一，他所擁有的只有自己的房子。另一方面，富爸爸的經濟實力是四五〇的平方。他掌握著四百五十多個可以出租的房間，經濟實力按照指數級增長。窮爸爸的比率是一比一，由於稅收原因，他的工資收入其實只有五〇%，因此窮爸爸工作愈來愈努力，經濟實力卻一直沒有加強。富爸爸的收入持續增加，經濟

實力也在持續增加，而納稅卻相對愈來愈少。

一九八五年，我和金打算每年購置兩套可以出租的房產專案。我們從一九八九年開始購置我們的第一處房產，等到我們有了五棟房產時，我們的經濟實力就達到了五的平方，也就是二五。除了經濟實力的增長，我們的自信心和經驗也同樣大大地提高。當我們購買那套有十二個單元的公寓時，我們的槓桿比率是一比一七，經濟實力是一七的平方，也就是二八九。那些只有自己居住的房子而沒有在房地產業低迷時期投資的人，他們房地產的槓桿比率仍然保持在一比一，經濟實力也保持在一。我和金的目標是，到二〇〇五年我們的投資組合中要擁有一千多套可以出租的房子。那麼，試想一下，經濟實力為一千的平方是個什麼畫面？

這些例子可以說明，從財務角度看，那些處於B和I象限的人為什麼能很快超過處於E和S象限的那些聰明、智慧而又受過良好教育的人，即便後者開始時賺到的錢比前者多。梅特卡夫法則說明了富爸爸後來一年的收入要比窮爸爸一生的收入更多的原因，也說明了持續購置資產的「烏龜」，可以擊敗許多為了錢而工作的「兔子」的原因。

網路銷售企業

理解了關於網路的梅特卡夫法則，就很容易明白網路銷售給了我們普通人多麼強大的工具。將梅特卡夫法則應用於網路銷售企業，你就會看到這種商業形式的力量。

例如：一個來自於E和S象限的人，打算加入網路銷售機構，逐步轉入B象限。他們工作了一兩年，獲得了所需的教育和觀念知識儲備。例如說兩年時間裡，什麼也沒有發生。人們從自己的商業活動中進進出出，並沒有做出大的成績。一兩年以後，他們的槓桿比率或者經濟實力仍然保持不變，和在E或S象限沒有多少區別：

$1 : 1^2 =$ 經濟實力為 1

忽然，到了第三年。他的環境拓展有了新內容，也吸引和訓練了三名很有實力也想建立企業的人。這時，他們的槓桿比率和經濟實力大體如下：

$1 : 3^2 =$ 經濟實力為 9

三年來他們的實力已經發生了「量子變遷」式的飛躍。

五年後，他的網路已經有了一〇個人，這時他們的槓桿比率如下：

$1 : 10^2 =$ 經濟實力為 100

現在，讓我們說說，如果這個人認為一〇人就已經足夠，並且只關注這間一〇個人的企業。

沒過幾年，假如他的網路仍然還是一〇人（一比十比十），那就意味著此人現在的網路中有一〇〇人。

接著，他用多餘的現金開始購買公寓，第一次是一〇〇個單元的公寓。

企業　1：10：10

房地產　1：100

在五到十年之內，此人不僅從S和E象限轉化出來，可以做原來不能做的許多事情，而且在B和I象限的經濟實力也大大地增強。沒有多久時間，這個人有了急劇變化，更加富有，賺取了更多的錢，比那些仍然留在E和S象限的同類人擁有了更強的經濟實力。

十五年以後，這個數字可能會更讓人吃驚。

上面這個簡化的例子就是我推薦一些網路銷售公司的原因。正如題目所講的，這是一個網路時代，進一步證明了梅特卡夫法則，這個法則充分肯定了網路的力量。

現在，當我與那些正為自己退休金或者共同基金擔憂的人聊天時，我一直鼓勵他們在自己投資組合中增加一個網路銷售公司，「如果你完全依照一些網路銷售公司傳授的知識去做，而且又和信得過的人建立了實實在在的公司，你就會發現這個公司的可靠安全性遠遠勝過共同基金。如果你真的讓那些自己網路中的人富裕，同樣地，他們也會讓你富裕安全。在我看來，一個網路銷售公司比股市安全可靠得多，因為你要依靠別人，需要愈來愈喜歡並信任他們，你們都利用了梅特卡夫法則的力量。那個法則證實了網路的力量。」

網路證明了慷慨的力量

富有且強大的人完全理解網路的力量。麥當勞是一個漢堡網路，維繫了整個世界；通用汽車公司是遍布美國的汽車銷售商的網路；埃克森（Exxon）公司是一家石油公司，擁有遍布全球的油田、油輪、輸油管道、煤氣站。如果那些富有、強大的人都在運用網路的力量，你該怎麼做？可靠的路可能就是建立遍布全國的連鎖店。美國哥倫比亞廣播公司（CBS）、國家廣播公司（NBC）、美國廣播公司（ABC）、美國有線新聞網路（CNN）和美國公共廣播公司（PBS）等都是威力強大的資訊交流網路。

富爸爸說：「**如果想致富，你就必須建立網路，並將自己的網路和其他網路聯繫起來。利用網路容易致富的原因在於，透過網路很容易慷慨行事。另外，作為個人獨來獨往，大大限制了走向成功的機會。**」過了一會兒，他又說，「**網路是你慷慨相待的人們、企業或機構組成的，你支援他們，他們也支援你。網路是一種威力強大的槓桿形式。如果想致富，你就應該建立一個網路，並與其他網路聯繫起來。**」

我們關於富爸爸網站的商業計畫，就是建立在與其他機構的聯繫之上，而不單單是競爭關係，尤其是現在其他機構比我們更強大。我們已經和許多不同國家的出版商和宗教組織，還有一些網路銷售公司建立聯繫。我們共同合作，讓雙方都變得更加強大、成功和富有。這其中有付出也有收穫，共用優點，克服弱點，使我們大家都變得更加強壯。我們發現透過相互協作，讓戰略夥伴經營良好，自己也可以得到長遠的發展。我也注意到，**一些個人或企業只關注自己賺錢與否，或者給予別人的少而自己能得到的多，這樣就很難找到良好的網路合作夥伴。我還注意到，那些只想索取或只考慮自己的人，往往不得不辛勞終生，從長遠的眼光來看，他們得到的也不會很多。**

我曾經擔任某家公司的董事，那位經理顯然不大關心公司，他關心的只是自己的各種福利待遇，因此那個擁有數百名雇員的公司瀕臨倒閉。不用說，我們很快就聘請了新的經理。建立成功網路的關鍵在於，首先要確保你所在網路的個人或組織同樣得到好處。不能只盯著自己的個人利益，就像很多人和機構所做的那樣。

多年以來，金和我遇到過不少人，還有顧問或者機構，他們往往只有在確認會得到錢時才會和我們合作。在他們看來，我們付費給他們似乎比他們提供服務更重要。

最近，我們聘請一家顧問公司調查我們在國內的銷售系統。在未做任何工作之前，他們提出要先付一筆可觀的費用。在付款三個月後，他們的報告送回來了。翻閱了一遍，這篇晦澀難懂、無聊乏味的報告給我們的印象是：整份報告都在暗示，應該再與他們簽訂三年的合約。至於如何改進我們的銷售系統，除了一個加強銷售工作的空泛建議，在報告中根本找不出一句切實有用的辦法。這是一個將自己利益置於客戶需求之上的典型案例。不用說，我們最後當然沒有和他們簽署合作協定。

上中學的時候，富爸爸有次讓我去旁聽他召聘工業停車場管理員的會議。在他的會議室中有三位應徵者。等到富爸爸簡單介紹過那個職位的任務後，他問三位應徵者有什麼問題。他們的問題很有趣，例如：每天休息的時間有多長？」「休病假期間薪水有多少？」「還有哪些福利待遇？」「什麼時候可以獲得加薪和晉升？」「帶薪休假有多少天？」

面試結束後，富爸爸問我有什麼發現。

我回答說：「他們只關心自己的利害得失，沒有人問你要如何才能幫助你促進企業發展，他們要如何才能讓企業更加有利可圖。」

「很好，這也是我的感覺。」富爸爸說。

「你準備雇用他們嗎？」我問道。

「是的，」富爸爸說，「我是在召聘雇員，而不是商業合作夥伴。我是在找想賺錢的人，而不是想致富的人。」

「對你來說，那不是有些太過貪婪了嗎？」我問道。如果大家讀過我的書，可能還會記得富爸爸一直鼓勵我應該免費工作，而不是為了錢而工作。

「是的，」富爸爸說，「但是，從某種程度上來說，人類都有貪婪的一面。有些人或許永遠也不會致富，原因可能不在於他們貪婪，而在於不夠慷慨。」

也就是說，他們的槓桿比率可能永遠是一比一。我們不妨再回憶一下富爸爸的話：「**大多**

數人可能永遠不會致富，因為他們只考慮拿一天薪水幹一天活。他們沒有多少槓桿，因為無論他們工作多麼賣力、薪水多麼高，他們的槓桿比率仍然是一比一。」

富爸爸讓他的兒子邁克和我學著免費去工作，其中一個原因就是讓我們在擁有自己的資產前，能夠學習如何建立資產。多年以前，富爸爸列出下面這些重點解釋自己的觀點。富爸爸稱為「誰先賺到錢，誰賺錢最多」：

1. 資產（企業或其他投資）
2. 雇員
3. 專家（會計、律師、顧問）
4. 投資者
5. 企業主

富爸爸說：「企業主首先必須購置資產，這就意味著他必須不斷投入足夠的資金和資源，保證資產的強大和增值。很多企業主將自己置身於資產、雇員和其他任何東西之前，那也是企業最後失敗的原因。企業主應將獲利放在末位，因為他們創建自己的企業時，就是為了獲取最大的利潤。為了獲取最大的利潤，他們必須確保組成企業的其他元素最先獲利，這也是我為什麼一再讓大家不要為了薪水而工作的原因。要學會消除自滿情緒，建立不斷增值的資產，而不是為了薪水而工作。」

很多網路公司，以及一些新創辦的公司未能這樣去做，也不願意聽從像富爸爸那樣人的建議。我看過很多人，他們透過借貸，或者透過向親戚朋友以及其他投資者籌集資金，建立了自己的企業。然後，馬上租下寬敞明亮的辦公室，購買名車，並且從投資者的資本中而非從公司的收益中給自己支付很高的薪水。因為投資者的資金被濫用，公司仍然沒有收入，而他們需要應付公司運作，因此支付給雇員和專家的錢少之又少。在這類冒險中，投資者往往得到的只是一堆帳單，現在已經倒閉的很多網路公司，它們的起步階段都是這樣。

富爸爸對他的兒子和我說：「最先要求付酬的人最後得到的最少。企業主應該最後才付酬給自己，因為他正在建立自己的資產。如果他只是為了一份高薪，那就不應該去創建自己的企業，而應該去別的公司謀得一個職位就行了。如果企業主在付給別人薪水時處理得當，企業資產可能就會遠遠超過他付給自己的薪水。」

富爸爸說：「大多數人不在建立和獲取資產的商界，而樂意成為雇員或者自由職業者，他們只是想得到一張薪水支票。這就是只有不足五％的美國人成為富翁的主要原因之一，可以說只有五％的美國人認識到資產的價值勝過了金錢。」富爸爸還說：「在創業階段，慷慨的企業主或企業家最後得到一大筆錢。企業主承擔了最大風險，最後得到回報。如果做得好，他們最後得到的金錢數目應該很驚人。」那也就是我為什麼每次開始創業前都要回顧富爸爸教誨的原因，也是我一直會去做免費的工作的原因。我免費工作，是因為我想最後得到一大筆錢。

許多Ｅ和Ｓ象限的人能夠服務的人和機構很有限，因此他們的收入也很有限。居於Ｂ象限的企業主，如果集中精力建立自己的企業，為愈來愈多的人服務，自己也會變得愈來愈富有。他們得到高額的回報，只因為建立了一個系統或資產為更多的人服務。那也是為什麼企業主能夠以指數速度富有，而那些為了薪水而工作的人只能慢慢致富的原因。

你致富的速度有多快？

致富不會太容易，而代價也不會更昂貴，這自然是一個好消息。你所要關注的應該是怎樣為愈來愈多的人服務。在洛克菲勒生活的時代，成為億萬富翁用去了他十五年時間。因為，他不得不去尋找更多的油井，建立一個個煤氣站網路和汽油輸送系統。這些花去他大量的時間和金錢，而今天建造同樣的專案可能需要數十億美元。

蓋茲成為億萬富翁大約用了十年時間，他預見到運用ＩＢＭ系統將快速成長。戴爾則用了五年時間成為億萬富翁。他們一方面利用人們對電腦持續增長的需求，另一方面運用網際網路的巨大力量建立自己的網路世界。由於新網路的出現，新一代的企業家成為億萬富翁所用的時間和資本愈來愈少。大家也一樣有了更多的致富機會。

如果掌握了網路的力量以及槓桿比率的重要性，就有可能在短時間內花少許的代價而變得非常富有。如果擁有堅固確實的商業基礎和經驗，你們就可以透過網路向全世界推銷自己的產品。隨著網路上經營成本的降低，進一步地加強了網路的力量。史帝夫·凱斯（Steve Case）與美國線上（AOL）（更年輕的人才與公司）可以買下時代華納（Time Warner）與CNN（較老的公司，董事年紀也比較大）有許多原因，其一是美國線上的網絡較廣大，而網絡愈大，經濟力也愈強大。

我常常說，很多人是在自己空閒時間致富的。今日許多億萬富翁都是在家裡的飯桌上開始了自己的事業，正如惠普公司是從車庫中起步，戴爾電腦公司是從學生宿舍起步。因此，如果大家從現在起就充分利用空閒時間在家裡或車庫開始自己的事業，即便現在的薪水很低，最後同樣也有可能變得非常富裕。務必記住這句話：「**讓你致富並不是老闆的職責，老闆只會付你工作的薪水，而空閒時間在家裡致富才是你本人的工作。**」

無需多少努力和啟動資金，就能得到超乎想像的富裕，世界上沒有比這更容易的事情了。正如許多人預期的那樣，很多曾經轟轟烈烈的網路公司最後陷於破產。在我看來，應該說那些網路公司有比較好的環境，但是無法提供好的內容。很多網路公司有很好的想法，但是缺乏真正的商業經驗和基礎。不少人都想在網路熱潮中致富，卻沒有想到為更多的人服務。

最近，我聽說一個網路公司經理的薪水就用去了投資者一百多萬美元，但是那個經理最後卻將公司搞得一團糟。一九九九年，一家網路公司發給員工的耶誕節紅包超過了三個月薪水。但是，到了二〇〇〇年耶誕節的時候，他們已經「資不抵債」陷於破產。這些典型案例中，公司的使命不是為消費者服務，而是為了讓經理人和雇員致富。他們的所作所為，正好違反了富爸爸關於什麼人應該先拿錢、什麼人應該後拿錢的理論。這些經理人，包括投資者本人都將目光集中在滿足自己的貪欲上，而不是慷慨的服務上。

現在，富爸爸網站五〇%以上的業務來自於美國以外的國家和地區的客戶。我們正打算將現金流遊戲放在網路上，希望來自非洲、亞洲、澳洲、阿爾巴尼亞、美洲的人們都能夠同時玩現金流遊戲。網站將成為這些遊戲者的一個社區，只要每月付費，就可以接受遠端培訓課程，學習如何致富而不是如何成為一個雇員。網站的目標就是提供一個大家彼此交流幫助的平台，以便讓更多人年輕富有地退休。我們所有的工作都是為了盡最大可能的人服務。透過慷慨誠信地為更多人服務，我們擁有了一個世界級的網路資產。

服務人數愈多，效率愈高

正如富爸爸所說的：「你的工作就是要擺對位置，為迎接可能出現的機遇做好準備。」他還說：「提早五年準備沒有問題，但不能遲到一天。」

多年前，富爸爸曾經對我說：「B和I象限的人能夠獲取無限的財富，E和S象限的人則受制於自己體能的有限性。E和S象限的人要進入B和I象限，首要的轉化應該是變得更加慷慨，先為更多的人服務，而不是先要求付費。」

如果你看看山姆．沃爾頓（Sam Walton）的沃爾瑪連鎖超市（Walmart），他所做的就是不斷建立大型折扣商場網路，這個網路以愈來愈低的價格購進大量產品，為數以百萬計的人服務。這也是為什麼沃爾頓比那些每小時收費七百五〇美元的律師還要富有的原因，看來成功的關鍵在於是否慷慨。

慷慨的關鍵字

在網路公司熱潮中，有很多關於新經濟和舊經濟的爭論。實際上，不論新經濟還是舊經濟，所有成功的企業和個人都必須遵循一些舊有的法律和原則。

慷慨就屬於舊有的法律原則之一，它主要反映在「互惠法」（Law of Reciprocity）中。那項法律認為「付出就會有收穫」，而不是說「收穫之後才能付出」。這項法律已經接受了時間考驗，並且在未來也將繼續存在下去。現在，想著照顧自己以及所愛的人，比以往任何時候都顯得更加重要。不過，如果你想致富，首先必須想到的應該是為盡可能多的人服務。這是一條法則。富爸爸堅信「互惠法」，堅信慷慨是成為巨富的最佳途徑。這是他的生活環境，他的行為方式也是如此。

富爸爸常常為我們舉例說明如何運用「互惠法」，他一直提醒我們慷慨待人。他說：「如果你希望得到一個微笑，那麼首先應該給別人微笑；如果你希望得到愛，首先應該給予別人愛；如果你渴望被人理解，首先要試著去理解別人。」他還說：「當然，如果你想嘴巴上挨一巴掌，你也可以先給別人一巴掌。」

富爸爸不僅認為應該慷慨地為愈來愈多的人服務，而且相信應該慷慨地對待自己的金錢。沿著這個思路，他相信捐款的力量，那也是富爸爸為教會、慈善團體或學校慷慨解囊的原因。

他樂於給別人錢，因為他希望得到更多的錢。他常常說：「上帝不需要接納什麼東西，但是人類需要奉獻。」

他說：「很多人說他們對於自己的時間很慷慨，因為他們沒有多少錢。對自己的時間很慷慨的人擁有很多時間，因此他們樂於奉獻自己的時間。他們沒有多少錢，因為他們不大為別人奉獻金錢，而且斤斤計較，總是擔心自己沒有足夠的錢，因此他們的擔心往往最後變成了現實。如果你想得到更多的金錢，那就奉獻金錢，而不是時間。如果你希望得到更多的時間，那就為別人奉獻時間。」

如果捐款有困難，你也可以開始每次都在一定數額基礎上捐出一點點。每次當你捐款時，你都可以聽到自己的現實或者環境正在大聲嚷嚷，這是一個窮人的現實。此時，你就可以重新選擇自己的現實。只要你為教會或者慈善團體捐出一美元，你的世界可能就發生改變。當你真正建立自己的企業，或者增加投資為更多人服務時，你就徹底增加了自己極度富裕以及年輕富有地退休的機會。

首先要慷慨地善待自己

富爸爸常常說：「心懷夢想，但從一點一滴小事做起。」在提高個人槓桿比率上，富爸爸的建議非常中肯。在《富爸爸》系列叢書的第四本《富爸爸，富小孩》中，我提到了為孩子準備的三個小豬形狀的存錢筒，我們現在還在使用。其中一個是儲蓄，一個是投資，一個是給教會或慈善機構的捐款。提高你的槓桿比率，開始時可以像玩這些存錢筒一樣，每天向每個存錢筒投進一〇美分或五一〇美分。如果你每天向每個存錢筒投進一美元，到了月底，你的比率可能如下：

儲蓄	1：30
投資	1：30
捐款	1：30

這是一個很好的開端，你的比率每天都在增加。想像一下三十年後會發生什麼事？關鍵在於你真正有了慷慨對待自己的習慣。正如富爸爸所說：「窮人之所以很窮，其中一個重要原因就是他們不知道善待自己。」當然，富爸爸並不是說你可以花上所有的錢來購買新衣服或者高爾夫俱樂部會員證。他的意思是，窮人往往不做那些讓自己富裕的事情。

透過最先善待自己，你在財務上就會豐富自己，豐富了自己的靈魂和未來。

第三部分

行動的槓桿

「去做就對了。」（Just do it.）

——運動品牌 Nike

「隨便說說並沒有多大意義，一定要學會用眼睛觀察，一個人的行為比語言更值得關注。觀察一個人的所作所為，比只聽他講的話更重要。」

——富爸爸

人人都能致富嗎？

我曾經問過富爸爸，是不是任何人都可以致富？富爸爸回答說：「是的，致富並不是很艱難的事情。事實上，致富甚至很容易。問題在於，大多數人採用的方法不對。好多人辛勞終生，卻永遠生活在他們期望得到的生活水準之下；向自己不了解的領域胡亂投資；為了致富努力工作，而不是努力讓自己變成一個富人；做別人都在做的事情，而不是做富人正在做的事情。」

本書的前兩個部分主要集中講述獲取大量財富的思想和計畫，這兩個論述對於年輕富有地退休當然十分重要。本書的第三部分主要討論為了年輕富有地退休，個人必須或者可以做些什麼。儘管思想和計畫很重要，但是最後還是你的行為決定了自己的命運。正如富爸爸所說的：「隨便說說並沒有多大意義。」

有關如何致富的書已經很多了，問題在於那些書中介紹的東西往往難度很高，大多數根本無法做到。本書第三部分將集中討論一些幾乎人人都可以動手去做的事情，讀完之後你或許會覺得自己如果努力也有可能非常富有。至少，你會發現，如果真正去做，就可以找到讓自己變得相對富裕的事情。讀完這一部分，擺在你面前的唯一一個問題可能是：你致富的動機到底有多麼強烈？

第十四章
習慣的槓桿

富爸爸說：**「有些習慣讓你致富，有些習慣讓你貧困。很多人貧困終生，就是因為他們有貧困的習慣。如果你想致富，你所要做的就是要培養自己有一個富有的習慣。」**

如果你急切渴望致富，你就必須一再重複做以下的事情，從現在開始一直堅持下去。這些事情每個人都能做到，但問題在於只有一些人將會這樣做，並且一直堅持下去。

習慣一：聘請一位簿記員

在本書開始，我曾經說過借貸一百萬美元可能比存一百萬美元還要容易。但是，機會往往只有一次，在借給你一百萬美元之前，銀行家必須清楚你是否值得信賴。讓銀行家感到可以放心借錢給你的重要途徑之一，就是你擁有良好的專業財務紀錄，也就是財務報表。

絕大多數人無法得到大額借款，因為他們的財務紀錄不良。很多人不得不支付更高的利息，也是因為他們的財務紀錄不良。在《富爸爸，窮爸爸》一書中，我曾經說過財務資料的重要。最基本的財務資料就是財務報表，那也是打算借給你很大一筆款項的銀行家們最為關切的資料。

即使你沒有自己的企業，你的人生本身也可能就是一個企業，而所有的企業都應該有簿記員。這也是我極力鼓勵你聘請一位簿記員的原因。透過聘請簿記員，使你的收入、支出、資產、債務等一目了然，這樣你就開始有了專業紀錄。另外，我還要勸你每個月務必和簿記員一起檢查各項資料。**反覆是學習的方法，透過反覆檢查每月各項資料，不僅建立了一種良好的習慣，而且對於自己的消費模式也有更深入的了解，及早修正，從而全面掌握自己的財務狀況。**

不親自做財務報表，而要另外聘請一位簿記員的主要原因是：

- **你希望像B和I象限的人那樣開始自己的財務生活。**所有B和I象限的人都有自己的專業簿記員，因此應該將自己的財務狀況當做一件事業看待。正如《富爸爸，窮爸爸》所講，富爸爸的六堂課程之一就是「關注自己的事業」，而其中重要的一步就是聘請自己的專業簿記員。
- **你希望能夠從第三者的角度，客觀冷靜地評估自己的金錢和消費習慣。**正如大家所知，金錢是一個很容易讓人情緒波動的東西，尤其在你是它的主人時。透過聘請一位與自己財務狀況沒有多大關係的人，就可能讓所有帳目井然有序，並且向你做出清晰和富有邏輯的彙報。我記得窮爸爸和媽媽從來不討論金錢的事情，他們只會為金錢爭吵、哭鬧，那肯定不是客觀的金錢管理和討論方法。

- **避免財務祕密對家庭成員的傷害。**窮爸爸不想仔細回顧自己的財務狀況，他將我們的財務困境視作個人祕密，家庭或別人甚至包括他自己也不大清楚。作為孩子的我知道自己家裡面臨財務危機，但我們從來不公開討論這個問題，將它看做一個祕密。心理學家告訴人們，家庭祕密有可能成為毒藥，有可能毒化家庭環境。我明白家裡財務困境所造成的精神傷害已經影響了我們，即使我們閉口不談。
- **透過聘請客觀的專業簿記員，可以讓面臨的財務挑戰公開化。**透過與專業簿記員討論財務報表，公開你的資金和商業情況。隨著這種公開，你就可以與專業人士討論自己的財務狀況，也就更有可能在需要做出改變或者重大決定的時候當機立斷，避免財務狀況的進一步惡化。
- **費用相對低廉。**如果你處於E象限，年收入不到五萬美元，聘請一位專業簿記員每月的費用不到一百到二〇〇美元。我聽過有人說，他們寧願用這些錢去購買食品或服裝，也不願意去聘請一位專業簿記員。問題在於，花錢購買食品或服裝並不能解決你的財務問題，更不可能讓你富裕。正如富爸爸所說的：「有優良債務和不良債務、優良收入和不良收入、優良開支和不良開支之分。」他告訴我，聘請一位簿記員或專業財務顧問就是一個優良開支，因為它可以讓你更富裕，生活更容易，而且為你準備了一個更美好的未來。

如果真的請不起一位簿記員，你也可以想辦法交換服務。你可以為他們打掃房間、清理院子，作為交換條件，讓他們為你做好財務紀錄。我們認為，最重要的一點就是從現在開始去做，不必考慮太多價格問題，因為長期按兵不動的代價很高。正如富爸爸所說：

「在生活中，你最大的開支就是沒有去賺錢。」

• **最重要的是，聘請一位簿記員會讓你更加審慎地對待生活中的財務問題。**這意味著，你會和簿記員一起復核、學習、糾正和調整自己的財務狀況，每個月至少一次。

在《富爸爸，富小孩》一書的導言中，我曾經提到為什麼銀行家不看你的學習成績單，而是要看你的財務報表。富爸爸說：「**財務報表就是你離開學校之後的成績單。**」上學期間，我們至少每個學期會拿到一次學習成績單。即使成績不好，這張成績單也讓你父母有機會了解你的優缺點，同時也給你改正的機會。在現實生活中，人們沒有財務報表或者成績單，如果不了解自己一個月、一個季度或者一年的財務狀況，就無法糾正自己的所作所為。將財務報表看做個人成績單，努力讓自己的財務成績單以百萬或億萬美元計算。因此，簿記員對於你來說非常重要，他們每月為你提供了自己的財務成績單。

可以按照下面三個步驟去做：

1. 聘請一位專業簿記員。
2. 每月準備個人財務狀況的準確帳目。
3. 每月和你的財務顧問一起回顧個人的財務報表，及時糾正存在的問題。

習慣二：組織一支成功的團隊

在《富爸爸，提早享受財富——投資指南》中，我曾經說過B和I象限的人都是進行集體運動。來自E和S象限的人在轉化過程中常常遇到一些麻煩，因為他們不太習慣利用團隊幫助自己實現財務規劃，做出財務決策。

作為一個孩子，我經常看到窮爸爸為財務問題鬱鬱寡歡。如果遇到麻煩，他就靜靜地坐下來吃晚餐，或與媽媽爭吵，或者晚上一個人獨坐，不想與任何人會面。我回家時多次發現媽媽在哭，就知道我們又遇到了財務困難，她卻沒有一個人可以訴說。談起金錢，窮爸爸成了家裡唯一的男人，他從來不與任何人討論自己面臨的財務困難。

富爸爸的處理方法截然不同，他會與自己的團隊圍坐在飯店的桌子旁，公開討論自己面臨的財務問題。富爸爸說：「**每個人都會遇到財務問題，富人有資金問題，窮人、企業、政府和教會也都會有自己的財務困難。能否正確處理那些問題，決定了一個人的富裕或貧窮。窮人之所以貧窮，只是因為他們不會處理自己面臨的財務問題。**」那也是富爸爸與自己的團隊公開討論財務問題的原因。他說：「**世界上從來沒有無所不知的人，如果你想在賺錢遊戲中贏得先機，就必須在自己的團隊中尋找最好、最聰明的人。**」窮爸爸之所以在這場賺錢遊戲中失敗，就是因為他認為自己無所不知，不願向別人請教。

等到簿記員送來每月的財務報表之後，你就應該與自己的團隊面談討論。你可能需要銀行家、會計師、律師、股票經紀人、房地產經紀人、保險經紀人以及其他一些專家。每個專業人士都會從各自的角度提出不同的解決方案，當然這並不意味著你要完全聽從他們的意見。最關鍵的一點是，你不應該將自己的財務困難當做一個祕密，而應該在聽取了不同領域且比你聰明的專家意見後，最後做出自己的決定。

當人們問我是如何學到關於金錢、投資以及企業的知識時，我就會回答說：「我的團隊教會了我。」運用社會生活這個更為豐富廣闊的學校，我學到了很多關於企業、投資的知識。我發現自己對於解決生活中的實際問題，比當年坐在課堂上嘗試解決那些虛擬的問題更有興趣。

下面，就是我利用團隊提高自己能力的一個案例。前幾天，我和一位律師會面，他向我解釋如何運用政府免稅公債。他的解釋超出我個人的理解力，運用的辭彙大多是我從前不曾使用過的。我不想坐在那裡做出一副聽得懂的模樣，就打斷他的談話，預約了下次見面時間。在第二次會面中，這位律師與一位會計師使用我們常用的普通詞語，為我和金解釋了上次我沒有聽懂的東西。

我在前面曾經說過，詞語是大腦思維的工具。每個專業使用不同的詞語。例如，律師使用的詞語就不同於會計師和簿記員。透過花時間充分理解詞語，充分講解那些詞語的意思，讓我能夠更熟練地運用這些詞語，並將這些詞語變成自己生活的一部分。也就是說，我請不同的專業人士作為講解者，讓自己也能在生活中運用這些詞語。理解掌握的詞語愈多，我賺錢的步調就愈快，財務未來就愈樂觀。

這次會面花掉我數百美元，但我知道回報是巨大的，我已經懂得如何爭取政府的低息貸款。針對這個問題，我的律師和會計師對我進行的聯手培訓，有效地提升了我的槓桿比率。正如我在前面說過的，增加自己的收入可能有增量式和指數式兩類，透過擴展自己的辭彙和理解能力，我的個人財富有了指數式增長。

因此，應該著手準備組建自己的團隊。如果無力承擔一個價格高昂的團隊，你也可以尋找那些樂於幫助和指導別人的退休專業人士。許多時候，你所要做的不過是請他們吃頓午餐。你或許會驚訝地發現，原來還有那麼多人喜歡享受利用自己生活經驗幫助別人的快樂。你只要做到不與他們爭論，給予他們充分的尊敬，專心聽取他們的講話。每個月這樣做一次，你的未來將會一片輝煌！

習慣三：不斷拓展個人環境和內容

現在的我們生活在資訊時代，而非工業時代。**在資訊時代，最重要的資產已經不是股票、債券、共同基金、企業或者房地產。最重要的資產是你個人大腦中的資訊以及這些資訊所處的年代。**有許多人在各個方面落伍，因為他們頭腦中的資訊是遠古時代的，他們固守的資訊在昨天也許是對的，但這些資訊在今日卻是錯的。如果想年輕富有地退休，你就需要一個緊跟時代變化的資訊。

我們正進入前所未見的機會年代——「創業時期」。如果你只著眼於增加薪水，那麼當別人在這個年代中變得超級富裕時，你很可能錯失良機；如果你不想與這個重要時期失之交臂，我建議你積極培養遠見，眺望其他人看不見的未來。

習慣四：不斷成長

前幾天，我的一位朋友抱怨說自己在股市損失了好幾百萬美元。他在一九九五年前從來沒有進行過投資，後來借錢買來股票。現在股市下挫，包括房子在內的資產幾乎喪失殆盡。他的抱怨沒完沒了，我真有點受不了，就說：「人應該不斷成長。你現在是個大男人了，怎麼就認定股市一定會上漲？」

我的意見並沒有打斷他的抱怨，他繼續說道：「為什麼葛林斯潘不提早降低利率？為什麼他還要提高利率？我現在滿盤皆輸，正是他和我的股票經紀人的錯誤。我如何才能賺回那麼多錢？為什麼聯邦政府要做那些傷害股市的事情？」

我在走開的時候，又說了一遍剛才說過的話：「人應該不斷成長。」

富爸爸常說：「人們一天天變老，但卻不一定會自動成熟起來。很多人離開父母的保護，又接受了公司和政府的庇護。很多人希望別人會來照顧自己，或者替自己的愚鈍平庸負責。這也就是他們尋求工作安穩，尋求政府照顧的原因。很多人終生尋求保護，規避風險，也不願意成熟，總想找到一個可以接替父母的人照顧自己一生。」我知道如果沒有社會保險，很多人就無法生存。我知道很多還沒有到可以繳納社會保險年齡的人，卻整日在盤算自己未來的養老保險和醫療保險。其實，政府設立的這些保險體系都是工業時代的產物，是為那些極端貧困的人所準備的。不幸的是，現在很多人仍然指望著政府來照顧自己，裡頭甚至包括很多受過高等教育、薪水很高的人。我們現在生活在資訊時代，做為社會人，我們不斷成長，財務上也應該不斷成熟起來，將政府保險體系和社會福利制度留給那些真正需要的人。

當我離開中學的時候，我以為自己已經成熟，無所不知。現在，我常常說：「真希望自己以前懂得能像現在一樣多。」過去，我曾經做過許多當時引以自豪的事情，但是現在我絕對不會再那樣做了。我認為，**所謂成長其實就是隨著年齡增長所作所為大不一樣。每天不斷重複做同樣的事情，將會嚴重地阻礙個人精神和思想的發展。世界在不斷變得愈來愈複雜，我們應該跟上這個腳步。**

其中一個變化就是，工作安全和財務安全愈來愈少。公司將許多人推向十分悲慘的境地，並且說：「一旦離開工作崗位，別再指望著我們照顧你們。」也許還會說：「你們最好依靠股市照顧離職以後的生活。」實際的情況可能還要更糟，希望股市一直上漲純粹是一個天真的幻想，就像希望仙女替你支付牙醫帳單一樣。

成長意味著自覺地對自身的一切，包括行為、繼續教育以及成熟承擔責任。如果你渴望擁有一個富有、可靠的未來，就應該懂得市場有升有降，沒有人能保護你自己。成長和面對現實的速度愈快，就會更加成熟地面對未來。在資訊時代，我們需要不斷成熟，摒棄工業時代希望別人負責自己工作和財務安全的舊觀念。

我認為過不了二十年，工業時代就會徹底結束，退出歷史舞台。等到政府最後承認了這一點，並且無力承擔許多財務承諾時，很多人才可能會真正清醒過來。如果二十年後很多人驚慌失措，開始抽出自己的401(k)資金，那麼股市全面崩潰就在所難免。很多人就會沮喪失望，美國就會陷於衰退、蕭條。假如這一切真的降臨，數以百萬計嬰兒潮中出生的人，以及他們的孩子最後將被迫成長起來。

成長意味著你對別人的依賴愈來愈少，對自己的照顧愈來愈多，甚至對別人的照顧也會愈來愈多。對我來說，成長是相伴終生的話題，但是很多人一味迴避成長，他們謀求別人的幫助，而不是依靠自己得到工作和財務安全。

不斷成長是一個重要的習慣，如果想年輕富有地退休，你就需要比大多數更快成長起來。

習慣五：願意面對失敗

富爸爸與窮爸爸最大的一個區別在於，窮爸爸不願意面對失敗。他認為出錯就意味著失敗，畢竟他本人是一個教授。窮爸爸還認為，生活中的正確答案往往只有一個。

富爸爸則不是這樣，他一直不斷向未知領域挑戰，他認為要勇於夢想，不斷嘗試新事物，不怕犯小錯誤。他在晚年對我說：「你爸爸一輩子做出無所不知的樣子，避免犯任何小錯誤。這也是他到了晚年，開始犯大錯誤的原因。」

富爸爸還說：「**樂於嘗試新事物、不怕犯錯誤的最大好處是讓你保持謙遜的心態，而謙遜**

的人比驕傲的人更容易接受新事物。」

多年以來，我看到富爸爸常常涉足一些他並不了解的商業、冒險活動和專案。為了獲取他所需要的知識，他常常坐下來傾聽和請教他人長達好幾個小時、幾天甚至幾個月。他總是樂於謙遜地提問，即便那些問題可能讓他看起來很愚笨。他常常說：「**最愚蠢的事情莫過於不懂裝懂，當你裝作很聰明時，你的愚蠢就達到了頂點。**」

富爸爸也樂於面對錯誤。如果他犯了錯誤，他總是準備道歉。他不想做一個「永遠正確先生」。他說：「**在學校，常常只有一個正確答案。在現實生活中，正確答案卻往往不只一個。如果有人的答案比你的更好，就應該馬上吸收它，這樣你就有了兩個正確答案。**

那些只有一個正確答案的人常常存在三個問題：一是他們常常好辯，或者防衛心理很重；二是他們本人往往乏味無趣；三是他們可能陳腐不堪，他們固守的所謂正確答案往往已經變成了今天的錯誤答案。」

因此，富爸爸的建議就是：「**放輕鬆一些，每天大膽地做一些事情，冒一點小風險。即使不能致富，這個習慣也能讓你的生活充滿樂趣，永保青春。**」

不幸的是，窮爸爸終其一生都在做自己認為正確的事情。他上學的時候做正確的事情；他謀得教職也是因為他認為那是正確的事情；他工作勤勉努力後來擔任了高級職務，同樣因為他認為那是正確的事情。他不滿政府腐敗，反對自己的上司，因為他認為自己也是在做正確的事情。在生命的最後二十年，他只能坐在電視機前生悶氣，因為沒有人在乎他曾經做過的都是正確的事情。當想起那些他認為曾經犯過很多錯誤的同年齡的人，現在卻一個個腰纏萬貫或聲名顯赫的時候，就更加惱火。

富爸爸說：「有時，你最初認為正確的事情，在你生命快要結束時看起來可能並不一定正確。很多人未能成功，只是因為他們害怕變化，或者不能緊隨時代變化。他們不能變化是因為害怕出錯。其實有時候我們都需要出錯。如果我們想學騎自行車，就必須通過摔跤這一關。大多數人未能取得成功，只因為他們想做到事事正確，卻不願意面對失敗。正是他們畏懼失敗，最後造成了他們連續失敗；正是他們對完美的過分追求，最後造成了他們並不完美；正是他們害怕自己形象不佳，最後導致了他們形象不佳。可以說，他們所擔心畏懼的事情，最後都變成了現實。」

富爸爸的祕密是，這個世界的原意並非要我們失敗，而是要我們獲勝，但挑戰是你必須願意先嘗到失敗的滋味，才能致勝。一旦你知道這個祕密，你會更願意為了成功而勇於失敗。正如富爸爸常說的：「**害怕失敗的人同樣害怕成功，失敗是成功的有機組成部分。**」

總之，富爸爸每天所做的就是勇於面對失敗，而窮爸爸卻竭盡所能避免最後失敗。這些習慣上的細微差別，在晚年的時候終於造成了他們兩人之間巨大的反差。

習慣六：傾聽自我

對於那些渴望年輕富有就退休的人來說，注意傾聽自我是最後也是最為重要的一個習慣。

富爸爸常說：「**我所擁有的最強大力量，就是對自己的承諾和信仰。**」這個習慣其實是表達你個人現實或者環境的方式之一。**富爸爸所說的「你所擁有的最強大力量」，實際源於《聖經》上的「言即肉身」概念，就是你的言語都將成為現實。一定要密切注意你對自己所說的每一句話，它們可能就是你的現實。**

富爸爸說：「失敗者關注他們生活中不想得到的事情，而不是關注他們想得到的事情，這是他們與眾不同的地方。這也是一種習慣，在金錢上也是如此。」

「因此，一個常說『我不想貧窮』的人，與一個常說『我想富裕』的人之間，其實有很大差別。」我接著說。

富爸爸點點頭，「在我看來，人類的大腦其實不是聽到『想』或者『不想』的事情，而只是聽到正在討論的話題，例如肥胖、健康、貧窮和富裕等等。不論這個話題是什麼，那都是你想要達到的。」

「因此，當有人說『我不想賠錢』，他的大腦聽到的可能就是『我想賠錢』，是嗎？」我想從富爸爸的教導中明白更多東西。

「我是這樣認為的。」富爸爸回答說。

「很多人談論的，其實是他們不想做的，或者正是他們所沒有的。」我說。

「很對，不過我自己所做的不限於此，那也是我的習慣之一。」富爸爸接著說。

「你是指不只是去說說自己所想得到的嗎？」我問道。

富爸爸點點頭，接著對我講述了一生最重要的習慣。他說：「我們有時都會感到恐懼、不安、疑慮重重，那是我們人類的天性。當有這種感覺時，我首先要做的一件事情就是檢查自己的思想。如果我感覺不好或者害怕，我就明白自己可能說了或者想了那些事情，才會引起自己這種感覺。」

「是的，」我說，「下一步應該怎麼去做？」

「我就設法改變自己的思想，或用自己想用的詞語。」富爸爸說：「例如，如果我害怕失敗，我會對自己說：『我害怕什麼，我想做什麼，怎樣做才能得到自己想要的結果？』你可能留意到，它們都是我的個人現實第一次面對新的可能和現實的時候所要解決的問題。」

我點點頭，問道：「接下來怎麼辦？」

「接著，我坐下來，直到恐懼的感覺慢慢離開，而我想要的那種感覺慢慢進入自己的心中。等我感覺到自己想要的感覺到來，想要的思想也已經具備之後，我就開始採取行動。我首先做好準備，調整好自己的心態，想要做的念頭勝過了不想做的念頭，我就開始行動了。」

這個過程的基本要點如下：

1. 留意你不想做的事情，進而考慮你想做的事情。
2. 留意你不想要的感覺，進而考慮你想要的感覺。
3. 採取行動，堅持不懈，如果有必要就馬上糾正自己的過失和錯誤，直到你得到了自己想要得到的東西，而不是你不想得到的東西。

運用到實踐中

幾年前，我在拉斯維加斯過夜。我平時對賭博毫無興趣，那天晚上只是想去打發時間，就想玩一會兒牌。等我坐在牌桌前，一下子感覺神經緊張，我內心很怕輸錢，腦子裡也有個聲音在說：「你最多只能輸掉二〇〇美元，到時候必須住手。」

很快地，我的想法就調整成「我用二〇〇美元來玩牌，等我贏了五〇〇美元，我就馬上住手。」我適當運用了進入和退出戰略，坐在牌桌前，看著莊家發牌，但我沒有拿出一分錢。我能感覺到自己心中對輸錢的深深恐懼，然後，我集中注意力將自己輸錢的感覺轉化成贏錢的感覺。當我感覺到胸中充滿了必勝信心的時候，我才開始出手。即便輸了前幾局，我還是把思想和感覺集中在贏錢上。一個小時後，我帶著贏到的五〇〇美元離開了那裡。

幾天前，我再次回到了拉斯維加斯，又玩了一次。但是，不論怎樣努力把思想和感覺集中在贏錢上，最後還是未能如願。等我輸掉了二〇〇美元時，我不得不強忍著自己想繼續掏錢的念頭離開。那次離開牌桌是我一生最難的事情之一，當時心裡還是想將輸掉的錢贏回來。

在我離開的時候，我似乎聽到富爸爸在說：「**即便有最好的思想和意念，有時候事情也並不一定如願。一個贏家必須懂得何時住手離開，也必須懂得輸錢是贏錢的一部分。只有輸家會永遠坐在錯誤的地方不肯離開，總想證明自己不是輸家，最後結果是輸掉一切。**」

幸福的關聯

這種如何思考和感覺之間也是相互關聯的。我注意到，當我想到的全是金做得不好的事情時，感覺就特別糟糕；當我想到金以及我們一起度過的美好時光時，就感覺到深深的愛意。

賴特斯兄弟（Righteous Brothers，電影《第六感生死戀》主題曲「Unchained Melody」主唱者）有一首著名歌曲名叫「你已經失去了那種愛的感覺」（You've Lose that Loving Feeling），在商業和投資領域，很多人已經「失去了那種勝利的感覺」，這是很不幸的事情。

保持信心

在一九八五年到一九九四年間，我和金關注的就是我們想要得到的東西，我們盡力感受我們想要的以及夢想成真時可以感受到的東西。即便有時候遇到一些麻煩，我們這些想法還是讓自己度過了那段艱難時光。選擇你所要的感覺，選擇思考你想思考的東西，這是富爸爸教給我的一個非常重要的習慣（**要是我能用一樣的心態看待眼前的這盤冷沙拉就好了……。**）

這個習慣的關鍵在於，可以幫助我整理思想和感覺，尤其當我感到畏懼或者疑慮重重的時候。和讓懷疑、猶豫主宰個人生活相比，這是一種好習慣。儘管這並不能保證我永遠成功，但是這種好習慣讓我在形勢不利的情況下，往往也能有所收穫。請大家記住：贏家也有偶爾失手的時候，但是，那並不意味著他們要像輸家那樣思考或感覺。

正如運動品牌 Nike 所說的：「去做就對了。」（Just do it.）在生活中，贏家關注他們想要得到的，輸家關注他們不想得到的。因此，在日常生活中養成傾聽自我的習慣十分重要。贏家一直保持贏家的感覺和思想，即便在他們並沒有贏的時候，那是一個非常重要的習慣。

你能養成這些習慣嗎？

在進一步講授之前，我想再次強調上述習慣培養的重要性。這些簡單的習慣，在十八歲以上的每個人都可以做到。不過，雖然非常簡單，我仍然擔心只有極少數人能夠養成這些習慣。

如果你能將這些簡單習慣培養成終生的習慣，下面章節介紹的行動步驟對你來說就輕而易舉，而且會讓你富有的程度超出自己最大膽的想像。正如富爸爸所說的：「『三隻小豬』的故事不單單是個童話，還是充滿人生哲理的智慧故事。如果你想建造一個磚石結構的大房子，就需要良好的習慣，因為良好的習慣是致富的磚石。」

第十五章
資金的槓桿

誰工作得更辛苦，是你還是你的資金？

二〇〇一年三月十二日，所有的財經節目都為股市重挫哀號不已。一年前，也就是二〇〇〇年三月十日，納斯達克指數全線上揚到五〇四八．六二點。而到了現在，也就是二〇〇一年三月十二日，納斯達克指數回落到一九二三點，一年來下滑六二％。同一天內，股東損失了五五四〇億美元。顯然，很多人非常擔憂、恐懼或者惱怒不已。

一位電視頻道的評論員說出了我多年來一直想說的一句話，他說，「許多富有的投資者在這次股市下挫中只會變得更加富有，因為他們靈活地買入或賣出手上的股票。我覺得很多薪水階層的人可能會讓養老金花為烏有，因為他們不得不將養老金留在股市。」

金當時也在看這個電視節目，她說，「看著自己養老金計畫泡湯，一定像親眼看著自己房子著火，卻找不到滅火的水龍頭一樣焦急、傷心和無奈。」

在《富爸爸，提早享受財富——投資指南》中，我曾說過，窮人和中產階級的人投資共同基金，而富人投資套利基金。雖然很多人抱怨套利基金的風險實在太大，我卻不大贊同。我認為共同基金的風險相對還要更大一些，因為大多數共同基金只有在市場全面上揚的時候才表現良好。但是，套利基金卻不是這樣，至少有一部分套利基金，不論市場狀況如何都可以獲利。

從長遠看，你說哪個風險更大？如果在你準備退休時，突然看到自己的退休金損失了一半，你的感覺如何？如果你有火災保險，房子著火後你還可以在一年內重建。但是對於很多人來說，如果到了晚年退休金出了問題，他們可能連重新準備的時間也沒有。

你的資金是否正在閒置？

很多人終生辛勞，其中一個原因就是長期以來，他們接受的教育一直是要自己努力工作，而不是讓資金來為自己工作。不少人說起投資，也只是想著將手上的錢放進銀行的儲蓄帳戶或退休金帳戶上，同時拚命地工作。當然，他們也希望資金能為自己工作。當財務危機來臨，他們存放在那裡的錢往往遭受重大損失，而大多數人並沒有財務危機保險。

富爸爸說：「大多數人終其一生，搭建的不過是稻草做成的財務房子，根本經不起風雨、火災或者野狼的襲擊。」

這也是富爸爸一再教導邁克和我，設法讓自己的資金流動起來的原因。為了進一步說明自己的觀點，在一次野外旅行途中，富爸爸讓邁克和我反覆從一處熊熊燃燒的營火上跳過。他說：

「如果快速運動，即便大火也傷害不了你。但是，如果你站在大火旁邊不動，即便不在火上也會被烤得受不了。」那天一大早，當我看到股市持續走低，就好像又聽到了富爸爸對邁克和我講的這件事情。將自己的錢存放在銀行不動，就像站在營火邊一動也不動，實際風險可能更大。如果你想年輕富有地退休，就需要更加努力、快速地工作，你的資金也需要如此。將你的資金放在一個地方不動，就像眼看著一堆秋天的乾草，等待著可能燃起熊熊大火的火星，十分危險。

你的資金周轉有多快？

我和金能夠年輕富有地退休，一個重要原因就是我們讓自己的資金動了起來。富爸爸常常提起「資金周轉」這個概念。他說，**「個人資金就像一隻優秀的獵鳥犬，它能幫助你發現並捕捉到鳥兒，接著尋找下一隻目標。不過，大多數人的資金卻像一隻剛剛飛走的鳥兒，有去無回。」如果你想年輕富有地退休，讓你的資金成為一隻獵鳥犬十分重要，每天出擊，帶回家更多資產。**

現在，很多金融規劃師和共同基金管理者常常對普通投資者說：「只要把資金交給我們，我們就會讓那些資金為你們工作。」大多數投資者點頭稱是，而且跟著重複投資者的論調：「長線投資，大膽購置，專案多元化」。他們將資金放在那裡，然後回去上班。對於很多投資者來說，這似乎是一個很好的主意，他們沒有興趣學習如何讓資金為自己工作，因為他們本人好像更願意比自己的資金更辛苦地工作。這些普通投資者的計畫存在很大問題，它們**既不是能帶來高收益的策略，也缺乏必要的安全性。**

為了能夠提早退休，我和金不願意將自己的資金放進退休金帳戶。我們明白必須讓資金工作，而且是辛苦地工作，爭取獲得愈來愈多的資產。等到我們的那筆資金獲得了資產，它們又會重新出擊，為我們帶來另外一筆資產。我們運用讓資金流動並為自己帶來愈來愈多資產的戰略。實際上每個人都可以採用這種戰略。其實，正如我一再保證的，本書所講的致富的方法和途徑，幾乎都是人人可以做到的。

讓資金流動起來

我們讓資金流動起來的策略之一，就是購置可以出租的房產，然後在一兩年內，拿到預付訂金購置下一個可以出租的房產。這就正如富爸爸所說，像使用獵鳥犬那樣運用自己的資金。大家常常稱這個過程為房屋產權貸款（home-equity loan），也有些人稱之為合併貸款（bill-consolidation loan），用來償還信用債務。或許你已經注意到，我和金借款投資，而大多數人用借入資本償還不良債務（這是鳥兒飛走，有去無回的又一個例子）。儘管他們的做法也是資金周轉，但這是周轉資金離開你，而不是為你帶來新的資產。

簡單的例子

下面就是我們如何投資，並接著借款投資其他資產的例子。一九九〇年，我和金發現在奧勒岡州波特蘭市（Portland）的某個美麗街區，有一座房子正在出售。房主要價九萬五〇〇〇美元，但不出售產權。當時經濟不景氣，人們紛紛減少開支，市場上待售的房子很多。之前，我們曾打算提出報價，但是最後覺得不符合我們的投資方向而擱置下來。這棟房子價格過於昂貴、品質太好，很難作為長期租賃房產考慮。如果這棟房子在舊金山，價格可能要超過四五萬美元。不過，我們還是去看了這棟房子，因為我們覺得它有很高的價值，而且很有升值的潛力。

在往返機場的路上，我們猜測那棟房子是否已經出售。經過長達六個月之後，我們終於敲開了房主的家門。顯然，房主已經急著出售，願意考慮任何報價。他負債五萬六〇〇〇美元，因此我報價六萬美元，最後我們以六萬六〇〇〇美元成交。我付給他一萬美元，承擔了他們現有的抵押欠款。一個月後，房主一家搬了出去，高高興興地趕往加州，因為他們既沒有賺錢，也沒有賠錢。我們很快將房子出租，除了各種債務和開支，我們每月可以得到七五美元的現金收入。兩年以後，房地產市場轉暖，很多人願意出價購買，最高出價達到八萬六〇〇〇美元。儘管這個價格很有誘惑力，我和金還是謝絕了。如果我們出售了房子，我們平均每年有一萬美元收入，也就是頭期款一〇〇%的收入，如下圖：

$86,000		出價
$66,000		買入價
$20,000	＝	收益

兩年收益現金二萬美元，約是頭期款的二〇〇%，每年收益現金一萬美元，大約是預付訂金的一〇〇%

（因為上述數字沒有考慮其他支出，如交易費用等，所以只能說是大概資料。）

儘管一〇〇%的收益已經讓人心動，我們還是沒有出售。房子所在的街區非常著名，我們感覺三五年內它有可能升值到一五萬美元左右。我們不但沒有出售這棟房子，相反地，我們決定開始購置更多的房產。現在，那棟房子的價格已經達到預期，而且每月仍然為我們帶來租金收入。

看到房地產市場價格穩定，我和金打算申請房屋產權貸款。抵押貸款不到五萬五〇〇〇美元，而房屋估價大約為九萬五〇〇〇美元。租金收入可以抵掉抵押貸款額七萬美元，因此我們再為房子準備資金，還可以得到大約一萬五〇〇〇美元。我們收回了投資，也為自己創造了資產。我們的獵鳥犬已經帶回了鳥兒，現在又可以出去尋找新的獵物。另外，這隻獵鳥犬現在值一萬五〇〇〇美元。

在幾個月之內，我們看了好幾百處房子，又找到了新的目標。那是與前者同在一個街區的一棟大房子，由於房主免費讓孩子在那裡住了好多年，房子的狀況看起來不是很好。他們要價九萬八〇〇〇美元，經過再三討價還價，我們最後以七萬二〇〇〇美元成交，另外用四〇〇〇美元粉刷、修理並準備出租。

一九九四年末，我們以稍低於一五萬美元的價格將兩棟房子出售，然後在亞利桑那州購買了一個更大一點的公寓，當時亞利桑那的房價仍然低迷。

除了讓我們的資金流動起來，還有另外一些方面值得注意：

1. 我們做得不錯，因為**市場低迷給了我們尋找和爭取好投資的機會**。如果市場上揚，我們可能就很難找到好的專案，也會更加謹慎。

2. **今天投資才有意義，不要等到明天**。之所以這樣講，是因為抱著購買、持有、企盼好運戰略的人太多。富爸爸常說：「**利潤產生於購買之時，而不是出售的那一天**。」我們每一處房產，從購買的那一天起就必須給我們帶來積極的現金流，即便在經濟不景氣的時候也應該是這樣。如果市場好轉，我們同樣也能受益。

3. 正如在本書開始所講的，**每一個投資者在進入市場之前，都必須要有一個退出戰略**。因為我們面對的是一個新型市場，即使在房地產領域，也和以往的投資大不相同。這種不同要求我們重新開始，不斷研究摸索，制定不同的市場進入和退出戰略。

4. 前面提到的兩處房子現在的售價可能是二〇萬美元到二五萬美元，因為波特蘭市房地產市場已經復甦。我們當時提早出售，是想為下一個買家留一些利潤，也是為了利用當時整個房地產市場即將回升的機會，更重要的是我們的投資組合已經調整。為了再次獲得更多槓桿，我們不再準備投資單個家庭的房產專案，而是打算經營規模更大的公寓專案。

5. **弄清楚投資者與商人的區別。當我們為了現金流而購置房產的時候，我們是投資者。當我們明確自己的進入、退出戰略的時候，我們是商人。也就是說，投資者為了持有而購買，商人為了出售而購買。**如果想年輕富有地退休，你就需要懂得兩者之間的區別與聯繫。在我看來，這麼多人在最近的股市動蕩中損失慘重，就是因為角色錯位，他們實際上是商人，但卻自以為是投資者。這也再次證明了弄懂詞語定義的重要性。

6. 我們投資長線專案，但是對我們來說，**投資長線專案並不等於把資金放置在那裡，等著積聚成一筆大數目。想著自己投資已經多元化，而實際上所有投資像共同基金那樣放在一個籃子裡**，然後只能提心吊膽，整天盼著不要颳狂風、有火災。對於我們來說，投資意味著要**置身於市場之中，搜集更多資訊，獲取更多人生閱歷，保證資金流動**，而不是盼著不要發生火災。我們不會像成千上萬人那樣陷於購置財產、持有財產和企盼好運的怪圈。

「我想盡快拿回自己的資金」

許多購物者都知道，如果自己對剛剛購買的商品不滿意，就可能要求退款。如果顧客對商品不滿意，很多聰明的商家就會主動承諾可以退款。問題是，在這些可以退款的承諾中，購物者為了退款，首先要向商家退貨。如果你是一個成熟的投資者，你所要做的就是一方面獲得退款，但是仍然擁有自己的資產。那也是我喜歡投資的原因，我得到了想要的東西，並且拿回了自己的資金。正如富爸爸所說：「**真正的投資者需要講的最重要的一句話就是：『我想拿回自己的資金，也想繼續擁有自己的投資。』**」

如果能理解這個投資原則，你就掌握了資金周轉的真實含義，就是盡快收回資金投資其他專案。

加快資金周轉的途徑

自有資金周轉的概念不僅適用於房地產專案，而且它實際上是一條致富的原則和思想工具。一旦掌握這條原則，你就能將它運用在很多事情上。資金周轉是槓桿作用的重要方面。

增加資金周轉的另一個方法是了解稅收法規和利用公司便利。例如，某人擁有一家小企業，還部分擁有另外一家房地產企業，那麼它的資金周轉狀況如下：

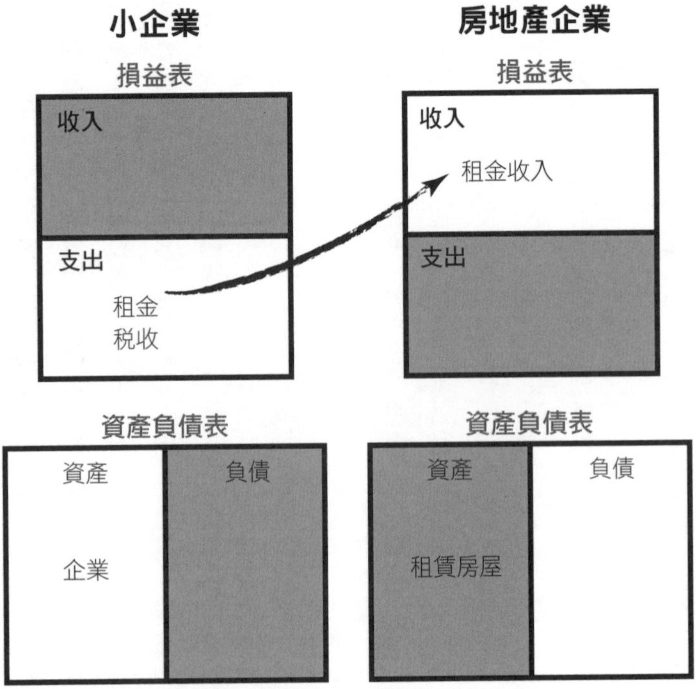

一家公司的租金支出，就是另一家公司的租金收入。或許你並沒有認識到這個問題的重要。

不過你一定知道，**一個企業納稅都是在扣除支出費用之後，但是對於個人卻在消費之前就需要納稅。**因此，個人的住房租金使用的是稅後收入，而企業卻可以使用稅前收入。租金收入到了另外一家公司，但這種收入是被動收入，而不是工資收入（只有一種情況例外，那就是當兩家公司是同一個法人，這時的收入就必須看做工資收入。例如，如果你在家裡開一家公司，並付房租給自己，你就可以將這筆房租看成工資收入。）被動收入如果管理得當，可以讓個人或公司承擔較少的稅費。當然，正如我常常提醒大家的，做這些事情之前，聘請一位能幹的稅收和法律顧問十分必要。

採用上述模式管理自己企業和投資組合的人，將會有效地加快資金周轉，減少稅費支出。如果只有一家公司，可能會出麻煩，承擔更多的稅費。

看看兩個企業的資產狀況，可以發現其中一個是企業資產，另外一個是租金資產。在這個例子中，這個人的資金被用來產生或獲得稅收優惠的兩種資產。這就是資金周轉或者資金運作，而不是資金放置的另外一個例子。

「你做不到」

開始的時候，我經常到一些小公司為那些雇員講授上述戰略。當我在自己的投資課上引用這些案例時，常常會聽到四個字：「你做不到」。正如大家所知道的，這些詞語決定了一個人的現實或者環境。

在結束討論的時候，我總會聽到有人說：「這是很好的主意，但你做不到。」他們還經常說：「你買不到那麼便宜的房地產了。」「沒有新的抵押貸款或銀行家的同意，你就買不到新的房產。」「你不可能有一家企業，同時擁有另外一個給這家企業出租房產的公司。」「在美國或許可以那樣做，但在我們國家可能就辦不到。」

從此以後，我不再為那些雇員或者自由職業者講授這些投資戰略，而只為已經或者即將成為企業主、投資者的人講授。我讓其他傳統的投資顧問為那些雇員或者自由職業者去授課，並非因為那些雇員或者自由職業者的個人原因，而是因為他們的集體意識。正如前面所說的「我做不到」這類話，常常決定了一個人來自於哪一類的群體。

上述的事情每天都在世界各地發生，在所有我曾經到過的國家，透過抵押貸款購買一棟房屋都是很普遍的事情，但是主要還是集中在一些較大的投資上。一間企業租用同一老闆的另外一間企業的房產，這種做法由來已久。它是一個很普遍的策略，麥當勞就一直那樣做。他們向個人授權，接著，這個人向麥當勞公司支付授權費以及場地租金。讀過《富爸爸，窮爸爸》的朋友，或許還會記得麥當勞的創辦人克羅克所說的：「我的主業不是漢堡，而是房地產。」顯然，克羅克和他的團隊對於資金周轉以及如何利用資金獲取更多資產非常精通。

有價證券的資金周轉

資金周轉的概念適用於所有資產，包括有價證券。當人們查看股票價格收益率時，實際上也就是在看資金周轉。當有人說某種股票的價格收益率是二〇時，那就意味著按照現在的價格和收益，收回整個股票投資需要二十年。例如，如果現在股價是二〇美元，每年分紅一美元，那麼需要經過二十年才能全部收回股票投資。

七二法則

七二法則是衡量資金周轉的另外一個尺規，這個法則用利率或年增長百分比表示。例如，如果你的儲蓄利率是一〇%，那麼你的存款將在七．二年後漲一倍；如果你的股票以年均五%的速度增值，那就意味著你的股票經過一四．四年後就會翻一倍；如果你的股票以年均二〇%的速度增值，那就意味著你的股票經過三．六年後就會翻一倍。七二法則直接將數字七二除以利率或者價值收益百分比，就等於你的資金翻一倍所需的時間。

在一九九〇年代末的經濟高漲時期，很多金融規劃者和投資顧問到處鼓吹七二法則中的智慧。幾年前，一位年輕的投資顧問告訴我，他的組合投資每五年翻一倍。因為他開始投資只有三年，我問他怎麼知道會是這樣？他回答說，「因為近兩年來，我投資的共同基金每年平均增長超過了一五%。」我很感謝他向我推銷共同基金的熱情，但是最後我還是謝絕了。我不知道他今天會怎麼說，我想告訴他投資市場的牛市和熊市的常識。有關牛市和熊市的故事告訴我們，牛市正是從谷底攀升而來，熊市是從巔峰滑落而來。也正如富爸爸曾經說過的：「平庸的市場是為平庸的投資者準備的。」

家庭資金運作

投資者可以採用的資金周轉途徑有很多種，其中之一就是家庭資金運作。

我喜歡小股票的原因主要有兩點：首先，我是一個企業家，而不是一個公司法人。我喜歡而且懂得新創辦的小公司所面臨的問題，而且對公司的發展前景有相當的預見和判斷能力。其次，小股票有兩到三倍的增值潛力，遠遠超過了績優股。由於小股票比大股票有更快更好的增值潛力，在正常市場情況下，更便於家庭資金運作。下面就是運用家庭資金的一個案例。

假如你購買某公司五千支股票，每支股價五元，等於你投資了二萬五〇〇〇美元。不到一年時間，股市對你很友好，你所持有的股票上漲到一〇美元，你現在擁有股票的市值就是五萬美元。像我曾經那樣，作為一個貪婪的投資者你就會說：「股市還會上漲，我想等等再出手。」在這裡，也可以看出在進入股市之前，退出戰略是多麼重要。

不要繼續堅持等待，將錢放在那裡不動，增加資金周轉的途徑就是先產出價值二萬五〇〇〇美元的股票，繼續持有價值二萬五〇〇〇美元的股票。儘管你只持有一半股票，但你已經收回了自己的資金。其餘價值二萬五〇〇〇美元的股票就是家庭運作資金。

我經常運用這個策略，但並不總是這樣。有時候股價從五美元上升到八美元，而沒有達到退出戰略中設計的一〇美元，我就會繼續持有。許多次股價低於五美元，我的資金損失已表現在帳面上。有的時候，我用出售股票的戰略補償自己最初的投資，我對自己的投資感到滿意，儘管因為常常抽回部分的資金而沒有賺到多少錢。

向資金輕鬆地說再見

有首短詩這麼寫著：

金錢說什麼我都無法拒絕，
我曾經聽到，
它向我說再見！

我一直不能理解，為什麼有人會為投資市場的損失痛哭流涕。當他們去雜貨店花了錢卻沒有買回東西時，他們不會哭泣；當他們買了車又折價賣掉時，他們不會哭泣。投資和上述行為又有什麼不同呢？

某些投資者說：「只要不拋出手頭的股票，你就不會有損失。」當有人說出諸如此類的話時，往往意味著他們高價買入的股票現在價格走低，他們等著股價回升。在一些特定情況下，那樣考慮問題有一定合理性。另外一種相反的觀點認為，應該提早砍掉為你帶來損失的投資。有好幾次，我投資失誤，眼看著手中股票不升反降。如果股價下跌超過一〇%，我時常就砍掉損失，尋求新的投資機會。我這樣做主要因為下列兩個原因。

第一，如果我的注意力過分集中在損失上，並且因為做錯決定而導致情緒低落，我就會賣出股票。我只想結束眼前的一切，重新開始。正如我在另外一本書裡所講的，我明白在十項投資中，好的投資專案可能有兩三項，不好的也可能有兩三項，處於中間的就像躺著的懶惰蟲。我偶爾也會讓懶惰蟲躺著，只要他們不讓我賠錢。如果他們真的帶來損失，我就會除掉他們，反省自己的錯誤，從中汲取教訓。

第二，我喜歡購物。因此，即使我沒有錢購買，我也能感受到其中的樂趣，遠遠超過購買、擁有並祈禱投資升值的那些人。正如我所說的，大多數人在折價出售了自己的汽車後並沒有哭泣，原因就在於他們接著會購買新車。

績優股能維持多久？

我還經常聽到另外一種投資戰略，那就是「投資長線專案，並且只購買績優股。」在我看來，這是一個落伍到極點的理論，因為上述說法是工業時代的產物，並不適用於資訊時代。那種舊有的戰略不再發揮作用，因為績優股已經不再是績優股了。例如，如果你二十年前購買全錄公司的股票，即使它仍然是績優股，現在得到的可能只有傷害。我們需要思考的問題是，一個績優股到底能夠維持多長時間？

十年以後，由於技術改變和其他的改進，今日許多的《財富》（Fortune）「五百頂尖企業」到時可能已經不復存在。維持六五年之久的績優股公司，現在還不到十家。這些資料都已經證明，舊有的企業戰略已經不再適用於今日世界。

在這個技術革新日新月異的時代，一家公司的興亡盛衰可能就發生在短短幾年的時間內。這種快速變化要求我們所有人以更加清醒的頭腦，集中精力推進資金周轉，而不是將資金永遠放置在那裡，等候市場的潮起潮落。購買、擁有和祈禱好運的戰略對於普通投資者來說無可厚非，但是對於那些希望年輕富有退休的人來說，這顯然不是一個高明的辦法。

第十六章
房地產槓桿

用銀行家的錢投資

幾天前，我和一個朋友和她的父親共進晚餐，他是位退役飛行員。那天股市下跌了三%，他顯得非常沮喪，因為他的退休金帳戶上的收益已經降低為零。當我問他對市場有何評價時，他說，「我的另一個女兒告訴我，如果我的退休金全部歸零，我可以搬到她那裡生活。」

我試探地又問了一句：「您的意思是，您所有的投資都在股市上？」

「是的，」他回答說，「哪還會有其他投資呢？股市是我唯一知道的投資場所。」

並非多元化的投資組合

今天提起投資，經常可以聽到這樣的說法：「投資長線專案，花費適中，讓自己的投資組合多元化……」對於不太了解投資的人來說，這的確是一個偉大的信條。但是，我經常質疑的一個詞就是「多元化」。當聽到有人說自己多元化的投資組合時，我經常會問他們「多元化」是什麼意思，得到的回答往往是：「我投資了成長基金、債券基金、國際基金和區域基金等。」

我的另外一個問題是：「它們都屬於共同基金嗎？」在多數情況下，我再次聽到了這樣的回答：「是的，我的大多數投資分布在不同的共同基金上。」或許他們的共同基金的確是多元化的，但事實上，他們選擇的投資手段——共同基金，卻並非多元化，而是唯一的。即便他們說：「我在股市有些投資，也投資了房地產、投資信託公司，另外還參與了一些養老金投資。」問題在於大多數的投資仍然限於有價證券範圍，人們很容易涉足並管理有價證券。正如富爸爸所說：「有價證券投資相對乾淨俐落、容易操作。絕大多數人不是來自B象限，他們也永遠不會像B象限的人那樣建立自己的企業，也大多不會涉足房地產投資，因為房地產專案的獲取、運轉和管理是一項很有挑戰性的工作。」

在美國，就有超過一萬一千個共同基金專案可以選擇，而且數目還在增加。共同基金的數目甚至比獲得共同基金投資的公司數目還要多。為什麼會有這麼多的共同基金？其實原因上面已經提過。共同基金乾淨俐落，而這又往往成為保護一般大眾利益的代名詞。一般大眾面臨的問題，就是判斷這些超過一萬一千家的共同基金是否就是自己最好的選擇。你如何才能知道某個熱門基金明天仍然會表現良好呢？在這個世界上，你如何才能為將來退休選擇一項成功的基金？如果你八〇%的投資組合是共同基金，那是否就是真正意義上的投資多元化？這樣做是否是明智之舉？我個人以為，答案並不是肯定的。將八〇%以上的投資組合放在不同的基金專案上，並不是真正意義上的多元化，而是規避投資風險的消極防範措施，很難實現財務自由。

共同基金的致命缺陷

或許你已經注意到，共同基金需要繳納間接稅。不幸的是，很多投資共同基金的人並沒有考慮到這一點。共同基金繳納間接稅意味著，如果獲利需要繳稅資本所得稅，共同基金組織不會負擔這筆稅，而是要由投資者個人負擔。這種缺陷在股市低迷的時候，顯得更為突出。當然，也有一些例外，例如一些退休基金的收益可以享受某些稅收延遲優惠。

假如這項共同基金多年來取得優異的成績，經營狀況良好，它投資的股票升值巨大。突然股市大跌，投資者惶恐不已，急於抽回投資。這項共同基金的管理者不得不立即拋售手中的績優股，歸還投資者資金。當他們拋售股票之後，就會獲得一定資本收益。例如，一項基金擁有某公司十年前每股一〇美元的股票，等到拋售時，每股上漲到五〇美元。基金管理者提早購買了這支股票，非常成功，但出售之後，投資者就需要為四〇美元的收益繳納所得稅。在這種情況下，投資者個人可能會損失錢，因為共同基金會下跌，而投資者個人卻需要繳納所得稅。因此，在共同基金中，投資者個人必須繳納資本所得稅，即使已經損失了錢。我本人不大願意在實際損失錢的時候還要納稅，因為這就像為自己並沒有得到的收入繳納收入所得稅一樣。對我而言，那是非常致命的缺陷。

投資房地產的好處

我朋友的父親，那位認為投資的唯一方式就是有價證券的退休飛行員，現在終於明白了共同基金的致命缺陷。那次晚餐快要結束的時候，他說：「由於股價下跌，我損失了好多資金，即便如此，我還要繳納所謂資本所得稅，但願今後還能找到其他的投資方式。」

「你為什麼不投資房地產專案呢？」我問道。

「為什麼？它們之間又有什麼區別？」他反問我。

「它們有很多區別，」我回答說，「我來告訴你一個區別，非常有趣。」

這位退休飛行員喝了一口咖啡，說道：「說吧，我會認真聽的。」

「在房地產領域，我可以賺到錢，政府也會同意讓我將它當做賠錢來看待。」我說。

「你指的是自己不僅賺到了錢，而且獲得了稅收減免，不必為自己賺到的錢納稅？」他問道。

「政府給了我所得稅減免，而不是讓我繳納資本所得稅。」我說道，「政府希望我擁有更多的資金，而不是繳納更多的稅金。其中一個方法就是透過貶值，也就是富爸爸所說的『虛擬現金流』，那是普通人看不見的現金流。」

那位退休飛行員靜靜地聽著，過了好半天才問道：「還有嗎？」

「還有很多，」我回答說，「他們甚至會給你錢。」

「怎麼辦到的呢？」他急切地問道。

「如果房子是個歷史建築，政府或許會給你一個課稅扣除，這筆稅收減免更有利於促進你的投資。」我接著反問他，「你認為政府會給你一個課稅扣除，讓你購買更多的共同基金嗎？」

「不可能，」他回答說，「近來我所看到的，實質上就是為自己損失的資金繳納資本所得稅。說起來很有趣，我好像在為自己賠的錢納稅，而你賺到了錢卻獲得了稅務減免。除此之外，還有什麼我應該知道的嗎？」

「當然還有，」我說，「如果你的行為符合『美國殘障法案』（Disabilities Act）有關條款，你就可以獲得支出五〇%的課稅扣除。例如，如果你用了一萬美元，修築了便於殘障人士到達你的商業建築的輪椅專用道，那麼你就可以獲得最高限額為五〇〇〇美元的課稅扣除。」

「你得到了五〇〇〇美元課稅扣除？」他顯然覺得有些不可思議，「如果修築輪椅專用道的費用不到一萬美元，情況又會怎麼樣？如果輪椅專用道只用了一〇〇〇美元，那又會怎麼樣？」

「你仍然可以得到支出五〇%的課稅扣除，」我回答說，「不過，我還是鄭重建議你，在做這類的事情之前，一定要聽取顧問的意見。在你做任何事情之前，必須先要弄清楚現行條例以及這樣做的好處。」

這位退休飛行員靜靜地坐在我的面前，若有所思，又問了一句：「還有其他需要注意的嗎？」

「還有很多，我無法在一次晚餐上講完，」我接著說，「不過，我可以說，與共同基金相比，房地產專案至少有三項優勢。」

「有三項優勢？」他的臉上再次露出了詭異的微笑。

「第一項優勢是，銀行樂於借錢給你購置房地產專案。目前所知，我很懷疑銀行是否願意借錢給你投資共同基金或者股票。或許他們會接受這些資產抵押，但是通常是在你有了自己的資金投資後才能得到。」

他點了點頭，追問說：「那第二項呢？」

「第二項優勢是，沒有資本所得稅。」我接著說，「如果你真正掌握了你正在做的事情。」

「你的意思是，我必須為並沒有獲得的資本收益納稅，但是在房地產投資中，就可以避免收入所得稅，是不是？」他還是有些疑惑。

我點了點頭，「一直如此，透過我們常說的『一〇三一置換』，就可以做到這一點。例如，我們購買一棟總價五萬美元的房子，頭期款為五〇〇〇美元，從銀行借貸其他的四萬五〇〇〇美元。然後，我們將房子出租，每月的租金收入超過了給銀行的還款。這樣，我從房屋投資中獲得了現金流。」

「因此，你的錢就為你工作了。」他說道。

「是的，」我說，「而且，那種收入屬於被動收入，納稅也遠遠低於工資收入。在此，所謂工資收入甚至包括每月的薪水、儲蓄收入和401(k)收入。」

這位退休飛行員點了點頭，一副若有所思的樣子。那晚稍早的時候，我們已經討論了工資收入、組合收入和被動收入的區別。

我接著說道：「幾年以後，你發現自己五萬美元的租賃房價值已經攀升到八萬五〇〇〇美元。出售房子就可以得到三萬五〇〇〇美元，但是如果你將三萬五〇〇〇美元收益投資到更大的專案中去，就可以獲得稅收延遲，不必馬上繳納所得稅。」

他又一次默默地點了點頭，說道：「在這個例子中，你獲得了三萬五〇〇〇美元的資本收益，卻無需繳納所得稅。我在自己的共同基金中損失慘重，但是還要繳納資本所得稅。你得到了現金流，又用『虛擬的損失』和開支沖帳。按照你的實際收入，你的納稅額其實相當小，因為它們是被動收入，而不是工資收入。」

「而且，不要忘記如果符合『美國殘障法案』規定的公共商業建築要求，或者本身是歷史建築，那同時還可以獲得課稅扣除。」我補充了一句。

「不，不會的，我怎麼會忘記課稅扣除？每個人都應該記著它。你能不能再說說第三項優勢呢？」他追問道。

「第三項優勢是，投資的房地產專案愈大，銀行和政府愈想借錢給你。」我說。

「為什麼會是那樣？」他顯然感到很困惑。

「當你去找銀行家借錢購置自己的房地產專案時，假如說借一百萬美元，銀行家不是借錢給你，而是借錢給你的房地產。」

「兩者之間有什麼區別嗎？」他問。

「當普通人跑到銀行申請貸款的時候，銀行就會評估其個人信用狀況。當同樣一個人想去購買一處小的租賃房，例如單身宿舍、聯合式公寓或者普通住宅，銀行仍然對他進行信用評估。如果你有穩定的工作，也能夠承受房屋的各項開支，銀行就會借錢給你，但是請注意不是借錢給你的房產。」

「但是，對於比較大的房地產專案，當它的價格遠遠超出了他的個人收入，銀行就會考慮房子本身的收入和支出，」這位退休的飛行員問道，「這就是兩者之間的區別嗎？」

「已經很接近了。」我說，「大型房地產專案的資產就是房地產本身和它帶來的收入流，而不是借款人的收入流。」

「因此，購買大型房地產專案比小型專案更容易。」他說。

「如果你懂得自己所做的事情，」我說，「從政府借款也是如此。如果你為了一五萬美元的房地產專案向政府借款，他們很可能沒有多少興趣。但是，如果你想獲得的是整個貧民窟的改造專案，想提供安全的低收入者住房，政府往往願意借給你數百萬美元。甚至可以說，如果你的房地產投資專案不到五〇〇萬美元，就很難得到政府官員的支援。」

「還有別的什麼嗎？」他問道。

「當然還有，」我回答說，「但是讓我先給你講一些有關房地產的基礎知識。」

「比如說？」他顯得很有興趣。

「在多數情況下，房地產專案不像有價證券的流動性那麼好，這意味著購買或出售房地產專案需要花費更長的時間。房地產市場不像有價證券市場那樣運轉迅速，它也需要積極管理。」

我笑了笑說。

「你為什麼笑呢？」這位退休的飛行員問道。

「因為對於專業房地產投資商來說，這個劣勢往往可以成為最大的優勢。」我說，「劣勢常常只是新手或不成熟的投資者的劣勢。」

「能給我舉個例子嗎？」

「很簡單，」我回答說，「因為房地產專案流動性不強，而且找到合適的買家、賣家都不容易，所以專業投資者常常就可以花時間完成一項交易。」

「你是說，你自己也與賣家進行一對一的談判？」他問。

「是的，與買家也是這樣，」我回答說，「在股市上，人們常常只是買入賣出。買家和賣家之間很少進行任何形式的一對一談判，至少對於大多數投資者如此。」

「那你的意思是，在股票市場中買家和賣家之間也可以有一對一的談判，是嗎？」他問。

「是的，」我說，「但是，那往往發生在業內權威人士和專業操盤手之間，也可以透過合法方式進行，不過普通投資者很難做到。」

「噢，我明白了，」他輕輕地說，「但是這些談判在房地產領域裡一直發生。」

「那也是房地產業的樂趣所在，」我回答說，「**在房地產業中，你可以成為一個有創意、善於談判的高手，做成一樁好生意，降低或者提高價格，讓賣家一次付款或者支付頭期款。總之，一旦你掌握了這個遊戲規則，投資房地產就變成了一件充滿樂趣的事情。**」

「還有其他的嗎？」他又追問道。

「你可以削減開支，提升房產價值，例如增加一個副臥室，粉刷牆壁，賣掉周圍多餘土地等等。一個富有創意的房地產投資者，本身就應該是一個好的談判者，完全可以在自己經營的領域大有作為。如果你是這樣的一個人，那麼你不僅可能在房地產事業上前景輝煌，而且可以享受到很多前所未有的樂趣。」

「我以前從來沒有這樣看待房地產投資，」他說，「我所經歷的就是買賣自己居住的房子。不過回過頭來看，那的確充滿了樂趣，而且我在買賣自己房子過程中的回報，也比我現在共同基金的回報多。」

我似乎能感覺到他的腦子裡燃起了希望，他終於發現除了差強人意的共同基金投資組合，自己還可以有多種投資選擇。時間已經很晚，我們不得不就此打住，各自回家了。

幾周以後，他打電話告訴我正在尋找第一個租賃房產專案，而且過去的憂愁焦慮已經被快樂所取代。他說：「即便我的租金收入與支出持平，我仍然能賺到些錢。掌握了『虛擬的現金流』和稅法，即使沒有賺錢也像取得了財務上的成功一樣。」

我所說的只有一句話：「看來，你真的懂得了這個道理。」

顧問們的不良建議

對於投資者來說，聘請專業財務顧問非常重要，但是很多財務顧問本身並不富裕，也不是

成功的投資者。記得一位專業財務顧問曾經在一家主流媒體上撰文指出：「很多人在房地產專案上賺了不少錢，但是這些專案主要集中在加州、康乃狄克州等地，我們許多居住在中西部的客戶很難有這樣的成功經歷。」

我覺得她的這種論調很荒唐，客戶應該解聘她。其實，那些生活在中西部的投資者未能在房地產中賺錢，原因就在於聘請了像她這樣的投資顧問。如果你真正掌握了房地產業、稅法和公司法，又有一個好的經紀人和會計師，即使房地產專案沒有升值，你同樣也可以賺到錢，或者從出租房子中獲得收益。前面這篇文章認為只有加州和康乃狄克州的房產升值，這是錯誤的。如果她了解房地產市場，她應該知道在美國房地產發展最快的地方是拉斯維加斯、內華達等小城市，或者如鳳凰城、亞利桑那州等大城市。她只是聽說了加州和康乃狄克州的情況，因為她只知道新聞中所講的那些東西，而許多投資新聞是關於有價證券的，涉及房地產的投資新聞本來就不多。她不懂得專業房地產投資者的知識，但是她還要以專家的身分提出所謂的建議。

正如富爸爸常說的：「**不要向一個保險推銷員請教你是否應該購買保險的事情。**」很多財務顧問都有點像保險推銷員，而不像一個高明的投資者。保險是一個重要的投資專案，但肯定不是唯一的投資專案。

怎樣尋找好的投資專案

提起投資，我常常問自己：「如何尋找一個好的房地產投資專案？」回答是：「你必須不斷培養自己的眼光，發現別人沒有發現到的專案。」

下一個問題是：「我如何做那個專案？」

回答是：「就像任何一個購物者尋找好的生意一樣。」在本書的開始，我曾經說過，有些非常節儉的人，開著車從一個商場趕到另外一個商場，希望能買到物美價廉的東西。房地產還有其他好多投資都是如此，需要你首先成為一個專業購物者。

100：10：3：1

有個購買房地產的好策略叫做「100:10:3:1法」。也就是說，你必須分析一百個房地產專案，並向其中十個專案給出報價，答應的賣家可能有三個，最後成交的只有一個專案。也就是說，購買一個房地產專案，至少需要考察一百多個專案。

親吻很多青蛙

你肯定已經知道，富爸爸喜歡用童話故事教育我們。其中他很喜歡的一個故事是：為了找到自己心目中英俊瀟灑的白馬王子，美麗的公主不得不親吻一隻青蛙。富爸爸常說：「你不得不親吻很多青蛙，以便確認哪一個是屬於自己的王子。」在投資過程中，甚至在生活中的許多方面，那都是一句真理。今天，當聽說某個人二五歲就找到了一份工作，並且做了一輩子，我總是感到非常吃驚。我一直擔心他們怎麼能知道一份好工作與一份壞工作的區別。當我遇見一個十五歲就決心做醫生的人時，我也懷疑他在做出決定時，是否運用了過去的現實。在投資和其他事情上也是如此。

富爸爸說：「大多數人不想親吻青蛙，最後的結果是嫁給了一隻青蛙。」他的意思是，在投資和有關個人未來的事情上，大多數人沒有用足夠時間去嘗試、思考。很多人不是用大量時間尋找好的投資專案，而往往是憑著一時衝動和小道消息，或者根據親友意見安排自己的投資。

嫁給一隻青蛙

我的一位朋友最近跑來對我說：「我聽從了你的建議，投資了一個租賃房屋專案。」

我有些吃驚，禁不住問道：「你買的是什麼樣的房子？」

「我在聖地牙哥市靠近海灘的地方買了一個很好的分戶公寓。」

「你總共看了幾處房子？」我問道。

「兩處，」她說，「經紀人讓我看了一棟大樓中的兩套房子，我買下了其中一套。」

大約一年後，我問她的房產專案經營狀況如何，她沮喪地告訴我，「每個月損失四百六〇美元。」

「為什麼會損失這麼多？」

「一個原因是屋主委員會提高了物業管理費，另一個原因是我不知道每月的租金該收多少，實際上比我想像的低多了。」她不好意思地說，「我比市場價多掏了二萬五〇〇〇美元，我不想每月損失錢，又不想以低於買入價二萬五〇〇〇美元的價格出售這個房子。」

正如富爸爸所說：「那是沒有親吻足夠多的青蛙的代價，如果沒有親吻足夠多的青蛙，你就有可能最後嫁給一隻青蛙。」我的這位朋友沒有做好自己的「作業」，她只能嫁給一隻青蛙，她付出的代價夠昂貴了！

如何評估一個好的房地產投資專案，答案就是：經驗是最好的老師。下面就是我和朋友們體會到十個重要的教訓，另外我還會增加一些我認為有用的內容。

不去購買的代價

當人們問我如何尋找好的房地產專案，我就會直接回答：「你需要經常去購買。」

我利用「100:10:3:1法」找出優質的投資機會。過去幾年，我和金曾經考察分析了數以千計的房地產專案。**在回答「你們怎樣學到這麼多房地產知識」這個問題時，我常常說：「我們考察了成千上萬個房地產投資專案。」我們還對其中數百個專案給出了報價，不少報價對方一笑置之，沒有下文。所以關鍵在於，看過這麼多專案以及給出這麼多報價之後，大大地提升了我們關於房地產市場和人類自身的經驗和認識。**

當有人問：「沒有錢的時候，你怎麼做？」我的回答仍然是：「去購買。」在投資培訓課上，我常常說：「當你去購物中心的時候，沒有人問你是不是有錢。商家希望你購物閒逛，大多數

的投資專案也是這樣，購買、詢問、分析就是我接受投資培訓的主要過程。我所學到的投資知識在書本上是找不到的，就像大家不可能從書本上學會打高爾夫球一樣，你也不可能從書本上培養自己去發現別人不曾注意到的投資專案的能力。你必須首先出去，必須去購買。」

事後智慧

如果前面我的那位「嫁給了青蛙」的朋友不打算說：「房地產是一個非常糟糕的行業，你從那裡賺不到任何錢。」那麼她一定能夠從自己的經歷中學到不少珍貴的東西。不幸的是，當我問她學到了什麼的時候，她竟然生氣地回答：「但願我沒有接受過你的建議，整個市場已經發生了變化，現在你不可能從房地產中賺到任何錢。」

俗話說「事後智慧」，在於你必須不斷總結過去。我的那位朋友沒有回顧總結自己，即使我稱讚她採取行動的果敢，她仍然認為房地產不是一個好的投資產業。看來，她在房地產投資中來去匆匆，代價可能超乎尋常的昂貴，因為她沒有從錯誤中學到任何東西，而這些錯誤和教訓本來可以使她更加聰明和富有。這就是帶著「出錯是不好的」想法的代價，如果她的想法是「我要採取行動，出了錯誤我也會從中吸取教訓」，可能她就會成為更富有的人。**過分追求完美，不許自己出現任何失誤的人，常常沒有辯證的眼光，會犯同樣的錯誤，而從中學不到任何東西。**

我的那位朋友在這次投資中忽視的問題主要有：

1. 查看更多的房地產專案。

2. 從容不迫。還有很多好的投資專案，很多人輕率地購買房地產，因為他們以為自己發現的是世界上獨一無二的好專案。
3. 出租房屋市場和購房市場。
4. 多個房地產推銷商會談。
5. 謹慎投資分戶式公寓。分戶式公寓常常有一個由屋主組成的委員會，屋主和投資者的看法並不一定完全一致，很多屋主想讓自己的房產更好一些，因此往往花費過多的維修費用。儘管這對你的房子有好處，但是作為投資者，你卻因此失去了很重要的控制開支的權利。
6. 如果對開支失去控制，那同樣會影響到未來房產的銷售價格。
7. 不要在購買的時候就希望房地產價格會不斷攀升。不論社會經濟狀況如何，房地產專案本身都應該是一個好的投資。正如富爸爸所說的：「你的利潤產生於購買之時，而不是出售的時候。」
8. 投資不要感情用事。當你購買個人消費品時，憑著感覺走或許沒有什麼不好，但是當你為了投資購買時，感情用事往往會讓你陷於盲目境地。我的那位朋友對房產靠近海灘的興奮，超過了對投資回報的考慮，超過了對財務報表的關注。
9. 她沒有太多提升房產價值的辦法。你**賺取很多錢的一個辦法就是控制開支、裝修或者提升房產價值，這都是在股票和共同基金市場不能做的。**其實很多時候，只要增加一個車庫或者臥室，就能大大提升投資回報。

10. 她沒有從這次經歷中學到教訓。這是一次代價昂貴的教訓，如果她樂於保持謙遜的心態，總結和再次嘗試，也許會從這次損失中得到數百萬美元的收益。但是，她不願意這樣做，只是輕率地斷言：「你不可能從房地產中賺到一分錢。」

教訓提升了你的眼力

透過花時間分析成千上萬個投資專案，慢慢提升了我的眼光。當我給出一個專案報價，即使這個報價只會招來嘲笑，或者被傲慢地回絕時，我還是能從中學到一些東西；當我約見銀行家商討財務問題時，能從中學到好多東西；當我購買一處房產時，也會學到寶貴的新東西，即使我損失了一些資金。今天，所有的這些教訓，不論好壞都成了我個人致富的教育和經驗，使我和金在房地產領域獲取愈來愈多的財富。

偉大的投資專案一直以來就是在你的大腦裡，而不在別的地方。在現實世界中，沒有一個「待售」的標牌會真正告訴你「這是一筆好交易」。培養大腦發現和談判一個好交易的能力，正是你自己的工作，需要不斷地付出和實踐。

人人都能做些什麼

正如我一直承諾的，我認為每個人都能做那些讓自己致富的事情。在這一部分，人人都能做的事情就是去購買房地產。如果你和自己的合作夥伴願意花一星期的時間去看五個、十個、二〇個甚至二五個專案，即使你沒有多少資金，我也敢肯定你的眼光將會因此提高。分析了一〇〇項投資之後，我想你一定能發現一、二個讓你振奮的投資專案。**當為自己能夠致富感到興奮時，你的大腦就會轉化成另外一個環境，你也就可以開始尋找新的內容，這些內容可以解決「我怎樣才能賺錢致富」的問題。**

人人都可以做到上述這點，即使他們沒有任何錢，但這也是我和金的經驗。現在，我們有了更多經驗，大大地加快了我們分析判斷房產專案的進程。不論整體經濟環境的好壞，我們總是能設法找到一個好的專案。當然我們不總是購買或給出報價，但是尋求、分析投資的過程讓我們的頭腦更清楚、目光更敏銳，並且讓自己有機會接觸大量的投資專案。

最後一點就是，投資房地產或者其他專案不能抱著購買了一項資產就想依靠這項資產致富的心態。在房地產投資上，我和金打算購置一〇個專案，那就意味著我們需要看一〇〇個專案。在這選定的一〇個專案中，我們準備要有兩個成功的大專案，兩個可能賠錢的專案，它們都很快要被出售。剩下六個專案或者進行改造提升價值，或者想辦法出售。不論房地產、股票、共同基金或者建立企業，成功的機率大致差不多，一個專業的投資者都應該了解這些。

尋找別人遺漏的好專案

每個漁夫都有捉到漏網之魚的經歷，每一個房地產投資者也都有發現別人不曾注意的好專案的經歷。藉由以下兩個故事，鼓勵大家開始關注自己的前一百個投資專案。

把問題變成機會

故事一：幾年以前，我和金在離家幾個小時車程遠的山區旅行。我們想休假幾天，享受森林裡的平和與寧靜。和往常一樣，我們順便去了一個房地產商的辦公室，想了解最近有沒有待售的好專案。女雇員給了我們一些已經看過的標價奇高的專案，接著在她的售屋目錄中我們找到了一個已經停售的木屋，周圍有一五英畝土地，整個專案標價四萬三〇〇〇美元。我問她為什麼要價這樣低。

她回答說：「那裡存在一個用水的問題。」

「能否講得更具體一些？」我問。

「那裡的水井不能經常保證足夠的用水，斷斷續續，這也是它多年沒有售出的原因。大家都喜歡這個專案，但就是缺水。」

「帶我去看看吧！」我說。

「噢，你不會喜歡它的，」她說，「不過我可以帶你去看看。」

大約半小時後，我們站在這塊草木叢生的山地上，中間有一個可愛的舊木屋。「問題就出在這裡，」她帶我們來到了水井旁邊，「這口水井讓土地沒有足夠的用水。」

我點了點頭說：「是的，水的問題的確很嚴重。」

過了一天，我和當地的一位水井專家一起來到了那裡。專家看了看水井，對我說：「這個問題很容易解決，水井裡的水量很足，只是不同的時間水量會有變化。如果安裝一個備用水箱，所有的問題就會迎刃而解。」

「安裝一個水箱需要多少錢？」我問。

「安裝三千加侖的水箱花費大約是二千三〇〇美元。」他回答說。

我點了點頭，立即返回了房地產商的辦公室。我開出了自己的報價：「我願意用二萬四〇〇〇美元購買那個專案。」

「這有些太低了，」她說，「即便存在用水問題。」

「這就是我的報價，」我回答說，「順便讓我再問一下，那個專案的最近一次報價是在什麼時候？」

「已經很久了，」她接著說，「可以肯定至少有一年多了。」

那天晚上，我接到了代理商的電話，她說：「完全出乎我們預料，你的報價被接受了。我實在很難相信他們居然接受了你的報價和付款方式。」

「謝謝！」那就是我所說的唯一一句話，我真的有些按捺不住心頭的興奮。屋主已經有一年多沒有接到報價，甚至懶得花錢再去修整房子。他接受了我的報價，頭期款只要二〇〇〇美元，餘款一年後付清。也就是說，我用了極少的頭期款買下了這個房地產專案，而且近一年內不用付款。

過了一天，我和水井專家一起來到那裡，請專家安裝了兩個三千加侖的水箱。這樣，我們用不到五〇〇〇美元就解決水的問題。一個月後，我和金來到了這個新買的小木屋，我們有大量的新鮮水可以盡情享用。離開那個小鎮的時候，我們打算將這個專案提價出售。我們開價六萬六〇〇〇美元，而且在兩周後順利成交。水的問題徹底解決了，現在那個木屋的主人是一對夢想在山區擁有自己家的年輕夫婦。

環境的改變

故事二：我有一個朋友名叫傑夫，他是一位園林設計工程師。他曾經告訴過我一個偉大的房地產投資故事，今天我再次把這個故事講出來和大家分享。

傑夫說：「大約一年前，有位女士打電話給我說：『我有一塊四〇英畝的土地，我想請你去看看。』她以二七萬五〇〇〇美元的價格取得了這塊土地的購買權，但是所在的小鎮反對她進行任何開發。」

「那她為什麼找你？」我問。

「她想請我為這塊土地以及整個小鎮做一個遠景規劃，她同時還聘請了一位原城市規劃設計師。」

「後來發生了什麼事情？」我問。

「我們做出了規劃圖，寫出了關於未來小鎮發展的建議，送交鎮議會。但是，我們的規劃和建議被拒絕了三次。」他回答說。

「為什麼？」我問道。

「小鎮的議會很關注這個問題，不斷請我們進行修改。」他回答說。

「他們不斷要求你們拿回來修改，是嗎？」我問道。

「差不多是這樣。實際上，我們也不斷徵求他們的意見，不斷修改規劃設計。最後，小鎮議會終於接受了我們的規劃設計，並且將那位女士所擁有的土地從農業用地改成商業用地。」

「他們重新劃分了那位女士所擁有的土地？」我吃了一驚，「從農業用地變成了商業用地？這種改變使那位女士的地產升值多少？」

「等我們的規劃獲得通過，她就以六五〇萬美元的價格將那塊地產賣給了一間國家保險公司，他們想在那裡建一座飯店。」他回答說。

「整個過程用了多長時間？」我問。

「總共九個月，」傑夫回答說，「根據協定，她給了那位原城市規劃設計師和我每人二萬五〇〇〇美元酬勞。」

「那也就是說她花了五萬美元，賺了六百多萬美元，是嗎？」我感到難以置信。

傑夫微笑著不斷點頭，「是的，那塊地皮已經閒置了好多年，看過的人都說有點太貴了，但是她預見到很多人沒有注意到的一點，非常專業地向所有人展示了我們眼皮底下不曾發現的賺錢機會。」

「你對自己僅僅得到了二萬五〇〇〇美元感到沮喪嗎？」我問。

「不，一點也不，這是一個很公平的報酬。另外，我贊同她賺了那麼多錢，因為她冒了很大風險。如果我們不能讓鎮議會改變那塊地皮的劃分，她就會損失很多錢。而且，我將永遠感激她開闊了我的眼界，她教我看到了以前不曾注意的東西。只要我們花些時間培養自己大腦和眼力，就可以發現自己身邊存在大量機會。」

我恭喜他獲得新的現實領悟，我說：「你得到的其他東西，遠遠超過二萬五〇〇〇美元的報酬，是嗎？」

傑夫點點頭，他說：「這些東西可能更珍貴。那位原城市規劃設計師對報酬有些不滿意，但是我不這樣認為。我經常聽你談論富爸爸的環境和現實，但那些東西以前從來沒有真正引起我的注意，而現在我開始注意了。在我看來，這些詞語的價值應該超過上萬美元。我也想到那位女士可能會更加富有，因為她的環境更大，考慮的也全是數百萬美元以上的大專案。她從B象限出發思考問題，而我仍然從S象限出發考慮問題。即使她不給我一分錢，我從這件事情上所學到的東西也是非常寶貴的，因為它永遠改變了我的生活。那位女士用自己的行動教會我如何成為一個富人。」

重新劃分土地的用途是一個簡單的環境改變，從貧窮到富有同樣也是一個簡單的環境改變。如果願意，每個人都可以做到這一點。

如何保持自己的財富

大多數富人要不是從房地產業中發財，要不就是將自己擁有的諸多財富投入到房地產上。富爸爸也是這樣做，儘管他從企業和股市裡賺了很多錢，最後還是將很多財富放在房地產上。

富人這樣做的原因，主要有以下五點：

1. 稅收法律鼓勵富人投資房地產業。
2. 房地產業有更強大的槓桿作用。透過動用銀行家的資金，富人可以變得更富。
3. 房地產業的收入是被動收入，稅率最低。如果從出售房地產中獲利，這些利潤還可以獲得稅收延遲，投資者可以運用這筆本來屬於政府的資金進行再投資。
4. 房地產業賦予投資者更多控制自己資產的機會。
5. 如果投資者懂得如何管理資金和財產，房地產業就是放置資金最安全的場所。

對於普通投資者來說，用大量有價證券保持自己的財富，這樣做的風險實在太高。正如本書一再提到的，如果退休者的有價證券在股市危機中損失慘重，會是什麼結果？如果有價證券全部損失又會怎麼樣？當然，如果這個人懂得在股市疲軟的情況下保護自己的資產，結果或許還會稍微好些。如果你只想用有價證券保持自己的財富，那麼，下面一章就更重要了。

第十七章
有價證券的槓桿

投資如何做到低風險高回報

幾個月前，我的一個朋友告訴我，他在股市損失了一百多萬美元，現在不得不重新回去工作。當我問他為什麼會損失如此慘重時，他回答說：「我還能怎麼做呢？我完全按照財務顧問的建議去做，買了許多走低的股票，結果那些股票不斷走低，我也不斷賠錢。現在我已經損失一百多萬美元。那位財務顧問又讓我堅持下去，投資長線股票，但我現在實在沒有那麼多時間去等了。」

投資並不一定就意味著冒險，正如富爸爸所說：「雖然投資有風險，但是我們不一定就要去冒險。」即使股票市場有巨大的變化，你也可以做到不賠錢。事實上，如果股票市場開始下跌，許多熟練的投資者仍會賺到很多錢。富爸爸曾經教育我，不論股市漲跌，我們應該怎樣投資並且賺錢，下面就是他的主要觀點。

保持一個開放的環境

我們認為，有一個開放的心智和可以不斷拓展的環境非常重要。如果你的個人環境告訴你：「這不可能」、「你做不了」、「這不符合規矩」、「這太冒險了」或者「這太難了，我不可能學會做」等等，那也就是在提醒你必須開放自己的環境，這樣才會聽到各式各樣的內容。

有保險地投資有價證券

富爸爸問我：「你會不會在沒有保險的情況下開車上路？」

「不會，」我回答說，「怎麼可能呢？那太傻了，你為什麼會問這樣的問題？」

富爸爸笑了笑，接著又問：「你會不會在沒有保險的情況下投資？」

「不會，」我回答說，「但我投資的是房地產，我一直為自己的房產保險，以免有什麼閃失。事實上，銀行也要求我為所有的房產保險。」

「回答得很好。」富爸爸點了點頭。

「為什麼你會問我關於保險的問題？」我再次反問。

「因為，現在到了你學習怎樣投資有價證券的時候了，這些有價證券包括股票、債券和共同基金。」

「難道你投資有價證券也可以有保險嗎？」我有些疑惑，接著問道：「你是說會為自己的投資損失保險，或者設法將損失減少到最小？」

富爸爸點了點頭。

「這樣，投資有價證券就不會有風險了，是嗎？」我仍然感到十分不解。

「是的，」富爸爸說，「如果你真正掌握了怎樣進行投資，其實投資有價證券沒有一點風險。」

「但是，對於普通有價證券投資者來說，難道也沒有一點風險嗎？難道他們有什麼保險嗎？」

富爸爸點點頭，緊盯著我的眼睛說：「這就是我為什麼要教你，我不想讓你成為一個普通投資者。普通投資者感興趣的是平均價格，這也是他們之所以很普通的原因，也是為什麼會有道瓊工業股票平均價格指數。平均價格是為普通人準備的，這也就是說為什麼會有那麼多人聽從財務顧問的建議，並且聽到他們說『四十年來股市的平均回報率一直維持在一二%』，或者『這種共同基金在過去五年的平均回報率是一六%』就感到興奮異常。普通投資者喜歡平均價格。」

「喜歡平均價格又有什麼錯？」我問。

「的確沒有什麼錯，」富爸爸說，「但是，如果想變得富有，你必須在很多方面遠遠超過平均價格水平。」

「為什麼平均價格會妨礙你致富呢？」

「因為平均價格是收益和損失相抵後的結果，」富爸爸回答說，「例如，雖然過去四十年來股市平均上漲了很多，但是，事實上對於每支股票來說卻有升有降。」

「怎麼了？」我問道，「難道大多數人不懂得這些嗎？」

「不，大多數人都懂得，」富爸爸說，「但是，為什麼會在不必損失的時候損失呢？普通投資者在股市上漲時賺錢，在股市下跌時賠錢，這就是他們是普通人的原因。如果在股市漲跌時都能賺到錢，平均價格又應該是多少呢？」

「那自然再好不過了，但是，熟練的投資者應該怎麼做呢？」我又問道，「難道他們不使用平均價格？」

「不，他們使用平均價格，但是他們使用不同的平均價格。我這裡所講的普通投資者，他們只知道在股市上漲時怎樣賺錢，因此，他們很高興聽到股票平均價格普遍上漲之類的話。而熟練的投資者不會尋求普通資訊，他們不會真正關心股市的漲跌，因為他們在任何情況下都能賺到錢。」

「你的意思是說他們從來不會賠錢？」

「不，我沒那樣說。所有的投資者都有可能有賠錢的時候，但是熟練投資者卻不論股市漲跌，都有能力賺錢。普通投資者只知道在股市上升時賺錢、下跌時賠錢的策略。熟練投資者不願意像普通投資者那樣賠錢，當然他們也不總是正確的，也有可能賠錢，但是由於他們接受過訓練、技巧、工具和策略等，通常他們遭受的損失遠遠低於普通投資者，賺到的錢也遠遠超過普通投資者。」

過去幾年中，我吃驚地發現人們用自己的血汗錢大把投資，但是卻不願意花時間去學習如何投資。儘管跟隨富爸爸這麼多年，我還是一直不明白為什麼那麼多人寧願辛苦工作一輩子，也不願意學習怎樣讓錢為自己賺錢。並且，當他們將血汗錢投資股市時，他們願意去冒沒有任何保險的風險。我想到了自己辛苦了一輩子的窮爸爸，他總是說：「投資充滿了風險。」其實，他從來沒有研究過投資，也沒有參加過任何投資培訓。相反地，富爸爸教我怎樣安全地投資房地產，現在他又想教我怎樣安全地投資有價證券。

「這樣說來，投資股市就不必冒風險了？」我想得到更清楚的答案。

「不，完全不是那樣。」富爸爸趕忙否認。

「無數人投資股市，卻無法避免損失，當然也沒有接受過多少相關的教育，這些都讓他們成為十分冒險的投資者。」我試著領會富爸爸的意思。

「是的，非常冒險，」富爸爸接過我的話題，「這就是我問你是否為自己的房地產投保的原因。我知道你肯定這樣做了，因為向你貸款的銀行家要求你這樣做。不過，普通投資者在股市中卻沒有任何保險。無數人為了自己未來的退休生活投資，卻沒有任何重大損失保險，這實在是非常冒險！非常冒險！」

「但是，為什麼財務顧問、股票經紀人和共同基金推銷商不告訴他們這些情況呢？」我問道。

「我不清楚，」富爸爸回答說，「我也經常感到困惑不解。我認為這是因為大多數財務顧問、股票經紀人和共同基金推銷商本身就不是真正的投資者，更不是熟練投資者。他們大多是一些靠薪水或佣金生活的推銷商，他們和自己的客戶一樣，都不過是為了一份工資而工作。」

「而且，他們還向別人，也就是向和自己一樣的普通投資者提供建議。」我說。

富爸爸點了點頭，接著說：「無論股市漲跌，一個熟練投資者都能賺到錢，而普通投資者只有在股市上漲時賺錢，在股市下跌時卻要賠錢。當損失很多錢之後，普通投資者接著還會打電話給自己的財務顧問求救：『現在我到底該怎麼辦？』」

「這時，他們的財務顧問會怎麼說？」我又問道。

「他們常說：『別慌，咬咬牙堅持住，股市將在幾個月後出現反彈。』或者說：『應該以美元的平均價格購買更多長線股票。』」

「你不會那樣做吧？」我問。

「當然，」富爸爸說，「我不會那麼做，但是普通投資者常常會那麼做。」

「你是在告訴我無需冒多少風險，我卻可以在股市賺到很多錢？」我總算領會了富爸爸的良苦用心。

「是的。」富爸爸說，「你所要做的，就是一定不要成為一位普通的投資者。」

詞語讓你致富

在「富爸爸」系列叢書第四本《富爸爸，提早享受財富——投資指南》中，我曾經寫道：窮人和中產階級的投資主要集中在共同基金上，而富人卻主要投資套利基金。可以說，詞語再次顯示了自己的力量。對於熟練的投資者來說，「套利」是一個非常重要的詞語。而且，共同基金和套利基金截然不同。我們很多人都曾經聽說過「要兩面下賭注，以免輸個精光」這句話，在這個環境中「兩面下賭注」其實就是一種保險的措施。正如一個園丁豎起籬笆來保護自己的花園免受草食動物毀壞一樣，一個熟練的投資者也應該運用「套利」來保護自己的資產。

簡單地說，「套利」在這裡的意思就是保護投資者免受損失。正如你不會也不應該沒有買保險就開車上路，作為投資者的你，實在也不應該沒有保險或者說沒有套利就貿然投資。這是一個常識性問題，不過，普通投資者是裸露投資。當然在這裡，裸露不是指人的身體，而是指某些沒有任何保護、擔保措施的資產。熟練投資者不大願意裸露投資，因為那意味著他們將會面臨著一連串不必要的風險。他們將會把自己的投資進行投保，正如保險推銷商經常問你的：「你保險了嗎？」熟練的投資者也會向自己提出同樣的問題。大體而言，普通的共同基金投資者往往裸露著投資，因為他們沒有預防損失的措施。

不保護自己的資產很危險

幾天前，我出席一場為投資者準備的會議，我是主要演講者之一。主講人是一位著名的電視節目主持人，她在一家更大規模的財經電視網路工作。她的演講內容豐富，讓我獲益匪淺。不過，我發現一個很有趣的現象，就是聽說她只投資共同基金。

突然，在場的某位聽眾舉手大聲質問道：「妳難道不為自己的這種行為感到愧疚嗎？妳讓觀眾損失了數十億美元！」他顯然非常憤怒，不過在他講話的時候，我能感覺到許多在場的投資者也有同感。看來，很多投資者來參加這個會議，不是為了學習怎樣進行投資，而是為了弄清楚自己為什麼損失了那麼多錢。

「我為什麼要感到愧疚？」她反問道，「我的工作就是為大家提供資訊，而我也確實為各位提供了大量資訊。我給大家的不是投資建議，而是股市資訊，為什麼我應該愧疚？」

「因為妳是這個所謂牛市的鼓吹者，」那個憤怒的聽眾說，「因為妳的鼓吹，所以我才不斷投資，但是現在我所有的一切都完了。」

「我不是一個鼓吹者，」她說，「我只是把市場看好的真實資訊告訴你，正如告訴你現在股市低迷這個糟糕的資訊一樣。」

接下來的五分鐘，整個房間一片騷動，一些人同意那個憤怒聽眾的看法，一些人站在那個女主持人的一邊。最後，大家似乎都漸漸平靜下來。女主持人接著徵求大家更多的問題，又有一個人舉起手問她：「為什麼妳不告訴聽眾透過期權來減少風險？」這位聽眾語氣平靜，顯然他十分希望聽眾們能夠懂得利用期權減少冒險。

「期權？」她顯然吃了一驚，「我為什麼要告訴大家有關期權的知識？」

「因為可以在熊市上利用套利防止損失。」他答道。

「噢，天哪！我永遠不會那樣做，」她答道，「期權投資太冒險了。大家還有其他問題嗎？」她一邊問，一邊示意剛才提問的朋友坐下。

我簡直不敢相信剛才聽到的一切。這個女主持人是財經媒體中最受尊敬的人之一，她影響著數百萬人的生活，很多人將她當成投資顧問，但是她現在卻說：「投資期權太冒險了。」對我來說，不保護自己的財產才是冒險，對財務知識的懵懂無知才是冒險。掌握怎樣利用期權保護自己的有價證券簡單易行，事實上，如果你有一個能幹的經紀人，就變得相當簡單，甚至小孩也可以辦到。你所要做的，其實就是學會一些新詞語的定義，找到一個好的經紀人，並且開始慢慢地獲得一些經驗。然而，我看到大約有上千位聽眾都在點頭，認為期權投資是風險太大。

我坐在那裡，看著她的忠實追隨者一個個對所謂期權投資充滿風險的談話點頭稱是，就又想起了富爸爸過去關於有價證券投資的教誨。我似乎聽到他在說：「幾百年前，在古老的日本，農夫就已經開始用期權保護自己稻米的價格了。」

「幾百年前？」我感到難以置信，「幾百年前，他們就利用期權來預防損失？」

富爸爸點點頭，接著說：「是的，好幾百年前，農耕時代剛剛開始，一些精明的交易商就用期權保護他們的生意免遭損失。直到今天，精明的交易商仍然在這樣做。」

我的思緒又回到了芝加哥，回到那位電視女主持人演講的大廳。我捫心自問：「如果精明的交易商已經使用期權那麼多年，為什麼這位有影響力的名人還在誤導自己的觀眾呢？」

接著，我又問自己：「什麼更冒險？是購買了股票或者互助基金，然後眼看著它的價值下跌四〇%、六〇%甚至九〇%，卻不知道保護自己嗎？銀行家要求我為自己的房地產保險，那麼，為什麼有價證券行業不要求所有投資者為自己的有價證券保險呢？這些有價證券可是成千上萬人年老退休後生活的依靠啊。」直到今天，我還是沒有完全弄明白這些問題的答案。

正如前面曾經講過的，如果你的房子毀掉了，透過保險公司理賠，你還可以在不到一年內重新建造新居。但是，如果你在退休之後，自己的退休金計畫卻隨著股市暴跌而化為烏有，屆時你還能做些什麼呢？是繼續購買持有新的股票，然後內心不斷祈禱股市的平安無事嗎？是滿懷希望等待另外一個牛市嗎？因此，我還在納悶：銀行家要求投資者投資時必須有保險，而有價證券行業卻沒有同樣的要求？為什麼熟練投資者投資有價證券時有保險，而普通投資者卻是光溜溜地沒有任何保險地投資，尤其是那些將要依靠股市收益維持日後退休生活的人。

保險的詞語

如果你想年輕富有地退休，花些時間學會怎樣去保護自己的財產非常重要，尤其當你打算用有價證券來保持自己財富的時候。你應該透過學習，掌握富爸爸所說的「熟練投資者的語言」。在我的投資培訓班上，我稱之為保險的詞語。

接觸這些詞語之前，我認為回顧另外一些詞語十分必要。下面就是需要大家首先了解的詞語：

1. 投資者（Investor）與交易商（Trader）：很多人認為自己是投資者，實際上他們只是交易商。正如很多人將自己的債務誤以為是資產一樣，許多自認為是投資者的人，實際上是交易商。而且，許多自以為是投資者的人，實際上就是儲蓄者。因此，很多擁有401(k)退休金計畫的人，或者擁有個人退休金計畫，常常都說：「我是為退休而儲蓄。」儲蓄者除了將錢放在一個帳戶上之外，不會再做別的事。相反地，一位投資者將會積極管理自己的投資組合或者帳戶。

那麼，投資者和交易商有什麼不同呢？投資者為了持有而購買，而交易商是為了出售而購買。當一個人說：「我買下了這種股票或者房地產，因為我知道它會升值。」我知道他實際上是一位交易商。也就是說，他們購買只是為了日後交易，而不是使用。這也是我說多數人是交易商而不是投資者的原因。交易商普遍希望他們購買的資產價格能夠上升，從而轉手牟利。投資者卻希望能盡快收回投資，同時繼續擁有這種資產。富爸爸常說：「**投資者買牛是為了生產牛奶和牛犢，而交易商買牛是為了屠宰賣錢。**」

如果你想在投資領域獲得成功，無論是有價證券、企業還是房地產，你就必須同時是投

資者和交易商。投資者懂得如何分析、管理投資，交易商懂得買賣的時機和方法；投資者常常希望從資產中獲得現金流，交易商希望從低買高賣中獲得資本收益。

2. **基礎投資者**（Fundamental investor）**和技術投資者**（Technical investor）：基礎投資者關注公司或企業的財務報表，技術投資者則常常關心投資收益、管理團隊和公司的長遠發展潛力。純技術投資者不會關心公司的基礎，甚至也不關心公司是否盈利或營運良好，他們只關心當時的市場動態。基礎投資者關注財務報表，而技術投資者只關心反映市場動態的歷史圖表。在本章後面部分，大家將會看到一些圖表。

技術投資者可以成為一個好的技術投資者，也會因為缺乏恰當的基礎而賠錢。許多「一日交易商」最後賠錢甚至破產，因為他們個人的資金管理基礎實在太差。基礎投資者也是這樣，許多基礎投資者常常感到困惑，儘管自己投資了看起來很好、實力強大且利潤豐厚的公司股票，卻沒有賺到錢，有些甚至會賠錢。很多基礎投資者有很好的投資基礎也會賠錢，因為他們缺乏商業運作技術知識。

因此，富爸爸希望邁克和我都能成為一名合格的熟練投資者，一個擁有良好基礎和技能的投資者。

3. **普通投資者**（Average investor）**和熟練投資者**（Sophisticated investor）：普通投資者幾乎不知道財務報表是什麼，他們往往投資長線專案，投資共同基金，他們購買、持有股票，然後祈禱股市不要有什麼震盪發生。相反地，熟練投資者擁有一些資金，懂得基礎投資和技術投資技巧。

讓你在任何市場都獲益的詞語

如果你想年輕富有地退休，保護自己財產免受重大損失至關重要。普通投資者投資有價證券時從來沒有安全感，這也是他們感覺投資充滿風險的原因，對於他們來說事實確實如此。因為缺乏安全感，他們就將資金委託給共同基金管理者、股票經紀人或者財務顧問，盼望他們能夠避免讓自己成為一個股市受害者。問題在於，這些普通的共同基金管理者、股票經紀人或者財務顧問往往不能讓他們在市場崩潰時倖免於難，也不能讓他們在市場平穩時賺錢。

在任何市場贏得或保護自己資產的方法，其實就是學習和真正掌握基礎投資者和技術投資者的詞語，在有價證券市場上更是如此。如果你願意花點時間，這也是很容易就能學到的事情。正如銀行家在給你貸款之前，要求查閱你個人的財務報表，那是一個基本資料，同時要求你有財產、契據以及房地產投資的抵押保險，那也是為了避免操作中遇到重大風險。如果想投資有價證券，你同樣需要這樣去做，第一步就是開始掌握保險的詞語。其中包括：

1. **走勢**（trends）
2. **移動平均數**（moving averages）
3. **終止指令**（stop orders）

4. 買入期權（call options）
5. 賣出期權（put options）
6. 雙重期權（straddles or collars）
7. 短期證券（shorts）

普通投資者或許曾經聽說過這些詞語，但是可能沒有理解或者從來沒有運用過。很多普通投資者往往將這些非常重要的詞語用一句話來搪塞：「那太冒險了！」其實，輕率地斷言一件事情太冒險，就等於在說：「我太懶了，不能去研究那個問題。」

你必須掌握的詞語

如果你想在有價證券上保持自己的財富，就必須懂得如何確保有價證券免受市場震盪的影響。下面就是你應該首先掌握的一些東西，當然，還是從詞語開始的。

走勢

每一個熟練投資者都必須懂得走勢，所有熟練投資者都有一句口頭禪：「走勢永遠是你的朋友！」請大家也記住這句話，並將它運用到自己的投資實踐中去。

那麼，什麼是走勢呢？最好的解釋方法莫過於給你講一個故事：我的少年時代在夏威夷度過，很多朋友都接受過衝浪訓練。每年冬天，當洶湧的海浪從北方湧來時，我們都要到海水裡證明自己的勇敢，也藉此提高自己的衝浪技術。有一年，一位新同學從美國大陸來到這裡。夏天海浪很小的時候，他是一個很棒的衝浪者。當冬天來臨，他勇敢地衝向海水裡，因為他認為海浪除了高一些，不會再有什麼變化。當第一次沖上一個大浪時，他就失去了控制並被拋入浪底，巨大的海浪使他不斷旋轉，我們好長一段時間都看不見他。後來，他突然出現在離我們還有段距離的地方，大聲咳嗽著使勁向我們遊來。我們這些和他一起衝浪的人簡直不敢相信自己的眼睛，不敢相信他試圖逆著海浪游泳。其中一個人大聲喊道：「噢，不，我不敢相信他想逆著海浪游泳，從來沒有那樣強壯的游泳者。」

當大浪拍擊海岸的時候，所有海水都找到了自己離開大海的途徑，正是這種海水運動形成了激流，就像河水沿著河岸流向大海一樣。對於我們這些從小生活在海島上的孩子來說，我們知道只要放鬆，讓海浪帶著自己來到深水區就可以了。一旦海浪稍小，我們懂得只要游泳或衝浪就可以通過一條安全通道上岸。這個新來的朋友不知道海浪的巨大威力，他沒有順著海浪，而是試圖逆流而上，結果很快便精疲力盡，幾乎淹死。類似的事情也會發生在新投資者身上。

投資周期的波動如同海浪一樣，它們也會隨季節的變化而改變。衝浪者懂得按照海浪和海水的季節性變化調整自己，熟練投資者也是如此。因此，熟練投資者常常說：「走勢是你的朋友！」**如同經驗豐富的衝浪者懂得不能逆著海浪和水流一樣，熟練投資者也會順著股市走勢。股市看漲時改變戰略，如果股市動盪就會及早抽身、靜觀其變。**但是，普通投資者還會繼續購買持有股票，或者購買下跌的股票，或者在受挫時焦慮不安地打電話向經紀人詢問：「已經跌到谷底了嗎？」

三個基本走勢

影響有價證券和其他一些投資的基本走勢主要有三種：一種是市場不斷上揚，也常常被稱為牛市；第二種是市場不斷走低，也被稱為熊市；第三種是盤整，這時股市既不全面上揚也不持續走低。針對不同市場走勢，熟練投資者會使用不同的策略。普通投資者則往往不是這樣，他們只有一種策略，這也就是他們最後賠錢的主要原因。他們做長線投資的想法並沒有什麼錯，關鍵在於，用一成不變的策略應對變幻莫測的市場，肯定行不通。

動物都會意識到季節的變化。秋末冬初，隨著第一絲寒意的悄然來臨，很多動物知道要為寒冬中生存做準備。熟練投資者也是如此，只有普通投資者才相信他們投資顧問的陳詞濫調：「長線投資，購買並持有股票，即便整個股市走低也不輕易出手。」如果動物都能夠聰明地感受到季節的變化，並及早做好準備，人類為什麼反而做不到呢？

移動平均數

股票的買家和賣家共同帶動了股市走勢的變化。如果股票買家多，那麼股市走勢上揚；如果賣家多，則股市走勢下跌。普通投資者都會很高興聽到投資顧問說：「股市四十多年來一直持續走高。」而熟練投資者則不會關注**長期平均數，而是關注移動平均數。正如衝浪者關注每天海潮的漲落，熟練投資者關注開盤和收盤的情況。**熟練投資者關注這些圖表，因為這些圖表可以告訴他們什麼時候應該改變策略。

租賃房屋一個反映移動平均數的圖表。如前所述，基礎投資者看重財務報表和管理團隊，而技術投資者看重圖表，下面就是他們關注的圖表之一。

你怎樣知道市場走勢的變化？

股市即將變化前會發出信號嗎？答案是肯定的。這不是嚴密的科學，這也肯定不是一種猜測，而市場走勢是一種預感和竅門。

我們大多數人都知道氣象學家可以

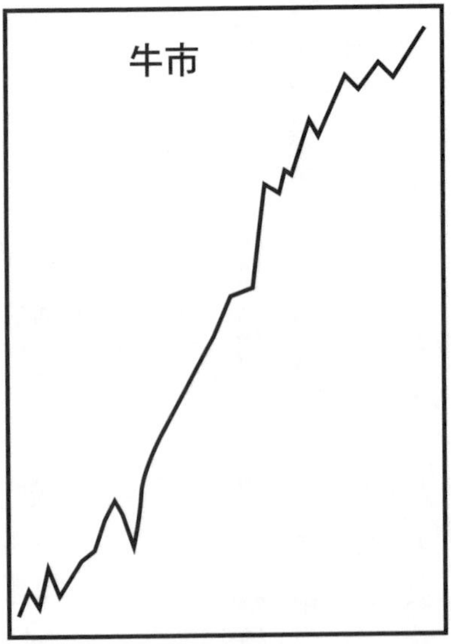

攀升走勢

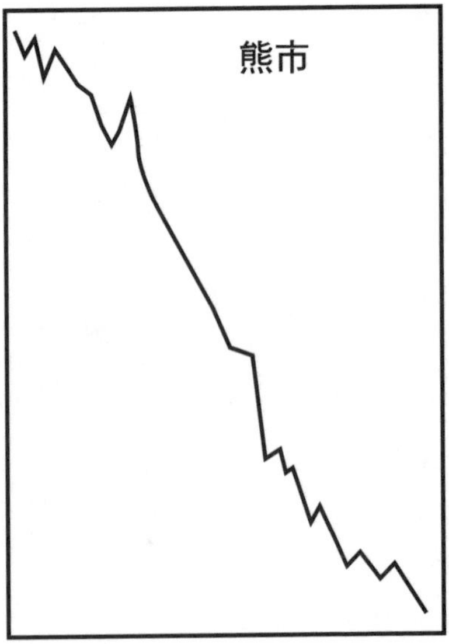

下跌走勢

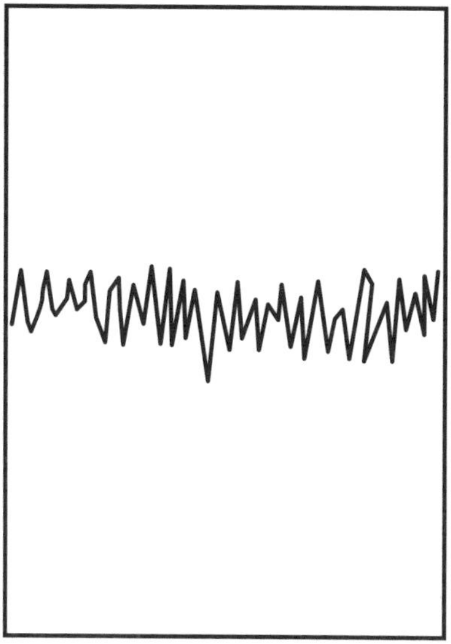

盤整走勢

預報颶風。實際上，天氣預報不是一種非常精確的科學，儘管如此，如果今天有大風暴來臨，我們就會提前接到警報。技術投資者幾乎也可以做到這一點，也就是說當普通投資者繼續持有某種股票並且祈禱股市上揚的時候，熟練投資者卻早已拋出了手上的股票。

熟練技術投資者可以觀察判斷的信號很多，下面就是他們關注的圖表之一。

技術投資者尋找的反映市場走勢的信號形式還有很多種，當然這些信號形式也不是絕對準確，或者有什麼保證。但是，它們還是帶給熟練投資者許多普通投資者所沒有的優勢，普通投資者從來不會留意這些市場信號。可以說，熟練投資者擁有的最大優勢就是，他們有時間用保險來保

雙峰頂

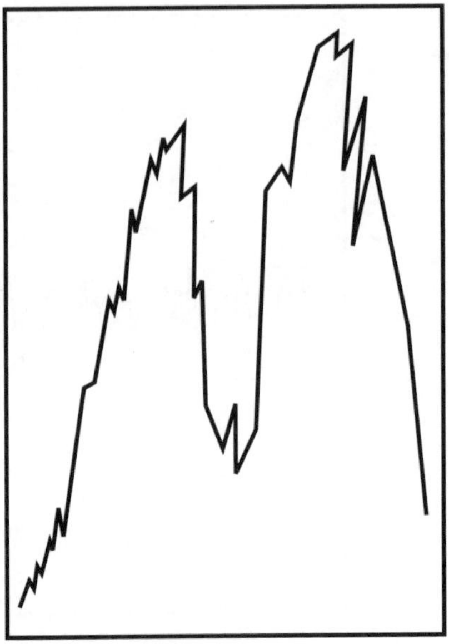

熟練投資者稱這種圖表形式為雙峰頂。當技術投資者看到這種市場走勢時，他們會變得小心謹慎，並開始改變投資策略，或者完全退出市場。如果你留心一點，就會發現股市走勢呈雙峰頂之後，股價往往暴跌。

雙重底

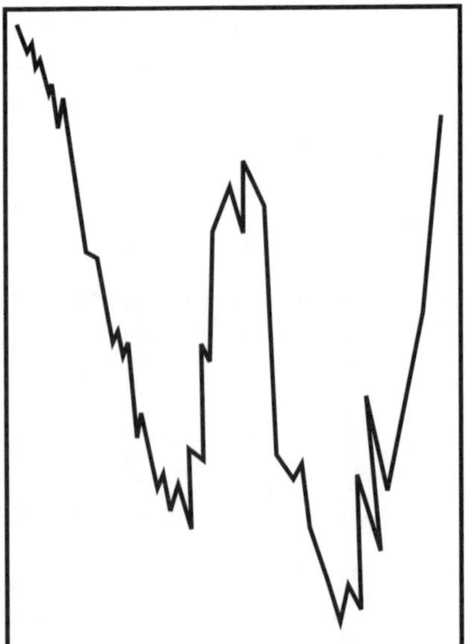

相似的模式也發生在股市處於低谷的時候，這種走勢被稱為雙重底。當技術投資者看到這種市場走勢出現時，他們就會再次改變策略，開始買進股票，因為這時普通投資者已經放棄希望並拋售手上的股票。

護自己的資產，而普通投資者的資產只能完全暴露，沒有任何保險和保護措施。他們將自己的財務未來完全置於一種危險境地，希望和祈禱財務顧問的建議能夠保護自己避開各種財務災難。

每次當我聽到所謂財務專家老套的建議「投資長線專案，不要害怕，好好堅持，一定要記住過去四十年股市平均還是上漲了」時，不免感到擔心，我只有搖頭嘆息，並且為那些聽信這些所謂專家並將自己的財務未來交給他們的千百萬民眾感到悲哀。如果你真正懂得如何去做、如何去保護自己的資產，投資其實無需冒多少風險。

熟練投資者的工具

一旦股市發生變化，普通投資者只有兩種選擇：繼續持有這種股票會賠錢，或者馬上賣掉這種股票也會賠錢。對有經驗的投資人而言，除了買進虧損或賣出虧損之外，還有其他選擇。

接下來所講的就是無論股市漲跌，熟練投資者用來保護自己資產並且賺錢的一些智力工具。這些金融工具幫助他們賺錢，而在股市下跌時又保護他們的資產免受損失。

終止指令

熟練投資者如果懷疑股票的價格會下跌，尤其在股市整個走低的時候，他們就會打電話給經紀人要求停止買進。普通投資者如果遇到股票下跌，他們只會眼睜睜地看著，無所適從。他們不知道應該做什麼，購買、持有股票和祈禱股市平安的策略實際上變成了購買、持有股票然後不斷賠錢的策略。

這裡讓我們解釋一下如何操作終止指令。例如說，今天你的股票價格是五〇美元，圖表顯示股市正在持續走低。你所要做的就是打電話給經紀人，給他一條終止指令，讓他在股價四八美元時拋售。如果因為有更多人拋售，股票價格開始繼續下跌。假設一直跌到三〇美元，那麼你的終止指令生效，股票以四八美元的價格出售。在這場交易中你的損失僅僅是二美元，而普通投資者要損失一八美元，並且會被牢牢套住。

儘管終止指令被投資者當做「保險閥」使用，但是非常熟練的投資者卻並不經常使用它。如果開盤時股價有一個向上的反彈，熟練投資者知道這些資訊，可能就決定出售股票或者取消終止指令。下面就是在市場走低或者震盪時，終止指令沒有取得成功的兩個原因。

首先，因為市場走低速度過快，投資者可能來不及使用終止指令。有時，股市快速下跌，以至於根本沒有時間執行終止指令。例如，假設股票價格為五〇美元，因為股市下跌，投資者將終止指令定在四八美元，那意味著如果價格跌到四八美元，股票會被自動拋售。但是，如果股市下跌太快，四八美元這個價位或許會被跳過去。也就是說，很多人想拋售自己的股票，而沒有人願意以四八美元價格購進，因此終止指令被跳過。如果價格跌到四〇美元的時候有一些購買者出現，投資者最好的做法就是繼續持有股票，或者以四〇美元的價格拋售股票。在這裡，投資者的終止指令被錯過了。

另外，投資者無法判斷市場走勢，也是終止指令未能發揮作用的一個原因。例如，假設股票價格仍然是五〇美元，終止指令定在四八美元。正如所預料的，股票下跌到了四七美元，而在四八美元價位的時候已經被自動拋售。但是，如果投資者忽然發現整個股市不斷走高，自己剛剛拋售的股票一下子上漲到六五美元，他們肯定會感到非常沮喪。因為自己不僅每股損失了二美元，而且損失了上揚的一七美元。

突然賺了一大筆錢或者滿盤皆輸

我常常聽到有人說：「我在股市突然賺了一大筆。」在網路泡沫時代，很多捲入這場狂熱之中的人都想大撈一把，但是最後卻滿盤皆輸。現在的新聞中，很多人都在嘲弄網路熱潮，他們說：「這些人怎麼這麼傻？」看來，沒有聽說過股市漲跌都賺得荷包滿滿的人真是太多了！

我的某位朋友透過購買網路公司首次公開上市股票而累積了很多財富。正如他所說的，他的確在股價上揚時賺了一大筆錢，在股市走低時也賺了一大筆錢。一九九九年末，在網路公司的股價達到巔峰以前，他賣掉了手上所有的股票。然後，隨著股價巔峰臨近，他開始有選擇地賣空同一家網路公司的股票，這些股票在股市上揚時使他變得非常富有。不久，其中三家網路公司股價暴跌，並很快地陷入破產。但是，我的朋友不僅在股市上揚時賺到了錢，甚至在走低時賺到了更多錢。這到底是為什麼呢？答案是他沒有用自己的資金，也不必為拋售完破產公司的短期股票賺到的錢繳納稅款。

當我問他為什麼時，他回答說：「我在股價最高時賣空股票，這相當於我借了他們的錢。

後來這些公司經營狀況不良並最後破產，他們沒有清盤，所以我也要納稅，但並不欠稅。我所要做的只是賣掉不屬於自己或者說借來的股票，現在我正在等待機會重新買回這些股票，並將它們交還給原來的主人。」現在，他用賣空股票所得的近八七萬五〇〇〇美元投資了免稅的市政公債基金，獲得免稅利息。可以說，他的這些利息都來自於拋售並不屬於自己的股票時所賺到的錢，他說：「我一直等待機會購回這些股票，直到我獲得了免稅的資本收益。」

如果你不懂得這種交易，也不要擔心，其實大多數人都不了解。如果你想了解得多一些，可以找股票經紀人或者會計師，看看他們能否進一步解釋。

關鍵是，如果你想在股市上揚時賺到一大筆錢，就需要懂得如何在股市下跌時賺到一大筆錢。如果不能這樣，你就有可能滿盤皆輸，而別人會賺到一大筆錢。

有很多像終止指令這樣需要大家學習掌握的專業交易工具，還有其他投資工具也可以運用。熟練投資者需要比普通投資者更多的工具，如果沒有做到這一點，就很有可能賠錢，而其他人可能又賺了一大筆。

因為熟練投資者擁有這種不大公平的優勢，所以當有人問我：「你對普通投資者有何建議」時，我的回答總是：「首先不要做普通投資者。」對於普通投資者來說，你的財務前景和財務安全實在有些讓人擔心。

特別提醒：

這不是一本有關交易技巧的書，上述終止指令的例子只是非常簡單的解釋說明。熟練投資者應該懂得使用賣空的方法和時間，因為終止指令有時起作用，有時根本不起作用。在決定使用這些技術之前，請你多閱讀資料、向別人請教或參加培訓班，並在嘗試運用我所介紹或即將介紹的技巧之前獲得足夠的經驗。

我列舉上述技巧的主要原因是想讓那些認為投資很冒險的人明白：投資不必總是冒險。如果想運用這些技巧，他們仍然需要進一步掌握投資知識。

買入期權

另外一個保險的詞語就是期權，也就是說，買入期權給了期權擁有人一個權利，他可以在事先約定的期限內按照一定的價格購買股票。買入期權就是一種保險的方法，它可以防止投資者錯過股票急速升值的機會。例如，市場走勢和移動平均數顯示更多的買家進入股市，股價因而上漲，投資者希望自己能以優惠價購買股票，以便在股價繼續上漲時有更大賺頭。假設現在每股價格是五〇美元，投資者告訴經紀人，他想以每股五〇美元的價格購買一〇〇股期權。當然，他為了購買期權每股花去一美元，總共花掉一〇〇美元（每筆期權包括一〇〇股）。他就使用這個來防止自己受到突然升值的影響。

三個星期後，投資者度假歸來，發現股價上升到了六〇美元。先前的買入期權允許他以每股五〇美元的價格買進一〇〇股，如果他願意，現在就可以以每股六〇美元的價格賣掉這一〇〇股。

另外，如果股價仍然是五〇美元或者低於五〇美元，這個期權就會自動終止。遇到這種情況，熟練投資者就會說：「我這回賭輸了。」

在股價上升到每股六〇美元的例子中，普通投資者或許會用五〇〇〇美元買進一〇〇股價格為五〇美元的股票，然後馬上以每股六〇美元的價格拋出，拿回六〇〇〇美元。那麼，他從這場交易中獲得了九〇〇美元收益（因為先前買進時花掉了一〇〇美元）。相反，熟練投資者可能僅僅選擇出售期權，每股獲得一〇美元，一〇〇股獲得了一〇〇〇美元，整個交易獲得了九〇〇美元（也要扣除先前購買期權所花的一〇〇美元）。

比較這兩種交易，可以看到，普通投資者用五〇〇〇美元賺了九〇〇美元，而熟練投資者用一〇〇美元賺了九〇〇美元。在這個簡化的例子中，大家可以看到，哪一種人用自己的錢賺到了更多的錢呢？

答案自然是買賣期權的投資者，也就是熟練投資者。普通投資者用五〇〇〇美元賺了九〇〇美元，在一個月內回報率是一八％，而熟練投資者用一〇〇美元賺了九〇〇美元，投資回報率為九〇〇％，所用的時間不到一個月。

當然，這只是一個極度簡化的例子，實際操作時可能還會有很多不同。因此我要再次強調，希望大家能夠進一步學習獲取更多經驗，並且找到一個能幹的股票經紀人，幫助自己順利完成這個學習過程。

上述例子說明了富爸爸不願意手頭上持有很多股票，卻一直努力尋找控制股票的原因，期權就給了他控制買賣程式的機會。這個例子也顯示，如果掌握了槓桿的使用方法，在有價證券領域創造槓桿，就可以運用這些槓桿，以很小的風險賺得更高的回報。在這個例子中，熟練投資者每股期權只投入一美元，而普通投資者卻投入了五〇美元。當我們回頭討論資金周轉時，到底哪種投資者的資金周轉得更快，哪種投資者可以更快致富？答案顯而易見。

富人不喜歡占有

在上一個例子中，你或許已經發現到什麼。那就是，為了擁有期權，其實無需一定要持有股票。如果真正掌握了這些不被人注意的細節，你的財務狀況可能就會大大改觀。

關鍵在於，富爸爸從來不想占有什麼，而窮爸爸恰恰相反。窮爸爸常說：「這棟房子是我的。」「這輛汽車是我的。」富爸爸則不是這樣，他說：「你不要希望占有任何東西，你需要做的就是控制它。」期權就是展現這種思維方式的一個實例。窮爸爸一心想擁有很多股票，而富爸爸只想擁有期權去買賣股票。現在不少人為自己擁有很多股票而自豪，其實從很多方面來看，買賣期權可能是遠遠勝過前者的槓桿。也就是說，可以透過買入期權而不是購買股票，用極少的錢賺得大筆財富。

賣出期權

在上述的例子中，大家可以看到如何利用買入期權在股市上揚或者牛市時賺錢。當股市下跌時，熟練投資者透過賣出期權不僅可以賺錢，而且萬一股市下跌，還可以保護自己股票價值。例如，假如股票每股價格是五〇美元，如果股市走低，股價跌到了四〇美元，那麼普通投資者每股就會損失一〇美元。如果他持有一〇〇股，帳面損失就是一〇〇〇美元。當然這只是投資者帳面損失，並不是實際損失。如果他以每股四〇美元拋售，那麼他就真正損失了一〇〇〇美元。之所以用帳面損失的概念，就是因為賠錢的投資者可能會說：「我已經被牢牢套住了。」這句話常常意味著他打算一直等待股價回升到五〇美元。這可能在一夜之間發生，也可能要經過幾年，也有可能永遠不會發生。這就是那些人購買、持有股票，然後賠錢的策略，他們永遠是樂觀主義者，從來不願承認自己犯過任何錯誤。

熟練投資者的投資的做法則大不相同，他們不願意坐在那裡為自己股價下跌而長噓短嘆，而是給經紀人一個終止指令或者賣出期權。當然，運用終止指令與賣出期權的原因有所不同，也已經超出了本書的討論範圍。關鍵的一點在於，熟練投資者在市場發生變化開始走低時就會及時採取行動。

熟練投資者不會祈禱股市停止下跌，他們以每股期權一美元的價格獲得了以五〇美元出售股票的權利，購買一〇〇股期權，總共花掉了一〇〇美元。如果股市持續走低，可能有更多賣家拋售自己的股票，股價跌到了四〇美元。熟練投資者或許有些慶幸，因為他先前購買的期權讓自己的股票仍然維持了五〇美元的價格。當股票跌至五〇美元以下時，他們失去多頭地位，但是在賣出期權的增值中又得到了補償。股價下跌時，熟練投資者或者套利投資者沒有任何損失，可以說是沒有遇到太大的風險，運轉平穩，股市的損失已經被賣出期權的收益所彌補。

當普通投資者賠錢時，熟練投資者怎樣用賣出期權賺錢呢？熟練投資者會行使他的權利，或者以每股五〇美元的價格轉讓這一〇〇股股票，得到五〇〇〇美元。如果願意，他還可以去股市以每股四〇美元的價格重新買回一〇〇股，總共用去四〇〇〇美元。結果，他不但擁有一〇〇股的股票，而且還有額外九〇〇美元收益（一〇〇〇美元扣除先前購買期權的費用）。（當然，還有很多祕密規則和章程需要繼續考慮）。

沒有期權的普通投資者，只能拿著自己已經大大縮水的股票，並且無法收回投資。

如果這讓你困惑不解，也不必擔心，首次接觸這個問題的人大多都感到這樣。記住本書前面曾經提到的逆向思維非常重要，因為對於許多人來說，學習逆向思維就好像一個長年用右手吃飯的人，現在卻要改用左手吃飯。這件事可以做得到，只是需要一些練習。再次提醒大家：運用期權保護自己的資產，並且不論股市漲跌都賺錢，這不是一個多麼複雜的過程。如果花一點時間去了解，大多數人都能掌握。另外有一點很重要，如果你有很能幹的顧問，提供你正確的建議，投資就無需冒險。在股市暴跌的時候，你也不必為有價證券投資組合可能遭受損失而憂心忡忡。不論股市上揚、下跌還是盤整，你肯定會變得愈來愈富有。

值得注意的是，賠錢的普通投資者常常一味坐等所謂的好機會，並聽從投資顧問「持有並投資長線股票」的陳腔濫調。這些投資顧問只有針對一種市場走勢的策略，而實際上正如大家已經知道的，股市有三種不同的走勢。

熟練投資者可能不買股票

很多熟練投資者從來不買賣股票，他們只進行股票期權交易。當我問一位從事期權交易的朋友，為什麼只投資期權而不買賣股票，他回答說：「投資股票賺錢太慢了，而透過投資期權，我可以用很少錢賺取更多的錢，所需要的時間也大為減少。投資股票賺錢就相當於坐在那裡等著塗料慢慢變乾，太花費時間了。」

雙重期權

雙重期權是一項最重要的保護自己資產的措施。簡單地說，雙重期權就是設置一個買入賣出期權，給出一個價格點。例如，如果投資者的股價是五〇美元，熟練投資者就會將買入期權確定在五二美元，而將賣出期權確定在四八美元。如果股市猛然上揚，股價達到六二美元，投資者仍然可以按照五二美元的價格購買股票；如果股市突然下跌，股價跌至四二美元，投資者仍然可以按照四八美元的價格賣出股票，如此可以大幅降低損失。如果股價為四二美元，那麼投資者擁有以四八美元的價格拋售股票的期權，這時期權就變得非常寶貴，甚至超過了股票本身。關鍵在於，雙重期權避免了股市大幅漲跌時所引起的風險。如果你懂得如何運用，雙重期權就是一種非常保險的策略。

我要再次提醒，這不是一本關於期權交易的書。為了便於大家理解，上述解釋大幅地簡化了期權的操作程式。此外，還有很多複雜的策略，也可以用來保護投資者的資產，從而提升回報。

短期證券

當我還是個小孩子的時候，很多人告訴我不要碰觸或者使用別人的東西。但是，在股市上卻不能這樣，假如有人賣空股票，那就意味著他們賣掉了不屬於自己的東西。如果母親知道了我做這些事，她一定會和我長談一番，當然需要再次說明的是，我母親並不是一個投資者。

首先，賣空並不是一個期權。當有人說「我賣空了這些股票」，他可能是在進行股票交易而不是期權交易。熟練投資者懂得賣空和期權的不同，並且知道何時使用、何時不用。當然，這部分也不是本書要闡述的內容。

為什麼要賣空股票？一般說來，如果投資者感覺股票價格過高，並且股市有可能走低的話，熟練投資者發現短期投機賺錢就顯然有利可圖。**賣空股票就是借用別人的股票在市場上賣掉，然後將錢放入自己的口袋。當股價下跌時，投資者重新買回這些股票，並把它們歸還給股票的主人。**

例如，假設某公司的股價是五〇美元，而這個股價眼看著要走低。下面就是圍繞著賣空這支股票的一系列程式：

1. 投資者打電話給自己的經紀人，賣空某公司的一〇〇股股票。
2. 經紀人從其他客戶帳上借到了一〇〇股股票，賣掉以後得到五〇〇〇美元。
3. 經紀人將這五〇〇〇美元存入這個投資者的帳上，但是這個投資者並不擁有股票。
4. 在那位借出股票的客戶帳戶上，有一張一〇〇股股票的借據，而不是五〇〇〇美元。
5. 過了一段時間，股票價格下跌至四〇美元。
6. 投資者打電話給經紀人說：「以四〇美元的價格購買股票一〇〇股。」
7. 經紀人隨即以四〇美元價格買了一〇〇股股票，並將股票歸還到借出股票的客戶帳上。
8. 經紀人在投資者帳戶的五〇〇〇美元中，拿出四〇〇〇美元來支付購買這一〇〇股股票的費用。
9. 投資者透過轉手賣掉了不屬於自己的股票，得到了一〇〇〇美元收益，而且只需繳納少許的手續費、佣金和所得稅。

幾個關鍵問題：

問題一：當投資者透過經紀人以四〇美元價格重新買回一〇〇股股票，並將它們歸還給原來股票持有人的時候，這位賣空投資者或許會說：「我總算平了空頭。」這是一個非常重要的詞語，一定要記住。

問題二：你可能要說，賣空股票有非常大的風險。如果股市整體上揚，那支股票也上漲，賣空股票就有可能損失很多錢。在這個例子中，如果股價上漲到六〇美元，那麼這個投資者將會損失一〇〇〇美元。但是，正如富爸爸常說的：「有風險，並不意味著一定要冒風險。」有些熟練投資者會透過購買一個價格五一美元的期權，進行雙重期權交易。如果股市上揚，股價上升到六〇美元，這個投資者就可以以五一美元的價格買進股票，而不是以六〇美元的價格買進，又一次減少了投入。

問題三：你可能已經注意到我對股市走勢的關注，請記住這句話：「市場走勢永遠是你的朋友。」不要像前面提到我的朋友那樣，試圖逆著風浪行事。另外，只懂得短期證券、套利、買入期權等詞語的定義顯然遠遠不夠，更重要的是要理解它們相互之間的聯繫。可以說，股市走低時運用賣空策略非常安全，而在股市走高或者盤整時，運用賣空策略就非常危險。

問題四：如果你不知道怎樣投資才會有保險，也不必過於擔心。如果願意，你只需花費一點時間、進行一些實踐就可以掌握這些詞語。這裡著重強調的是，如果你願意花時間，就像現在這樣踴躍地參加培訓和學習，那麼投資並不一定要冒多大的風險。一旦掌握如何降低風險，你與普通投資者的行為就已經不同，也會大幅度地增加你的投資回報。

為什麼不用錢就可以賺錢？

人們常常問我：「不用錢就可以賺到錢嗎？」如果懂得賣空股票的運作，你就一定知道這個問題的答案。當一個人賣空一支股票時，其實他就是透過賣掉本來不屬於自己的股票而賺到了錢。因此，不用自己的錢確實可以賺錢。不過，前面那個問題更準確的回答應該是：「主要是看什麼人來投資。」

富爸爸曾經說過：「**如果缺乏財務智慧，很多錢只能帶來一點收益；如果擁有財務智慧，不用錢也可以賺到很多錢。**」下面的例子進一步說明了這個觀點，也再次證明了擁有強大、富有的財務辭彙的重要。

幾個月前，我打電話給經紀人說：「請開出一份無擔保的賣出期權，共一〇筆。」經紀人湯姆問了我幾個問題，然後回答說：「已經辦好了！」他問了我期權的時限，又問了一些本書不準備討論的問題。

我剛才做的是賣出期權，而不是買入期權，這是很重要的一點。因為現在股市走高，期權被當做是一種保險措施，這也是很多人購買期權的原因。非常富有的人賣出期權，就像非常富有的人賣出股票一樣，他們不購買期權或者股票。蓋茲透過賣掉而不是購買微軟股票，成為世界上最富有的人。期權交易也是如此，只是周轉速度更快、更容易且收益更大，當然前提條件還是你必須懂得如何操作。

當我告訴經紀人：「請開出一份無擔保的賣出期權」時，意思是：「我想賣掉並不屬於自己的股票期權。」在這裡，他們賣出期權，並且我希望能做成一〇筆交易，也就是一〇〇〇股，因為每筆就是一〇〇股期權。

過了一會兒，湯姆打電話給我：「每股賺了五美元。」

「謝謝你！」我說。交易很快就完成了，我也沒有必要去看股票或者股市，可以自由自在地做自己想做的事情了。當湯姆告訴我賺到了五美元時，就意味著那天我的帳戶上又增加了五〇〇〇美元。總之，我沒有用自己的錢，也沒有賣掉任何自己的東西，在五分鐘內就賺到了五〇〇〇美元（需要澄清的是，儘管我沒有用任何錢，也沒有賣掉任何東西，但是我有其他資產在經紀人的帳戶上，作為交易的附屬抵押品，這樣保證了我可以與經紀人合作。）

幾星期後，湯姆打來電話說：「期權到期，錢已經到手了。」

「太好了，」我回答說，「順便問一句，我們什麼時候去打高爾夫球？」

文字的力量

首先需要聲明，我說出上述交易並不是為了自吹自擂。我之所以詳盡地寫出這個運作過程，只是為了說明詞語的力量。這些詞語對我來說意義非比尋常，它們已經在我的腦海中占據了重要地位。這些詞語就是工具，是讓我致富的工具，是讓我不用錢也可以賺錢的工具。這又一次印證了富爸爸的話：「有些詞語讓你致富，有些詞語讓你貧窮。」

當我讓湯姆「開出一份無擔保的賣出期權」時，也就是說，「讓某人按照一定價格將自己的股票賣給我。」那天，這支股票每股價格大約為四五美元。我賣出期權，讓另一個人購買，而我接著則以四〇美元的價格購買了他的股票。也就是說，我將保險賣給了股票的擁有者。如果股價跌至四〇美元，我將用期權按照這個價格購買，讓他能夠免受更大損失。

當湯姆回電話說：「每股賺到了五美元。」他的意思就是透過賣出期權，我每股得到了五美元。在期權交易商的詞語中，「開出」就是賣掉，保險行業中也運用這個詞語。大家可能聽過保險推銷員說：「我將為你開出一份賠付一〇萬美元的人身意外保險。」保險業運用的另外一個詞語是「保險」，也就是他們為你的某件事情保險一定的數額。在這裡，我為原來股票持有者每股的四五美元保險了五美元。我向他們保證，如果股價繼續下跌，我會以四〇美元的價格購買他們的股票。在這裡，我成了保險公司，那也是我「開出一份無擔保的賣出期權」的原因。我為別人的東西做出保險，而這也正是保險公司經常扮演的角色。

輸家的環境

現在，我似乎可以聽到你心裡的聲音在說：「那太冒險了，如果股市暴跌怎麼辦？如果你不得不按照四〇美元的價格購買股票怎麼辦？」不過，正如本書一再強調的，如果想學習一些東西，那就必須保持一個開放的環境。富爸爸也曾經說：「有風險，並不意味著一定要冒風險。」

我把這一節放在本書最後，就是希望你的環境能夠準備好接受上述內容。我以前從來沒有講過這些，因為我以前從沒有講過環境的重要性。對於大多數人來說，他們的環境可能很難接受這些內容。到目前為止，如果你還能堅持閱讀本書，那我真要說聲「恭喜」了。當我與朋友或者其他人談到輸家的環境時，那是一種完全被賠錢的恐懼所控制的環境，以至於他們根本聽不進我正在講解或者準備講解的內容。他們內心對賠錢和冒險的恐懼如此強烈，總是喋喋不休地抱怨：「那太冒險了，不要再講了，我根本做不到。」因此，我真摯地感謝你能堅持閱讀直到現在。

在前面那次用了五分鐘的交易中，如果原來的股票持有人願意給我每股五美元紅利，我就基本同意以四〇美元的價格購買一千股股票，此時，那五〇〇〇美元已經在我的帳戶上。幾星期以後，股價上升到大約四三美元，我的保險策略已經終止，沒有任何意義。那五〇〇〇美元就屬於我了，也不需要繳付佣金、小費和稅金。需要強調的是，這一切在不到五分鐘之內就完成，我什麼也沒有做，也不必坐在電腦面前緊張地盯著市場漲跌變化，只要幸運的話就能賺到五〇〇〇美元。其實，很多人一個月也賺不了五〇〇〇美元，而且即便賺到了五〇〇〇美元，他們要納的稅也遠遠高過我。一個雇員將要為那五〇〇〇美元繳納自由職業者稅，而我卻不需要，因為那是完全不同類型的收入：雇員得到的是工資收入，我得到的是組合投資收入。

不用錢也可以賺錢

在繼續講解之前，**思考一下要如何賺到這五〇〇〇美元非常重要，因為這些錢屬於「無中生有」，也就是不用自己的錢就賺到的。當你仔細審視這個交易，就會發現我是透過並不屬於**

自己的東西而賺錢的。我還透過賣掉原來並不存在、直到我讓它存在的這種東西賺錢，這種交易也正是「無中生有」。如果能真正理解下面的講解，並且身體力行，你就開始掌握了心中不用錢也可以賺錢的力量，這種神奇的力量也被稱為「**煉金術**」。現在，你可能進一步理解了**小時候富爸爸為什麼要讓我免費工作。他實質上是想培養我思考如何賺錢，而不是為了賺錢而工作。他想讓我發展一種與眾不同的環境，一種不依賴努力工作而致富的環境。**

讓輸家也快樂起來

我很少對人說起這個過程，我實在已經厭倦了和那些有著輸家環境的人討論並解釋這些東西。在我談起上述期權交易過程的時候，常常聽到下面這些議論：

1. 這太花時間了，我不想花那麼多時間去觀察股市。
2. 這太冒險了，我受不了那種損失。
3. 我對你所講的內容一無所知。
4. 你不能那樣做，那不合理也不合法。
5. 我的股票經紀人說情況並不是那麼簡單。
6. 如果你做錯了，那又會怎麼樣？
7. 你在撒謊，你不可能那樣做。

這就是說，輸家之所以賠錢，是因為他們不能敞開自己的環境，吸納任何新的東西。本書主要探討的就是環境和個人現實關係，前面之所以沒有探討，是因為很多人的環境難以接受上述內容。現在本書已經接近尾聲，我想再談談大家關注的內容問題。相信大家的個人環境可以接受這些內容，並將它們落實到自己的行動上。

可以說，**在過去很多場合，當我遵照很多人的要求講出自己如何賺錢時，他們的環境卻不允許接受我的這些觀點。他們的環境反對我所講的東西，然後緊緊將自己封閉起來，或者與我爭辯，說出各種藉口，無法照我所說的去做。**現在我又花了些時間解釋環境問題，我將進一步解釋為什麼說上述「開出一份無擔保的賣出期權」交易本身就是低風險、高回報的投資，即便整個過程並不完全像我們想像的那樣順利。

股價降到了三五美元

首先，我並不在乎必須尋找四萬美元來粉飾狀況，主要原因有三點：

1. 萬一出現不得不購買股票的情形發生，我有足夠的資金可以應付。
2. 歷史證明，八五%的期權沒有使用就過期了。應該說，八五%的獲利概率遠遠高於股市本身或拉斯維加斯賭贏的概率。
3. 我希望擁有股票，僅僅想在折價最低時購買它。

因此問題在於，股價能夠跌至四〇美元，而我不得不按照四〇美元的價格購買嗎？答案是肯定的。不同在於，**一個具有贏家環境的人堅信：即便賠錢最後也會成為贏家，因此他們不怕賠錢。輸家則不是這樣，他們只會想著賠錢的事情，因而最後很少賺錢。**

假如股價跌至三五美元，一個具有輸家環境的人只會看到損失，而不是看到賺錢的希望。他們會說：「我剛剛賠了四萬美元，因為我不得不買進一〇〇〇股單價為四〇美元的股票。」他們會感到風險太大，再也不敢進行交易。他們的環境也會緊緊封閉起來，喋喋不休地抱怨期權交易風險太大。由於這種思想已經牢牢控制了大腦，他們不可能再進一步思考。他們會認為四萬美元的虧空，比五分鐘內可以賺到五〇〇〇美元風險大多了。總而言之，如果股價下降到三五美元，他們可能會看到額外的五〇〇〇美元損失，他們的環境將會完全控制自己。

在本書開始，我之所以花很多筆墨解釋心智槓桿作用，就是因為有很多這樣的交易實例。當我告訴大家自己多年來的所作所為，**無論是建立公司、投資房地產或者投資有價證券都常常是個人環境決定內容。輸家常常認為我所做的風險太大，即便那本身並沒有風險。窮人則常常認為，自己做不了我曾經做過的事情。一個整日勞碌不已的人，常常會說：「我沒有時間去做你做的那些事情，因為我實在太忙了。」對於我所做的事情毫無興趣的人則說：「那聽起來太複雜了，我難以理解。此外，我對錢也沒有多少興趣。」**

大多數人永遠不會年輕富有地退休，因為他們沒有足以讓這些想法變為現實的環境。因此，

在本書開始部分，我們用了很多篇幅討論心智的槓桿、計畫的槓桿。環境比內容更為重要，如果你樂於拓展自己的環境，我本人為了年輕富有地退休所做的以及將要做的事，對你來說就會非常簡單。我做的不難，也不複雜，正如前面所說的，我可以在不到五分鐘內賺到五〇〇〇美元。對於大多數人來說，這遠遠超過了他們環境的可能，同樣遠遠超過了他們的現實。很多人願意工作三十天去賺五〇〇〇美元，因為他們的現實告訴自己三十天賺五〇〇〇美元是有現實可能的。但是，五分鐘賺五〇〇〇美元卻不在他們的環境之內，因而他們才會說：「他在撒謊，那樣太冒險了，我做不了。」也就是說，他們的環境反對這樣做，他們的環境只能產生適合自己環境的一些想法。因此，很多人辛勞終生，努力工作，卻不願意拓展自己的環境。他們往往為了錢更加辛苦賣力地工作，而不願意去拓展自己的財務環境，增加自己大腦中的財務內容。

贏家的環境

具有贏家環境的人可能會問：「如果我賠錢了，那麼要怎樣才能最後賺回來？」「如果股票跌至四〇美元，那會發生什麼事情？我怎樣才能贏？」這些就是贏家的環境，他們知道即便遭受損失，最後也會賺錢。最重要的是，他們一直保持著開放的心智，即便聽到的超出了自己環境的內容。也就是說，贏家總能保持一個開放的心智，即便聽到令自己害怕或者完全陌生的知識。正如富爸爸所說：「**輸家的心智總是比贏家的心智關閉得快得多。**」

在本書的前面部分，我講述了個人退出戰略的重要性。**贏家總是在追求成功的退出戰略，**

即便他們正在賠錢。讓我們還是以上述無擔保的賣出期權為例進一步分析。**在交易之前，我已經有了一個讓自己成功的退出策略，即便事情並不如想像的那樣順利。實踐又一次證明，環境重於內容。無論股票、房地產還是企業，總是成功的環境讓贏家成功，不論他們是否賠錢。在上述例子中，擁有成功的退出戰略就是贏家環境的重要組成部分。輸家僅僅看到風險和損失，卻從來看不到成功的可能。輸家唯有在有人保證事情將會順利進行的情況下，才願意冒險。因此，很多人希望得到有保證的錢和利益，他們喜歡有保證的東西，而對各種可能性則不大感興趣。相反地，贏家即使遭受挫折也會努力尋求成功的機會。這並非簡單的樂觀主義，富爸爸指出：「很多人有積極的想法，但是這些想法卻處於輸家的環境之中。擁有一個贏家的環境，意味著即便輸了，你也知道自己最後一定會成功！」**

輸了之後怎樣去贏

打電話給湯姆的那天，我已經完成了自己的工作，其實只花了一點時間。在做出決定之前，首先必須弄清楚下列問題：

1. 股市整體走低。
2. 近來這支股票的價格已跌得非常厲害，大約下跌了二〇美元，接近四五美元。這種股票的持有者肯定已經非常緊張了。

3. 我知道那家公司是好公司，有豐厚的收入和紅利。他們的經營和管理狀況良好，無論經濟形勢好壞，公司都應該有不錯的前景。

4. 公司有廣泛的追隨者，這也意味著有很多投資者對這家公司感興趣。

5. 如果股票價格合適，我希望能擁有這家公司的股票。

6. 如果不得不購買這些股票，那我還有一個一〇萬美元可以生息的帳戶。湯姆所做的就是交易這些資金，他也有權這麼做。

如果股價跌至三五美元，我將變得狂喜不已，即便我不得不付四萬美元履行賣出期權的協定。為什麼這樣說呢？答案仍然是我個人的退出戰略。

假設我不得不為一〇〇〇股付四萬美元，那麼，股票的總體真實價格是多少呢？

答案是三萬五〇〇〇美元，因為我從期權交易中已經獲得了五〇〇〇美元收益。所以，即使股價跌至賣出期權價格四〇美元之下，我仍然只需付出三五美元。不論怎麼說這都是一個好價格，我將會暫時擁有該股票。

接下來就是立即以每股五美元的價格出售一〇筆（一〇〇〇股）擔保的買入期權。之所以稱之為「擔保」，因為這個時候我真正擁有了股權。我賣出期權時運用了無擔保，因為我當時並不擁有股權。或許又有人驚呼：「出售自己並不擁有的東西，實在有些太冒險了。」如果你沒有一個正確的環境和內容，的確會這樣看待事情。

為什麼要出售擔保的買入期權？答案在前面曾經討論的資金周轉概念上。透過出售擔保的買入期權，為了避免價格暴漲，我同意以四〇美元的價格出售自己的股權。擔心錯過股價上揚的人可能就會買下這個期權。如果股價上揚到五〇美元，我將不得不為了四萬美元賣掉手中的一〇〇〇股股權。這樣，我就收回了自己的投入，還有期權上的收益。所以，即便我賠了些錢，最後我還是賺了。

如果股價沒有上漲，我仍然賺到了錢，這就是買進期權時的五〇〇〇美元，儘管對股價沒有多少影響。普通投資者可能會在股票上賠錢，並且繼續聽從財務顧問的建議：「長線投資，要有耐心，過去四十年來股市總體上還是上漲了，再堅持一下！」因此，大多數普通投資者和財務顧問都會購買股票、持有股票並不斷祈禱自己好運。

透過賣掉擔保的買入期權，我可以得到另外一筆五〇〇〇美元。如果股價跌到三〇美元，我可能更高興，因為我現在希望擁有這些股票。由於買入和賣出，最後結果我不是用四萬美元買入想要的股權，而是三萬美元，即便在這個例子中市值為三萬五〇〇〇美元。

就好像學著用另一隻手吃飯

如果你沒有完全理解上面這些內容，也不要擔心。只要花一點時間學習，這個理論其實簡單易懂。就像你習慣用右手吃東西，而現在要學習用左手吃東西一樣，一旦學會就很容易。當然，有時候學會用另一種方法來思考和做事，也會遇到困難。

大家應該怎樣做

對我來說，購買期權保護自己資產、賣出期權得到現金流等都是有趣的事情。我從來不為錢擔心，因為我知道自己能夠在幾分鐘內賺到大多數人幾個月才能賺到的錢，而且還可以少納稅。

每個人都能像我這樣做嗎？絕對可以！但是，這只有在他們樂於花時間拓展自己的環境，尤其是提升自己的財務環境之後，才有可能真正實現。

大家應該怎麼做呢？以下是一些建議：

1. 從圖書館借一本有關期權交易的書，先學詞語的定義，進而尋求更多的理解並掌握。
2. 從書店或網路上訂購一本書，建議在購買之前先瀏覽一下全書，因為你需要從一本簡單的書開始。
3. 參加一個期權交易培訓班，這也很容易找到。
4. 找一個股票經紀人，他會指導你掌握股票期權交易的操作程式。
5. 玩「現金流101」遊　戲至少一二次，這樣你將會有一個基礎投資的觀念。當你掌握了「現金流101」遊戲後，還可以繼續玩「現金流202」遊戲，這個遊戲教導人們如何運用買入期權、賣出期權、短期證券和雙重期權等。最重要的是，「現金流

２０２」遊戲教你在變化多端的股市中運用發散思維進行思考和分析問題。我相信「現金流２０２」遊戲最為突出的地方是透過物質、精神和情感的方法來學習，這是一個多維的課題。也就是說，遊戲將教你從多個不同的角度思考。大多數投資者之所以賠錢，是因為他們在家庭、學校和工作場所接受過的培訓都只是從單一角度去思考。熟練投資者需要思考如何在股市上揚、下跌和盤整時期都能賺到錢，「現金流２０２」遊戲將教你嘗試著這樣思考問題。學著玩金錢遊戲，這會非常有趣。

投資是冒險嗎？

投資是冒險嗎？我的回答很簡單：絕對不是。在我看來，無知才是最大的冒險。如果你想年輕富有地退休，學習如何保護自己的資產免受損失十分重要。普通投資者不願意學習這一點，他們一味地抱怨說投資中有冒險，這本身其實就是最大的冒險。正如我曾經多次說過的：「**歷史上從來沒有這麼多人，將自己的財務未來和財務安全寄託在股市的漲跌上。**」這的確是很大的冒險，因為他們認為投資很冒險，但是卻不願意為減少風險做些什麼。也正如富爸爸常說的：「**I象限代表的是投資者，而不是無知。投資本身並非冒險，但是，財務上的無知、聽命於無知的財務顧問卻是十分冒險的行為。不僅冒險，而且代價昂貴；不僅是在金錢上付出很高代價，而且在時間上也付出了很高代價。**成千上萬人為了一份安穩的工作勞碌終生，卻不是尋求財務自由，就是因為他們在財務上的無知。因為財務上的無知，很多人寧願一輩子守著一點薪水，而不願意尋求本來可以得到的金錢；因為財務上的無知，很多人將錢放進了退休金帳戶，但在需要用的時候卻憂心忡忡；因為財務上的無知，成千上萬人花很多時間去工作來使自己更加富有，卻不願意花時間做些自己真正喜歡的工作。不，我從不認為投資是冒險。相反地，我認為財務無知才是代價昂貴的冒險。」

> 以上內容只是出自於教育目的，而且是基於各種報告、交流以及一些可以信賴的材料。不過，上述內容並沒有被查證，我們也無法確認每一個陳述的準確性。期權交易風險相對增加了，在進行任何期權交易之前，投資者應該尋求期權經紀人的指導意見。

第十八章
企業的槓桿

世界上最富有的遊戲

透過自我奮鬥，成為世界上最富有的人是來自B象限的企業主。他們擁有的財富超過了電影明星、體育明星以及高收入的專家。從越南回來後，我決定不再走窮爸爸的老路，富爸爸於是建議我學習建立自己的企業。他說：「世界上最富有的人來自B象限的原因就是——這是一個最難成功的象限。但是，如果取得了成功，富有之門將會為你打開，財富將滾滾而來。如果你能建立一個B象限的企業，你將會玩世界上最富有的遊戲。」

回顧近代歷史，你就會發現B象限匯集了世界上最有名的人物，例如比爾．蓋茲、邁克爾．戴爾、托馬斯．愛迪生、亨利．福特、泰德．透納和約翰．洛克菲勒等，當然還有一大批不那麼有名的人士。因為擁有龐大的資產，他們都成為財務上的巨人。他們運用了世界上最強大的槓桿，為成千上萬的人服務。

有人說世界上最好的投資就是建立自己的公司，我贊成這個觀點。如果懂得自己所要從事的工作，你的投資回報將與普通投資的計算方法截然不同。在這裡，用幾百美元換回數十億美元是完全可能的。**建立企業不僅可以使你致富，而且也能使你的朋友、家庭、商業夥伴、雇員和投資者致富，富有的程度可能會超過他們最大膽的想像。因此，我認為建立自己的企業是世界上最富有的遊戲。**

很小的時候，富爸爸就一直提醒我，有三種基本的資產類型，它們分別是：

1. 房地產。
2. 有價證券。
3. 企業。

當我從事有價證券和房地產投資時，富爸爸就一直鼓勵我建立自己的企業資產，他說：「**從最困難處起步，其餘的就變得很簡單了。**」現在，我想重申一下他的觀點。

退出戰略

在本書前面，我曾經列舉了退出戰略的重要性。這些退出戰略的標準分別是：

窮人	年收入二萬五〇〇〇美元以下
中產	年收入二萬五〇〇〇美元到一〇萬美元
小康	年收入一〇萬美元到一〇〇萬美元
富裕	年收入一〇〇萬美元或甚至更多
極度富裕	月收入一〇〇萬美元或甚至更多

當本書即將完成之際，我請大家開始注意個人的退出戰略。在你做出這些抉擇的時候，自然也和自己的觀念或者環境密切相關。你的內心中是不是還在說：「我做不到」、「這太困難了」、「我不夠聰明」或者諸如此類特定環境下的個人現實。

當我和富爸爸一起制定個人退出戰略時，由於當時環境所限，我不得不經歷了**一個逐步走出懷疑和受限制的過程。**經過幾個月的討論，我明白了自己最好的機遇是在B象限。在我看來，**在選擇你的退出戰略之前，就應該評估個人的優勢和劣勢，進而確定哪個象限最有利於你年輕富有地退休。**

近來，我的投資培訓班上有個學員說：「歐普拉・溫芙蕾（Oprah Winfrey）通過S象限成為了娛樂界最富有的女人。」

我問他為什麼會這樣認為，他回答說：「因為她是一個自由職業者，如果她停止工作，她的收入也停止了。」

「你怎麼知道的？」我問道。接著我又問他什麼是HARPO（哈博）產品，他說並不了解。

我說：「HARPO就是歐普拉（Oprah）名字倒過來拼寫，也就是歐普拉本人的企業，是她在B象限的一個企業，那家企業由別人投資運營。她是S象限的一位明星，但是她的個人環境卻屬於B象限。」

需要強調的是，個人所屬的象限與職業並沒有多少必然關連。麥可．喬丹（Michael Jordan）曾經是芝加哥公牛隊的球員，但他同時擁有B象限的企業。一個醫師可能屬於E、S、B、I四個象限，主要依據他的個人環境。甚至一個看門人也可能屬於四個象限中的任何一個。之所以這樣說，是因為太多的人固守唯一的一種環境，而不願學習接受別的環境。他們在個人環境周圍築起了厚實、堅固的圍牆，常常工作最為辛苦、時間最長，而得到的卻最少。

在當今的資訊時代，擁有不只一個環境和象限顯得特別迫切和必要。如果能真正做到這一點，你就會發現獲得更高個人退出戰略目標將變得更加容易，並終將成為現實。

也就是說，**我和金能夠達到或者超過極度富裕標準，就是因為我們主要是從B象限出發去思考問題。我們不是為了日後成千上萬美元而工作，我們的目標或退出戰略是為了擁有數千萬美元甚至更多的資產。**

富爸爸投資指南

在「富爸爸」系列叢書之三《富爸爸，提早享受財富——投資指南》中，我曾經寫到自己打算學習成為一名企業主。在我所有的書中，多次提到自己失敗的經歷，這些經歷讓我更加堅強。在我看來，不論處於哪個象限，環境決定了你是否能夠成功。那本書的後半部分主要討論建立企業的相關問題，企業是所有資產中最大、最富有的一項。如果你願意建立B象限的企業，或許你應該好好閱讀或重新再閱讀那本書。

另外，我極力支持網路銷售的重要原因是，非常富有的人經常會使用「網路」一詞。最近，我寫了一本關於網路銷售業的書，名叫《樂於助人者財務學校》（The Business School For People Who Like Helping People）。這本簡明的小冊子主要是為那些渴望實現從E和S象限轉換到B象限的人準備的，將會對那些準備花時間將自己的環境從E和S象限變為B象限的人有幫助。這本書將介紹為什麼洛克菲勒、蓋茲等人一直致力於建立自己的網路。開頭都引用了富爸爸的話：「**世界上最富有的人尋求和建立自己的網路，另外絕大多數人只尋求一份工作。**」

去年，某位朋友對我說：「一九九九年，我從自己的共同基金中得到了三五％的收益。」我表示了衷心「恭喜」。當他問我的投資收益時，我回答說：「我真的不清楚。」其實，並非真的不清楚，而是不知道應該如何用普通人的標準來衡量自己的收益。朋友的共同基金收益為三五％，這自然非常好，但是，我在沒有任何原始資金投入的情況下卻獲得了數百萬美元，也許你還沒有忘記前面討論過的資金周轉的問題。我很難回答朋友的問題，我的資金在繼續滾動，投資回報從技術上來說甚至是無限的。因此，我並沒有說出自己的投資收益，只是恭喜他在一九九九年的不俗業績。

我需要一再聲明，剛才所講的並不是自吹自擂。我想指出的是不同的環境問題。我的那位朋友為自己三五％的收益率欣喜不已，但是創辦企業的人卻不會這樣。在我看來，那就是不同環境的力量。來自E和S象限的人常常對可能的財務狀況有不同理解，他們樂意辛勞終生，從來不會真正考慮是否還有另外的路，可以讓他們更快獲取財務上的成功。因此，我向大家推薦網路銷售以及網路銷售培訓專案，主要是想給大家一個開放自己的環境，並創造接受其他觀點的機遇。

順便說一句我朋友的處境，到了二〇〇〇年三月，我那位曾經獲取過三五％收益的朋友已經開始賠錢了。

為什麼大多數人沒有建立自己的企業？

問題在於，如果建立B象限的企業好處多多，那麼為什麼沒有多少人建立自己的企業呢？從富爸爸以下的教誨中或許可以找出一些答案。

當我決定正式開始創建自己第一家B象限的企業時，我曾經問富爸爸：「如果建立自己的企業是世界上最富有的遊戲，那麼為什麼沒有多少人從事這項遊戲呢？是因為他們缺乏資金、技術或者才能嗎？」

富爸爸的回答一針見血，他說：「**創辦經營企業最難辦的事情莫過於與人合作。**」

「與人合作？」我有些困惑，「與人合作是經營企業最難辦的事情嗎？」

富爸爸點點頭，他說：「大多數人未能建立起自己的企業，只是因為他們缺乏與人溝通的技巧和能力。人們朝夕相處，天長日久，但是在一起工作並不意味著他們可以共同建立一家企業，即使可以共同建立一家企業，也並不意味著他們可以發展經營成一家巨型企業。」

「因而，如果能學會與人合作，那麼我是否就可以開始世界上最富有的遊戲呢？如果我學會與人合作，是否就可以致富呢？」

富爸爸點了點頭。

如果能與不同的人合作，你將來就有可能超乎想像的富有

多年以前，富爸爸花了不少時間教育兒子邁克和我怎樣與不同類型的人合作和相處。如果你讀過「富爸爸」系列叢書之四《富爸爸，富小孩》，或許你還記得，他常常讓我和邁克旁聽他與別人的會談。學會如何召聘、解雇員工就是一個非常有趣的活動，尤其當那些人和我父母年齡相仿的時候。教導邁克和我應對不同類型的人是富爸爸教給我們的核心課程之一，他說：「如果能與不同類型的人成功合作，你將來就可能超乎想像的富有。」

如果你讀過「富爸爸」系列叢書之二《富爸爸，有錢有理——財務自由之路》，或許還記得富爸爸對下面這個現金流象限圖的重要性的反覆強調。

富爸爸用圖說明：企業是由四類不同的人共同組成的，E象限代表雇員，S代表小企業或

者自由職業者，B象限代表企業主，I象限代表投資者。

富爸爸認為，來自不同象限的人有著根本性區別。他說：「**如果想在B象限取得成功，你就需要學會如何與來自所有象限的人溝通合作。唯有在B象限才絕對需要這種能力。也就是說，很多企業失敗的一個原因，就是企業主常常不能與各種不同類型的人充分合作與相處。**」

在一九八○年代，我回到家鄉夏威夷。富爸爸請我列席他擔任執行董事的一個董事會議。那家公司已經陷入困境，富爸爸想讓我從這場不幸的經歷中學些知識。那是家新創辦不久的小公司，主要業務是在加拿大開採石油。富爸爸並沒有參與公司的創辦，只是因為公司遇到了很大的困難，他們才邀請富爸爸加入董事會，看看能否改善公司的經營狀況。

公司之所以困難重重，是因為首席財務長的

一個錯誤決策引起的。這個決策讓公司債台高築、瀕臨破產。董事會議開始後，富爸爸問其他董事：「為什麼首席財務長未經董事會同意，就可以做出這麼重大的財務決策？」

其他董事回答說：「因為他過去曾經是一家大型石油公司的高級副總裁。」

富爸爸不由得提高了聲音，問道：「這與他過去曾經是一家大型石油公司的高級副總裁又有什麼關係？」

「我們以為他比我們懂，所以就讓他自己做主，」另一位董事說。

富爸爸顯然有些生氣了，他用手指輕輕敲著桌子說道：「不錯，或許他曾經是一個高級副總裁，但是他在長達三十年的時間裡不過一直是個雇員，是一家大型公司的雇員。他根本不懂得如何經營管理一家資金有限、剛剛起步的小公司。我建議你們馬上撤換他，並考慮聘請一位曾經擁有過自己的公司、全面負責財務運作的人，即便那個公司不是石油公司。不論在什麼行業，雇員與企業主之間有著很大的區別。大公司和小公司的運作也有很大的不同，像這樣的決策失誤，在大公司根本不會對公司造成多大傷害，但是在小公司中，這樣的決策失誤足以讓公司關門。」

這家公司最後還是破產了。一年之後，我向富爸爸請教公司破產的主要原因，他說：「當時董事會的領導下，公司的管理非常混亂。儘管也高薪聘請了一些能幹的人，但是這些人從來沒有形成一支強有力的團隊。**成功的企業家一定會組織起強而有力的團隊，那也是他們勇於和擁有雄厚資金和人力資源的大公司競爭的法寶。**」

不同的技能

在「富爸爸」系列叢書之三《富爸爸，提早享受財富——投資指南》中，我曾經提到富爸爸的「BI三角形」，見下圖：

「BI三角形」對於那些開始創辦企業或者已經擁有企業的人來說，非常重要。當然，對於那些擁有價值百萬美元想法，並正在付諸實施計畫的人來說也是同樣重要。也就是說，很多人在創辦企業的開始階段就遇到很大的困難，這是因為創辦企業需要更多的技巧和才能。

我們的學校教育系統造就了大批擁有專業技巧的人。為了建立一家強大的公司，真正的企業家需要集合這些人，組成一個團隊。

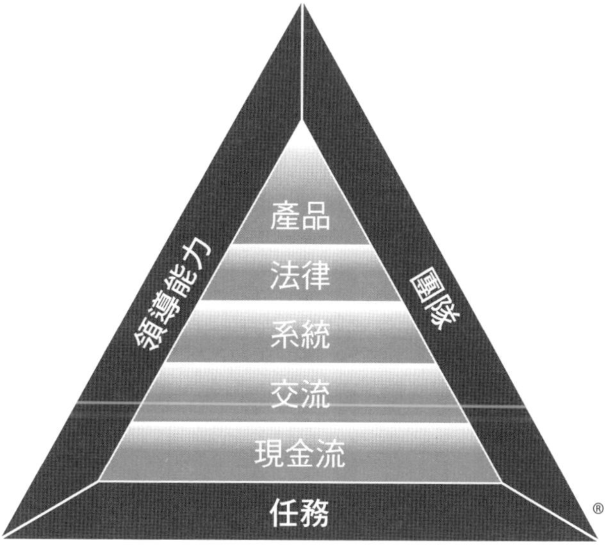

存在的大問題

即使在你的企業中擁有上述四個象限的人，並且擁有「ＢＩ三角形」中的各種不同技巧，也不等於萬事皆備。其中，存在的最大問題就是要發現一個領導者，尋找一個可以將這些有著不同技能、不同價值觀的人組織起來成為團隊的企業家。因此，富爸爸說：「**創辦經營企業最困難的事情莫過於與人合作。如果不存在人的問題，企業就很容易運作經營。**」

也就是說，企業家首先要成為一個偉大的領導者，所有人都可以透過實踐不斷提高自己的領導才能。

什麼是真正的企業家？

富爸爸一直教育他的兒子邁克和我，要我們努力成為企業家。當我問什麼是企業家時，他回答說：「**企業家會發現機遇、組織團隊和建立企業，並從機遇中獲取財富。**」

我接著問道：「如果我發現了一個機遇，也可以利用這個機遇，那麼我應該怎麼辦呢？」

「這個問題問得很好，」富爸爸說，「如果你遇到了一個好機遇，並且能自己利用，這時你就是一個小企業主或者自由職業者。」接著，富爸爸又解釋了零售商與企業家的區別，他說：「零售商或技師主要由自己生產產品或提供服務。例如，藝術家親自畫一幅畫，牙醫親自治療你的牙齒。真正的企業家不需要親自動手做什麼事情，他必須能將經過各種訓練、有各種技能的人組織起來，並讓他們為達到一個共同的目標而工作。也就是說，企業家建立團隊生產產品或提供服務，而這些產品或服務不是由包括企業家在內的單獨個人可以完成的，而必須依賴團隊的力量。很多公司發展緩慢，就是因為這些企業家主要是依靠自己的力量來解決遇到的問題。」

「因此，企業家需要團隊才能完成工作，」我說：「除非團隊成員能夠完成需要一個團隊完成的任務，否則屬於B象限的人將得不到薪水。大多數雇員和自由職業者可以透過個人勞動獲取報酬，對於企業家來說卻不能這樣，如果企業家所領導的團隊沒有成功，那麼他自己也將會一無所獲。」

富爸爸點點頭，進一步解釋說：「就像建築承包商建造一座房子一樣，需要用到例如管線工、電器工和木匠等人，還有專業人士，例如建築設計師和會計師。同樣地，企業家也需要帶領不同的技術員和專業人士來幫助自己建立公司。」

「在你看來，企業家就是一個團隊的領導者，儘管他們自己在團隊中並沒有做什麼具體工作。是嗎？」我問道。

「無需親自作為團隊的一員參加具體工作，能夠將這些聰明能幹的人所組成的團隊領導好，就愈有可能成為更優秀、更大器的企業家。我個人擁有好幾家公司，但是我從來不參與公司的內部工作。這也就是我無需工作卻可以賺到更多錢、做更多事的方法。因此，對一個企業家來說，領導才能是一項基本的技能。」富爸爸回答說。

「領導才能可以學習嗎？」我問道。

「當然能，」富爸爸說，「**我注意到，我們每個人其實都有一些領導技能。大多數人存在的問題是，他們只致力於發展自己的職業或專業技能，這也是很多人處在E象限和S象限的原因。B象限最需要領導才能，但是很少有人致力於發展自己的領導才能。所以很簡單，領導才能是可以學會的。**」在後來的幾年中，富爸爸常說：「**許多人尋求工作安穩，領導者卻勇於面對挑戰。**」

從越南戰場學到的領導經驗

有些人可能已經知道，我遠赴越南戰場的主要原因有兩點：一是富爸爸、窮爸爸都認為保衛自己的國家或者為國家戰鬥是兒子們應盡的責任和義務；另一個是想在軍隊學習領導技能。富爸爸說：「在面臨緊張壓力和生命危險的情況下，讓士兵戰勝恐懼、勇敢無畏是對一個人領導技能最好的檢驗。」在越南期間，我看到很多人恐懼不堪，也看到了很多令人難忘的英雄壯舉。我們的一個指揮官說：「每一個士兵從內心看都是英雄，領導者的工作就是發掘出生活在我們當中的英雄。」現在，我在自己的企業中應用了很多來自越南戰場的領導技能。在戰鬥中，我不會命令士兵並要求他們盲目服從，我學會要讓士兵自己成為英雄。現在的企業經營管理活動中，也應該這樣做。

發展自己的領導技能

當然，大家不必透過上戰場來發展自己的領導技能。你所要做的就是主動迎接挑戰，而不在乎其他人是否逃避。大多數人可能都聽說過這句話：「從來沒有人自願做任何事情。」在我看來，那是準備在生活中落伍的人的信條。富爸爸常常說：「領導者主動迎接別人所逃避的挑戰。」「領導者能力的高下決定於他們承擔任務的大小。」德懷特·艾森豪（Dwight Eisenhower）聲名顯赫，因為他在第二次世界大戰中直接指揮了諾曼地登陸和歐洲的戰役；約翰·甘迺迪（John Kennedy）領導了將人類送上月球的艱鉅任務。可以說，真正的領導者都在尋求其他人不敢面對的挑戰。很多人從不發展自己的領導技能，只是因為長期以來，他們習慣遇到挑戰就退縮。他們養成了這種從來不主動做任何事情的習慣。

每個企業、教堂、慈善組織和社區都需要很多領導者，每個組織都為你提供了鍛鍊自己領導技能的機會，每個機會也都為你提供了學習寶貴的領導技能的可能，這些領導技能是未來成為一名企業家所必需的。

很多人根本無法加入到世界上最富有的遊戲之中，玩建立自己企業的遊戲，因為他們未能獲得領導技能。

如果你開始行動負責教會的百樂餐（potluck dinner，參加聚餐者每人各帶菜餚共享的餐會），你就正在獲得更多的領導技能。即便沒有人自願和你一起工作，你也會學到人生非常重要的東西。你將學到如何脫穎而出，喚醒每個人心中都有的那個「英雄」。如果你學會做這些事情，接著從事的領導任務將會變得更容易成功，你也會從中學到更多關於領導的知識。如果你不願意發展自己的領導技能、建立自己的企業，以及參與世界上最富有遊戲的機會，可能就永遠沒有多大進展。我曾經遇過許多擁有偉大企業設想的聰明人，他們只是因為缺乏領導技能，缺乏一種建立自己企業團隊，並將設想轉化成數百萬甚至數十億美元所需要的領導技能，最後抱憾終生。**在這個世界最富有的遊戲之中，領導能力是關鍵因素，因為它可以將領導者個人轉化成一個更強大的團隊。**

從海軍陸戰隊學到的祕訣

在越南期間，作為一名新海軍上尉，我的指揮官給我寫了幾個詞語：

任務

團隊

個人

他說：「最高利益是任務，個人在最後。」

從越南回來後，我常常看到很多不同的利益階梯。在公司以及百姓生活中，我常見到很多人這樣排列利益的順序：

個人
團隊
任務

從根本上講，也就是說他們將自己放在第一位，團隊是第二位的，整個公司或組織的任務則是最後一位。

在越南，指揮官解釋說：作為一名基層軍官，我們的工作是保證任務和團隊免受個人利益的影響。也就是說，我們要設法清除因為個人利益至上，進而危害團隊利益和影響任務完成的各種因素。這些戰場上的學習實踐深深地影響了我領導管理企業的方式。

那些看過史蒂芬·史匹柏（Steven Spielberg）導演的電影《搶救雷恩大兵》（Saving Private Ryan）的人，從電影中可以學到很多經驗。在我看來，這部電影是自己看到過最真實的一部戰爭題材影片。電影中，湯姆·漢克（Tom Hanks）扮演的角色，由教師成為一名陸軍中尉。他不敢槍斃一名德國俘虜。我認為，這個細節是電影中的核心觀點，也是重要的教訓之一。因為漢克沒有完成殺死德國俘虜的任務，而將自己、團隊和團隊的任務置於非常危險的境地。因為他沒有槍斃那個德國俘虜，最後造成很多士兵都被殺死，任務也幾乎失敗，漢克本人最後也被那個他應當槍斃的德國俘虜殺死了。

非常幸運，大多數人永遠不需要面對戰爭的恐怖，做出令人心碎的決定。然而，在我們的個人生活和公司經營中總會遇到諸如此類難以抉擇的事情。下面就是一些實例。

1. 前幾天晚上在朋友家的聚會上，有位客人喝得酩酊大醉。當他堅持要開車回家時，主人想要拿走汽車鑰匙並叫了計程車。客人很生氣，否認自己喝多了不能開車。於是一場不愉快爆發了，主人最後硬是將客人按倒在地，並拿走了他的車鑰匙，接著叫來計程車將這個客人安全送走。但是，這一切令人感到非常尷尬，這位客人和聚會的主人從此不再說話。更糟的是，當晚其他的客人也認為主人太過分，也決定不和主人繼續來往。我個人認為，這個主人非常勇敢，在當時也做了最好的決定。只是，主人可否用別的方式處理這件事呢？當然可以，但是他認為自己當時那樣做是最好的。這些也正是領導要做的，即便他們做的並不是最好的決定。

2. 多年前，富爸爸發現公司裡的某位高級管理人員和祕書有不正常的關係，他立即叫來他們，並解雇了兩個人。我問他為什麼，他簡單地說：「兩個人都結了婚且有了孩子，任何欺騙配偶和孩子的人也會欺騙其他人。」我不想評論富爸爸這件事情的對與錯，但是，他做了當時他認為最好的決定。儘管這兩個雇員對他都很重要，但是他覺得他們的行為與自己的價值觀已經嚴重衝突。他說，「當我採取某個立場時，其他人就知道自己的立場是什麼。」

這兩個故事都是領導者的例子，也曾經有人說：「領導者做正確的事，管理者做事要正確。」富爸爸同意這種說法，他說：「領導能力不是流行或者受歡迎的競賽，領導者激勵其他人成為領導者。」

從越南得到的最後一個啟示

指揮官與下屬談話的最後時刻，他又增加了幾個詞語：

指揮官接著說：「領導者應該對任務、團隊和個人負責。但是，正如你所看到的，好的領導者必須是一個好的下屬。他必須意識到自己團隊任務的重要性，因為這個任務其實只是一個更大任務的一部分。」

富爸爸說：「投石器只是投石器，當大衛走上來戰勝歌利亞時，世界上最偉大的力量也會隨著大衛前進。」他還說：「一定要記住，世界上最富有的遊戲是帶有任務的遊戲和更高級使命的遊戲。」

總之，我告訴大家這些想法，因為每天都有新歌利亞誕生，也有新歌利亞進步。世界需要愈來愈多裝備著投石器的新大衛，但他們有世界上最強大的力量支援。無論是否願意玩世界上最富有的遊戲，你都應該知道自己也可以擁有大衛的投石器。此外，你還應該知道誰是你的

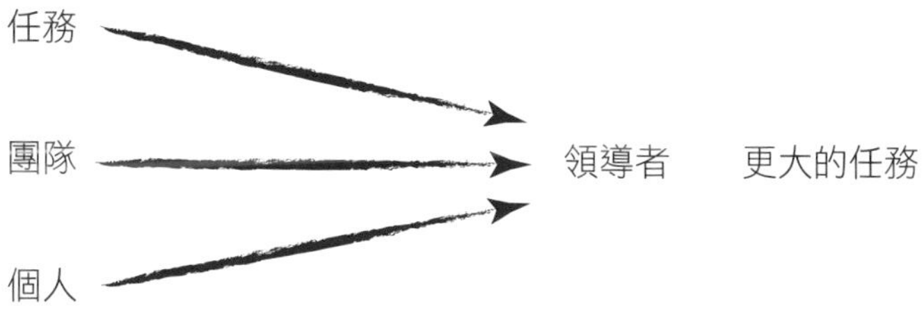

歌利亞，然後鼓起勇氣勇敢地去征服他。當你這樣做時，你就開始了世界上最富有的遊戲，而且這個遊戲的回報遠遠超過了金錢本身。當你前進一步的時候，你就更可能接近隱藏在大衛身後的投石器的力量。當你發現了這種力量，你的生活將會徹底改變。正如他們在電影《星際大戰》這部現代版的大衛和歌利亞故事中所說的：「但願力量與你同在」（May the force be with you）。這種看不見的力量是所有槓桿中威力最強大的，同時也是我們大家都可以得到的槓桿。你所要做的就是不斷向前，勇敢面對比你自己更強大的東西。

這本書的結論是要告訴你，一旦你打造或取得可以努力為你賺錢的資產時，就不需要親力親為，可以坐享甜美的果實。

第十九章

致富的祕訣

大多數人能夠快速並長久擁有財富

年輕富有地退休的過程是一個思想和精神改變的過程，而不是一個體力的過程。如果你在思想和精神上做好了準備，身體力行就變得很簡單。以下提供的另外一些思想和精神過程，你可以結合到自己的日常生活中去。如果你堅持按照這些簡單程式去做，並讓它們成為自己生活中不可或缺的一部分，你一定會發現：年輕富有地退休原來已經指日可待。

你為什麼要一份工資？

我上中學的時候，富爸爸常常讓邁克和我觀察他召聘員工的過程。有一次，一位比富爸爸年長幾歲的先生應徵富爸爸公司的經理職位。這位先生大約四五歲，受過良好教育，有著非常吸引人的簡歷和經歷。他衣著得體，顯得自信又能幹。在會談過程中，這位先生一直提醒富爸爸，他曾經上過一所著名的州立大學，並且獲得東海岸一所久負盛名大學的MBA榮譽學位。

「我對聘用你很有興趣，」富爸爸在會談進行半個小時後說，「但是，我想請問，為什麼你要求這麼高的薪水？」

那位先生再次提起自己受過的教育和經歷，他說，「我受過良好的教育，也有很好的工作經歷，這些都讓我能夠勝任這個職位，並且得到優渥的薪水。」

「我不能同意你的說法。」富爸爸說：「很冒昧，我能否請教一個問題，如果你接受了這麼好的教育，又有這麼好的工作經歷，那你為什麼還需要找工作呢？如果你這樣聰慧過人，為什麼還需要一份工資呢？」

那位先生顯然被這個問題難住了，他支支吾吾半天，才說出了一句話：「大家都需要找一個工作，都需要一份工資。」

辦公室裡靜得出奇，那位先生的回答也格外響亮。很顯然，他與富爸爸來自不同的環境和現實，有著不同的思想觀念。他變得好爭辯，固守自己已有的現實不放，而不是努力去理解富爸爸的現實。富爸爸平靜地看著他，說道：「我不需要一份工作，也不需要一份工資，即使現在這間公司倒閉也仍然如此。」接著，他指著邁克和我說道：「這些孩子也不需要，他們現在免費為我工作。這也是他們將來有一天遠遠比你富有的原因，即使他們沒有像你那樣上過好學校、接受過高等教育。我不想讓他們也去嚮往或者需要一份工資。」說到這裡，富爸爸拿起那位先生的簡歷，放在那一大堆求職申請上面，他說：「如果決定聘用，我會打電話給你。」他們的會談隨之結束。

快速致富祕訣

在《富爸爸，窮爸爸》中，我曾經講過富爸爸如何讓我放棄了每小時一〇美分的工作，並接受他教給我的現實。在這個現實中，如果我免費工作，就有可能更快致富。很多人常說：「你不可能真正免費工作。」「我的房子就是資產。」或許他們也有人懂得應該讀書，但是他們還是從自己的現實、環境或者觀念出發看待世界。

當富爸爸詢問前面那位申請經理職位的先生：「如果你接受了這麼好的教育，又有這麼好的工作經歷，那你為什麼還需要找工作呢？如果你這樣聰慧過人，為什麼還需要一份工資呢？」他就是想讓那位先生拓展自己的現實。但是那位先生卻不願這樣，他不去盡力拓展自己的現實，而是為自己辯護，封閉自己的思想，這實際上就失去了被富爸爸聘用的機會。

一個沒有工資的世界

我發明了現金流遊戲，訓練人們如何在沒有工資的世界中生存。反覆玩過遊戲的人常常發現，世界上存在各種機會，比起為了薪水而在工作崗位上辛勞終生有趣得多。如果你想盡可能年輕富有地退休，就需要考慮尋找沒有工資的天地。如果在你的現實、環境或者觀念中，自己都需要一份工資，那麼很不幸，你自己年輕富有地退休的希望就很渺茫。

富爸爸常說：「**需要一份工資的人都是金錢的奴隸，如果你想獲得自由，你就應該從不需要一份工資或者工作開始。」因此，如果你迫切希望自己能夠年輕富有地退休，你就需要將自己的現實改造成一種沒有穩定工資和工作的世界。**

當我對大多數人講述這些環境的時候，幾乎能感受到他們血壓上升、胸部和胃部緊縮，聽到他們潛意識正在戰勝自己的想法。對於沒有穩定工資維持生存的擔憂，我們很多人都很熟悉。

如果你對自己沒有工資或者穩定工作後的狀況看不清楚，那你首先就應該捫心自問：「**沒有了工資和穩定工作，我應該怎樣致富？」在開始問自己這個問題的時候，你就打開了自己的思想，開始了向另外一個現實轉化的歷程。**

當富爸爸問那位申請經理職位的先生：「如果你接受了這麼好的教育，又有這麼好的工作經歷，那你為什麼還需要找工作呢？如果你這樣聰慧過人，為什麼還需要一份工資呢？」實際上是請他拓展自己的現實，看到另外一個新現實。不過，那位先生卻為自己辯護，認為自己的現實是唯一的現實。

我也曾經看過富爸爸對其他的求職者提出這個問題，那是他試圖幫助他們的一種方式。同時，那也是他給求職者非常重要的一堂基礎財務課，這堂課認為金錢並不能使你富裕，單單一個高薪職位也不能解決個人的財務問題。

當富爸爸詢問這個問題的時候，他還想讓那些人明白：**學術上的成功並不一定等於財務上的成功。**正如富爸爸常說的：「學術上的高智商並不一定等於財務上的高智商。」在與那些對自己學術成就津津樂道的人的會談中，富爸爸一直想弄明白他們是否願意提高自己的財商。因此，他經常向求職者提出這個問題。

那些認真聽取富爸爸講授現實且在工作過程中不斷向他學習的人，即便沒有獲得最初要求的高薪，也往往變得非常富有，早早就退休，並獲得了財務自由。

關鍵在於，如果你想年輕富有地退休，財商比學術智商更為重要。以下就是如何提高財商的一些具體步驟，它可以讓你開始生活在一個無需工資的世界。你找到這個世界的速度愈快，快速致富的機會就愈多。

祕訣一

開始設想將自己置身於一個無需穩定工資和工作的現實世界。這並不意味著你將永遠不再工作，而只是讓你從此遠離財務困窘，不再為微薄的工資出賣自己寶貴的生命，不再整日生活在對貧窮或失去工資的恐懼之中。

一旦能夠享受無需工資的生活，你就會看到另外一個世界——一個沒有固定工作和工資的新世界。

比爾．蓋茲的薪水並不高

好多年以前，我看到一篇文章，標題是「比爾．蓋茲不是世界上薪水最高的人」。文章說，世界上許多公司經理人的薪水都比比蓋茲高上許好，然而蓋茲卻是世界上最富有的人。文章還說，當時蓋茲的年薪只有五〇萬美元，但是他的資產基礎卻已經有了數十億美元，而且還在繼續增長。

祕訣二

如果你放棄了對工資收入的依賴，接下來的問題是你想得到什麼收入。在本書的開始，我已經介紹過三種形式的收入，它們分別是：

1. 工資收入：五〇%的錢。
2. 組合收入：二〇%的錢。
3. 被動收入：〇%的錢。

除了以上三種類型，當然還有更多的收入形式。**大多數人終生為學習和工作辛勞，為的是得到工資收入，這也是年輕富有的退休者為什麼少之又少的原因。如果你迫切希望能夠年輕富有地退休，那就從現在開始研究收入的不同類型，這樣做將會讓你富有，並且永遠不用工作。**

還有其他一些收入類型，分別是：

4. 剩餘收入：指來自於企業，例如網路銷售企業或委託他人經營的企業的收入。
5. 分紅收入：指來自於股市的收入。
6. 利息收入：指來自於儲蓄或債券的收入。
7. 專有權收入：指來自於寫作歌曲、圖書的稿費，以及設計商標、發明（無論是否申請專利）的收入。
8. 金融收入：例如來自房地產信託契據的收入。

因此，關鍵在於，**一旦習慣了不從勞動和工作中獲取收入，你就可以接著開始研究來自不同資產類型的不同收入類型。**富爸爸讓邁克和我首先學習了解不同的收入類型，然後讓我們決定自己想繼續研究哪種收入。

你也可以去圖書館或請教會計師，以了解不同的收入類型，尤其是那些工資收入之外的收入類型。**開始發現感興趣的收入類型時，這些收入類型也就會成為你新拓展的現實的一部分。**

注意開始時不要太過心急，應該先讓其他收入和資產類型進入你的現實。**心中的不同收入類型愈多，思考的收入類型愈多，同時又沒有做事情的壓力，這些觀念也就更容易在你個人的大腦中生根和成長。**很多人認為自己必須馬上做些事情，但我的經驗不是這樣。在真正動手購買房地產之前，我大腦中有關投資房地產業獲取被動收入的想法已經醞釀了好幾年。直到有一天起床之後，我覺得到了開始參加培訓、投資的時候了。採取行動相對容易，但是只有在那些觀念已經成為自己新現實的一部分之後才會發生。

當你看到新的財務報表時，就很容易理解窮爸爸強調工作安穩的原因了。

因為窮爸爸沒有任何資產，而且總是說「投資充滿風險」，所以他拚命抓住手上的工作不放。畢竟，那是他的全部，而且他只知道工資收入。

富爸爸讓邁克和我**將注意力放在如何獲取資產上，並且透過獲取資產提高我們的財商。因為懂得財商的重要性，我們不斷努力地提高自己獲取這些資產的技巧。**儘管開始時很緊張，但是到了今天，**獲取**

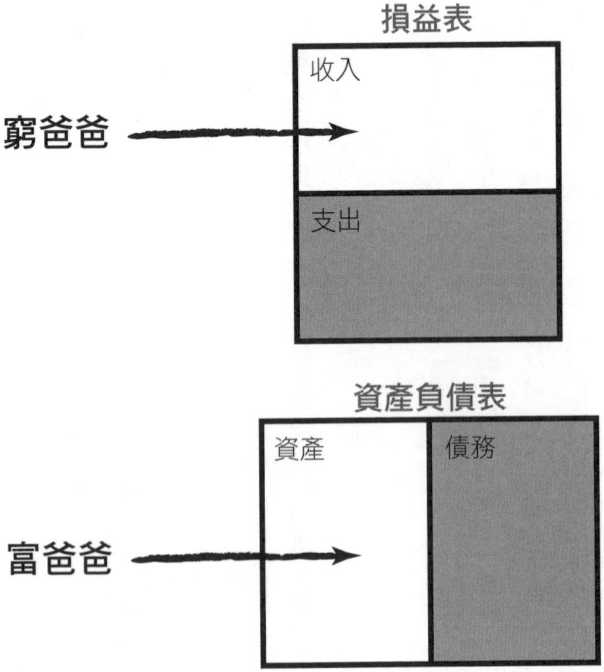

資產成了一件充滿樂趣、簡單而且令人興奮的事情。我不斷強調，如果你願意花時間讓那種現實成為自己的現實，快速致富以及永遠保持財富就很容易，事實的確是這樣。

當我有一次旅行經過澳洲時，某位幫我在機場托運行李箱的年輕行李員忽然對我說道：

「我喜歡您的書。」

我向他道謝，並問他從書中學到了什麼。

「我學到最重要的一點是，這件工作永遠不會讓我致富。因此我在晚上又找了一份工作，並且將賺到的錢投入到房地產中。」

「那太妙了，」我禁不住為他叫好，「到目前為止，你已經做了什麼？」

「我在一年半時間內，已經購買了六處房產。」

「這麼厲害，」我稱讚他說，「我為你感到驕傲。你已經賺到錢了嗎？」

「沒有，還沒有，」這位英俊的小夥子說，「但我學到了很多非常重要的東西。」

「學到了什麼？能不能說說？」我問。

「我覺得投資變得容易了。一旦我度過了最初的懷疑、恐懼和缺少資金等難關，我就發現其實很容易成為一個投資者。我看過、購買的房地產專案愈多，投資就變得愈容易。如果懷疑、恐懼讓自己畏縮不前，我的財商就永遠不會提高。現在我不是感到恐懼，而是感到快樂，即使我仍然沒有賺到多少錢。事實上，我投資的六個專案中有二個最後賠了錢。正如您在書中所講的，應該從錯誤中總結經驗。如果能從錯誤中學到一些東西，這些錯誤也都是很寶貴的。因此，在不遠的將來，我就有可能成為一個專職房地產投資者。過不了幾年，我將永遠不再需要一份工作或工資了。」

「你有目標嗎？你有脫離殘酷漫長的老鼠賽跑、實現財務自由的時間表嗎？」我問。

「當然有，」小夥子笑著回答，「我還有三個年齡相仿的朋友，我們一直一起做。我們不想像許多同年齡的人那樣浪費時間，我們一起學習，一起參加培訓班，相互幫助投資。我們不想重蹈父執輩走過的路，也不想犯同樣的錯誤，持續工作四五年卻擔心失業，整天盼著加薪，直到六五歲才退休。我的父母非常努力工作，希望能獲得晉升，他們沒有時間照顧孩子，也沒有時間做喜歡的事情。現在他們準備退休，但已經老了。我不想像他們一樣，年齡那麼高才退休。我們四個人現在都不到二四歲，但都想在三十歲時實現財務自由。」

「恭喜你，」我們握了握手。等他處理完我的行李，我感謝他讀我的書，而且讓我享受到像一個驕傲的父親那樣的快樂！

當我離開時，那個小夥子微笑著大聲說道：「最大的一點是，致富將變得愈來愈容易。我愈關注建立自己的資產，快速致富也愈容易做到。」

我向他道別，匆匆趕向飛機。

在我的現實裡，愈懂得獲得資產的人，愈容易快速致富。如果你致富後，仍能保持謙虛和感恩，不因財富而傲慢，我相信你更有可能永保富貴。

祕訣三

祕訣三乍聽之下有些特別，它將告訴各位關於未來的一系列謊言，請大家能夠注意！

前面提到，澳洲機場那位年輕的行李員可以看到自己的未來，並且為之興奮不已。然而並不是每個人都可以看到這樣光明的未來，這也是祕訣三聽起來不同尋常的原因，但是它的確是年輕富有退休計畫的重要組成部分。

幾個月之前，我在教授一門投資課程時，一些學員不由自主地說出下面這些話來：

1.「我做不了那件事情。」
2.「我永遠不會富有。」
3.「我不是一個好投資者。」
4.「我不夠聰明。」
5.「投資充滿了風險。」
6.「我永遠找不到投資資金。」

這時，在場的一位非常著名的精神醫師舉起手，她說：「有關未來的任何說法都是一種謊言。」

「有關未來的任何說法都是一種謊言?為什麼這麼說？」我大吃一驚。

「首先，」她回答說，「我必須澄清一下，我不鼓勵任何人為了欺騙別人而說謊。你能理解嗎？」

我點了點頭，說道，「我理解，但為什麼說有關未來的任何說法都是一種謊言？」

「問得很好，」她說，「我很高興你能有一個開放的頭腦。我所說的有關未來的任何說法都是一個謊言，意思是任何關於未來的話都不是現實，因此從技術角度看，人們關於未來的任何說法都是不真實的，都是一種謊言。」

「但是，對於那些不能消除自卑心理的學員來說，這又有多大作用？」

「當有人說『我永遠不會富有』時，實際上就是對自己未來發展狀況的一種想像。既然如此，他在思想上就會認為自己永遠不會富有。」她接著說，「他所說的話從技術上來看是一句謊言，但我並不是說這個人就是一個說謊者，我只是說那是一句謊言，因為未來的一切都還沒有發生。」

「那麼，這又意味著什麼？」我問道。

「這正是你要在這節課上所講授的東西。他們需要明白，自己的所有想法都有可能變成自己的現實，因而很多人有關未來的謊言最後都變成了現實。」

「你的意思是，當有人說『我永遠不會富有』的時候，他們實際上在說一句謊言，因為那是在未來才有可能發生的事實。是這樣嗎？」

「的確如此，」她回答說，「問題是，謊言最後變成了現實。」

「因此，當有人說『投資充滿了風險』，如果他們說的是未來，從某種意義上來講也就是在說謊。是嗎？」

「是的，如果他們不改變這種謊言，最後就會成為現實。請記住，從技術上來說，任何有關未來的說法都是謊言，因為它們都還不是已經存在的現實。」

「那麼，妳的這種觀點又有什麼具體作用呢？」我再次追問。

「作為一個醫師，我發現很多不成功、不幸或者失意的人，常常說出許多有關自己未來的可怕謊言。他們常常說出許多你們一直努力阻止大家說出的話，例如『我永遠不會富有』、『我做不了那個』、『那永遠不會發生』等等，這些話都是謊言，但是這些謊言最後都有可能變成現實。」

「而且，如果他們不說這些謊言，周圍的人也會告訴他們同樣的謊言。」我插了一句。

「沒錯。物以類聚，人以群分，他們周圍的朋友也大多如此。」她禁不住笑了起來。

「我還想再次請教妳，這個很有啟發性的資訊還有什麼作用？」我問道。

「好的，因為任何關於未來的話題從技術上來講都是一句謊言，那麼為什麼不說出自己對未來的渴望，卻說出自己不願看到的東西呢？」她反問道。

我回味著她剛才所說的話。快下課時，我問道：「說有關未來的謊言是故意的嗎？」

「當然，我們都是這樣，也就是下意識很自然地那樣做了。讓我問你一個問題：在金錢方面，富爸爸關於未來的談話是否很積極？」

「當然。」我回答。

「他說的很多話是不是都變成了現實？」她問。

「是的。」我再次回答。

「談論起未來和金錢，窮爸爸是不是都很消極？」

「是的。」我答道。

「那他所說的都變成了現實，是嗎？」

我輕輕地點了點頭。

「看來，他們兩人的謊言最後都變成了現實。」她說。

我點了點頭，意識到他們兩人關於未來的謊言最後的確都變成了現實。我又問道：「妳是不是說，關於未來的謊言，我應該多說說自己嚮往的事情，而不是自己不想得到的事情？」

「是的，」她回答說，「那也正是我想告訴你的。事實上，我希望你已經那樣做了。我希望你即便在失意的時候，也要告訴太太和周圍的朋友美好的未來，以及將要賺到多少錢。即便身無分文，也要不斷那樣去說。」

我忍不住笑了笑，說道：「是的，我會這樣做。我只會對支持自己的朋友那樣說，而不會對那些準備將來嘲弄自己的人那樣說。」

「你真聰明，」她接著問道，「在你們財務最為黑暗的日子裡，你是如何向太太說出關於未來的謊言？」

「妳想讓我告訴大家？」我有點不好意思。

「是的，告訴大家你在最艱難的日子裡是怎樣說的？」

我想了會兒，回想起我和金在財務上陷入最底的那一段經歷。我慢慢地對大家說：「我緊緊地抱住金說，『總有一天眼前的一切將會過去，總有一天我們會比現在所能想像得到的還要富有。我們現在面臨的問題是沒有錢，但是很快有一天，我們的問題是錢太多了。』」

「這些現在都成為現實了嗎？」她問道。

「是的，」我回答說，「而且遠遠超過了我們當初的夢想。實在不好意思，我們現在面臨的最大問題是錢太多了。因為今天，我更加感到自己的出身是何等貧窮，我們現在常常為了不知道買什麼東西而頭疼。我們將很多錢都用於慈善事業，但是仍然有很多錢留在手頭，我們需要拓展自己的現實，需要思考還需要購買什麼東西，因為我們幾乎買得起所有能想到的東西。費盡心思尋找還有什麼東西買不起，實在是件非常有趣的事情。」

「為什麼你認為自己當初的謊言變成了現實？」她問道。

「因為窮爸爸和富爸爸都堅持認為，我不能輕易許下不能兌現的諾言。如果我不能履行諾言，我應該先告訴對方。兩位爸爸都強調應該言行一致，他們兩個人都是這方面的典範。」

二〇%的人是經常說謊者

「很好，」她說，「你可以看到，所有人中的八〇%基本誠實，其餘二〇%的人是經常說謊者。無論做什麼，他們都會說謊。因此即使他們為自己財務未來說出積極性謊言，也會最後成為消極性謊言，因為經常說謊者本身就沒有誠信可言。但是，我發現大多數人是誠實的，即使他們說出一些謊言，最後也會成為現實。」她停了會兒，接著又說：「讓我們開始學習如何為未來積極說謊。一定要記住，這樣做的目的不是為了欺騙別人，而是為了幫助我們自己擁有關於未來更新更美好的現實。」

我同意將兩堂課結合。「現在，」她說，「我想讓你們告訴同伴，最大最好的謊言就是未來你們有多少錢。告訴他們，你們將來會每月從房地產和石油公司中獲利數百萬美元，以及你居住的別墅是多麼奢華寬敞。」

有些人很難說出關於未來財務成功被誇大的謊言，另外一些人則表演得很好。儘管如此，在幾分鐘內，屋內學員的活力完全被啟動，人聲喧嘩，震耳欲聾。當有人說出未來巨大誇張的謊言時，常常伴以近乎瘋狂的大笑，大多數人確實喜歡有機會誇張地說出自己未來財務會成功。後來，許多人都說從那一刻起，他們的生活和未來發生了徹底改變。

因此，祕訣三就是無論什麼時候，如果你發現自己沮喪地說出了關於自己未來財務十分消極的話，就找一個可以信賴的朋友，看看能否向他訴說你在將來不久的財務上如何成功的大謊言。我認為這樣，你就找到了一個很好的治療辦法，而且關於你自己財務未來的謊言，有朝一日或許就會變成現實。

如果有足夠的勇氣，你也不必等到自己情緒低落的時候。你應該盡快找一個可靠的朋友或喜歡的人，請他們讓你說出自己關於未來財務發展的離奇謊言。正如我所說的，這樣做很有樂趣，而且你今天所說的謊言將來都有可能成為現實。

全壘打王

問題在於，你的未來現在還沒有變為現實。不如根據現在或者自己嚮往的去說謊，而不是根據你擔心出現的事情說謊。很多人在考慮改變自己財務未來的時候，往往設想的是最壞的情況，而不是最好的情況。關於未來最好或最壞的設想，至少依照前面那位精神醫師的說法都是一種謊言。偉大的棒球手貝比．魯斯（Babe Ruth）有一個習慣，拿起球棒就是直擊全壘打牆。他總是說：「我總是打全壘打牆。」儘管他出局次數遠比別人多，但還是堅持這樣做。他永遠都把他的球棒指向最遠處的防禦區。如今，他是著名的全壘打王，而不是出局最多的球員。

揮之不去的夢魘

小時候，我們很多人可能都有過這樣的經歷：夜深人靜的時候，忽然想像床下或者壁櫥裡藏有一個鬼怪。關燈後，我們還不敢入睡，總是擔心想像中的這些鬼怪會出現。長大成人之後，當年很多心目中的鬼怪就被收款人或者一些尚未發生的可怕財務災難所取代。不論是鬼怪還是收款人，帶來的結果都一樣。我們常常晚上驚醒，擔憂那些我們並不應該擔憂的事情。我們還常常為一些沒有發生而且也許永遠不會發生的未來財務災難擔驚受怕，神情沮喪。

因此，我們早晨起床不是像偉大的棒球手魯斯那樣直接擊打全壘打牆，而是為了工作勞碌奔忙，用寶貴的時間換取微薄的收入。常常被想像中的財務災難所困擾，惴惴不安地問自己：「如果發生這件事怎麼辦？」「如果發生那件事怎麼辦？」「如果又發生另外那件事呢？」如此等等。我們的年齡也許已經不小，但是小時候驚嚇我們的心靈中的鬼怪卻並沒有消失，而且還在不斷掠走可能的美好生活。因此，對於那些勇敢面對挑戰，敢於將棒球棒指向外野圍欄的誠實的人來說，**有關未來的謊言就無比珍貴。**

富爸爸說過：「**我們都有碰見好運或厄運的時候。不成功的人無所事事，也就不會遇到好運或厄運。不過，如果你什麼都不敢做，被恐懼束縛了手腳，就不會有任何好運。成功的人勇於行動，面對人生中遇到的各種問題，懂得經過努力可以將厄運轉化成好運。**」

某天，有記者問我是如何克服對失敗的恐懼，以及成功的祕訣。我想了想，用一句話回答：「富爸爸教我將厄運變成好運。」為了追求好運，就要像嬰兒學步那樣積極尋找夢想的生活，而不是整日生活在想像災難的恐懼之中。不要讓那些可怕的鬼怪繼續占據自己的夢鄉，應該像偉大的棒球手魯斯那樣，告訴人們關於自己輝煌未來的「謊言」。

重要的提示：請記住，這個祕訣並不是說你可以故意欺騙別人，掩蓋事實真相。我從來不允許這種做法，上述建議只是對那些誠實的人而言，並不包括那些謊話連篇的人。如果你是一個經常說謊的人，那就請你先向專家請教，開始學習說真話，而不是繼續說謊。

特別給你的一一個祕訣

在本書導言中，我曾經承諾要提供大家一系列方法，讓每個人都可以有更多的機會可以年輕富有地退休。大多數內容前面已經討論過，但我認為一個簡單扼要的總結仍然是有必要的。

有一些方法曾經有效地幫助我能夠年輕富有地退休，我相信它們同樣適用於你。一定要記住，年輕富有的退休主要是一個心智的過程，而不是一個勞作的過程。一旦思想和心靈開始了那趟旅程，其他方面就會緊緊跟進。

祕訣一：決定。每天起床後，我都要思考自己想成為怎樣的人？我問自己，今天想按照窮人環境、中產階級環境，還是富人環境生活？

請記住，有著窮人環境的人，常常會這樣說：「我永遠也不會富裕」；有著中產階級環境的人，常常會這樣說：「工作穩定是非常重要的」；有著富人環境的人，常常會這樣說：「我需要不斷提高自己的財商，以便能夠少工作多賺錢。」

祕訣二：尋找一位朋友或者願意與你同行的伴侶。我懂得，如果沒有金和我的朋友們，我就不會有今天的成功。一定要找這樣的朋友，他們不斷向你提出更高的要求，而不是告訴你為什麼做不了自己想做的事情。

選擇合適的朋友或生活伴侶對於成功的人生非常重要，如果朋友或家人不願提升自己的財商，那麼無論賺了多少錢，你的生活都將只能是一個漫長的財務奮鬥過程。

祕訣三：尋找能幹的顧問，開始建立自己的財務團隊和法律顧問班底。請記住富爸爸所說的：「最昂貴的建議，就是那些來自於正為財務問題苦苦掙扎的親友們的免費建議。」富爸爸後來進一步擴大了為你帶來昂貴建議的人的範圍，其中包括某些財務顧問，他們鼓動你去做他們自己也沒有做的事情，還推薦你購買自己也沒有投資的產品。當然，選擇合適的人是一個非常重要的技巧，人可以是資產，也可以是債務。

富爸爸有一天告訴我說：「如果你的車子壞了，就去請有經驗的技師修理。等你回來重新開車的時候，你心裡就會明白那位技師手藝的好壞。對於那些所謂的專業財務顧問來說，最大的難題就是：判斷他們是否稱職往往需要經過若干年。如果你在二五歲的時候採納了財務顧問的建議，等到六五歲時才發現那是個壞建議，此時會發生什麼事？你不可能像將故障的車子那樣帶回技師那裡一樣，將自己糟糕的財務生活帶回到財務顧問那裡。說實在的，我對許多財務顧問的信賴還不如對汽車技師和二手車銷售員的信任，因為我很快就可以看清後者工作的結果。很多人在生命結束的時候仍然貧困或者屬於中產階級，就是因為他們花在挑選一輛二手車上的時間，遠遠多於尋找一位能幹的財務顧問的時間。」

關鍵是要非常慎重地對待每一條建議。

祕訣四：確定退休時間。與你的伴侶、顧問坐在一起，確定你提早退休的時間。就像棒球手魯斯那樣，直接擊打遠處的圍欄。如果你真正這樣去做，而且與這些人一起討論制定退休計畫時間，你現在的環境就會與未來的環境發生衝突。這是一個重大且十分有趣的過程，你一定會看到許多不同的現實和不同的環境。

每個季度與你的團隊舉行一次會議，繼續討論提早退休的時間問題。

祕訣五：一旦確立了提早退休的時間，就將計畫寫在一張紙上。然後，將這張計畫貼在冰箱上，讓自己每天都可以看到。在實施計畫的過程中，注意不斷修正和更新計畫，並且從中學到東西。

我和金在冰雪覆蓋的惠斯勒山上度過了一星期，那次提出的計畫改變了我們生活的方向。關鍵在於，**今天的貧窮並不意味著明天一定貧窮。快速致富且長久地擁有財富，需要制定一個計畫，並且每天堅決執行。**近十年來，我和金堅持每天檢查計畫的執行情況。正如我所說的，我們現在的問題是錢太多了，很難找到明智地花掉這些錢的途徑。這或許也是個難題，但是我樂意遇到這個難題，並且希望大家都會遇到這個難題。

祕訣六：準備早日退休的晚會。將晚會準備得豐盛豪華些，因為一旦你提早退休，金錢已經不成為問題。即使沒有完全達到目標，在這個過程中你也會享受到無限樂趣。但誰說得準呢？

說不定你連「提早退休派對」都得提早舉辦呢！

祕訣七：每天觀察一場交易。切記，出去購物不會花費什麼。關鍵在於每天都買些東西，每次至少用十分鐘，以提高自己財商。也許還會更簡單，例如閱讀報紙上的一篇財經文章，即使你不大感興趣，也將對增加你的詞語有所幫助。你也可以在車上或健身房，聽聽財經新聞。至少每年參加一次財務知識培訓班。如果你不想支付參加培訓班的費用，那就注意閱讀報紙的財經專欄，從中也能發現不少免費的投資培訓班。即使沒有學到什麼東西，你也一定能遇到很多像自己一樣的朋友。

祕訣八：切記，任何市場都有三種主要走勢，也就是上漲、下降和盤整。有時候市場的上漲、下降和盤整周期超過好幾年，有時候還不到一分鐘。也就是當有人建議你「投資長線專案」時，一定要問問那是什麼原因，要請他們做出詳盡的解釋。很多投資顧問都是簡單重覆自己銷售經理的論調，根本沒有真正思考過，所以很難解釋清楚曾經講過的話。

如果你想快速致富，最快的捷徑就是預見並抓住未來走勢的轉變。人們經常所說的「在恰當的時間和地點」完成某件事情是非常有道理的。如果每天觀察那些交易，就能更快地預知變化，在恰當的時間和地點增加把握機會的能力。

例如，如果你一九九一年進入股市，並且在技術類股票上大量投資，那麼現在的你就一定很富裕了。但是在市場呈下降走勢的二○○○年三月，如果不改變戰略，你將損失掉所有過去的收益。如果在二○○○年三月改變戰略，你可能在市場呈下降走勢的時候更快地賺錢，快速增加自己的財富。

也就是說，如果你想快速致富且長久地擁有財富，你就必須注意市場發展走勢，提早制定應對三種發展走勢的方案。我遇過很多人，他們在某種市場走勢下賺錢，但當市場走勢發生變化的時候就很快陷於破產。

高買低賣

二○○二年六月《富比士》雜誌刊發表了一篇很有趣的文章，標題很長：

高買低賣：如果你做的與分析師所講的剛好相反，那麼他們就算得上是偉大的財務顧問。

文章中寫道：

四位加州大學教授的最新研究成果表示，去年人們購買分析師極力推薦的股票可能會賠錢，但如果你購買他們推薦賣掉的股票，可能會賺到不少錢，甚至還能獲得三八%投資回報，比一九五八年以來的標準普爾五〇〇指數還要好。

《財富》雜誌二〇〇一年七月十六日刊登一篇名為「華爾街是否急需改革？」的文章，作者尚恩・塔里（Shawn Tully）似乎贊同這個觀點。他說：

「在六月一個濕熱的清晨，來自路易斯安那州的共和黨議員理查德・貝克爾（Richard Baker），開始了一場震撼人心的國會聽證會，他用熟悉的節奏質問：『華爾街是如何剝削一般市井小民？』在演講中，貝克爾訴說了對華爾街新貴——證券分析師剝削普通投資者的憤怒。」

在我看來，大多數證券分析師和財務顧問還不是專業投資者。他們不懂一個專業投資者應該懂得的東西，因此他們很多的投資建議或許對普通投資者有好處，但對於專業投資者來說，可能就不好，尤其是當你希望盡快致富並長久擁有財富的時候。

一個專業的投資者懂得市場走勢是自己的朋友，沒有人強大到足以抗拒這種市場走勢。小時候在海上玩衝浪，我們就非常重視海浪的細微變化。常常也有一些外來的旅遊者，他們以為在哪兒游泳都一樣，結果就在海裡出了問題，有些人甚至溺水身亡。**應該像尊重海浪力量的衝浪者一樣，大家也應該尊重市場走勢。**

當有人對你說「投資長線專案」，那你不妨問問他們：長線專案到底指的是什麼？

對於普通投資者和專業投資者，長線專案具有不同含義。如果你想快速致富並長久地擁有財富，你就不能只做一個普通的長線投資者，而是應該接受許多教育和培訓，成為一名專業投資者。如果完全順從父母關於金錢的建議，往往存在一個問題，那就是技術和財商的變化遠遠超過很多人的變化。今天，如果你能與技術和財務知識的變化保持同步，就有可能快速致富並長久擁有財富。

例如，在期權領域，現在就有名叫「knockout options」的新期權出現，它們的速度遠遠高於目前的標準。很多美國人並不了解這個業務，因為它們是由外國人發明的。在未來幾年，很多新奇的期權交易模式將陸續進入金融市場。

請記住這一點，正如在科學技術領域不斷取得進步一樣，人類在財務知識上也將取得長足的發展。這也預示著快速安全的致富將會變得愈來愈容易。如何抓住這些機遇，要求人們努力不懈、勤奮學習，並尋找好的投資顧問。

老手也能學會新手段

也許你已經猜到，我喜歡《富比士》雜誌，因為這份雜誌主要針對全世界商業人士和投資者。在二〇〇一年五月的「富比士的世界」專輯中，有一篇關於約翰·坦普爾曼（Sir John Templeton）的文章。坦普爾曼是著名的投資家，他在世界各地投資那些價值被低估的股票，然後慢慢等著它們升值。

文章的題目是「老手新手段」。文章介紹說，即便像坦普爾曼這樣的股市常勝將軍和資深投資者，也學會成為一個機靈的商人去投資熊市。文章講到在二〇〇〇年，他如何放棄長期主張的長線專案，轉而投資短線專案，這對他來說是新的投資方式。在這一年之中，他賺了八六〇〇萬美元，學會了一種新的投資方式。正如富爸爸所說：「金錢其實就是一種思想觀念。」在今天這個時代，大家都需要不斷吸取新的思想觀念。如果坦普爾曼能夠在他八八歲的時候改變自己的環境，那麼你我也都應該能夠做到。

在普通投資者聽取自己財務顧問投資長線專案建議的時候，真正的投資者也正在改變戰略，開始投資短線專案。成千上萬投資者聽從所謂長線投資建議，最後損失了數萬億美元。這種事情還有可能再次發生嗎？很有可能。那也就是說，如果你想快速致富並長久擁有財富，就需要審慎選擇提供財務建議的人。

祕訣九：請記住，詞語是免費的。如果想快速致富，你就需要有富裕的辭彙。有三種基本的資產類型，分別是企業資產、證券資產和房地產資產。每一類資產使用不同詞語，就像使用各種不同語言的國家一樣。如果你對房地產感興趣，那就開始學習這類辭彙或行話。一旦學會了詞語，和同行交流就會順暢得多。

詞語是我們人類最有力的工具，因此要審慎選擇自己的詞語，請記住兩種基本的詞語類型。

第一類是內容的詞語。例如，內部收益率就是一組重要的辭彙群，尤其被那些使用很多房地產槓桿的投資者所青睞，它就是一個內容的詞語。

第二類是環境的詞語。例如，當有人說「我將永遠不能理解內部收益率」，他就是在描述自己內容詞語的思維環境。

應該注意不斷提高自己的內容辭彙，觀察自己的環境辭彙。因為詞語作為工具，它武裝了人們最強大的資產之一——大腦。因此，我建議大家不要再說諸如：「我買不了」、「我做不到」或者「我永遠學不會」。應該有勇氣捫心自問：「我怎樣才能買下來」、「我怎樣才會做到」或者「我怎樣才能學會」。

切記，**形成窮人和富人之間巨大差異的關鍵在於他們詞語的質量**，財商的培養開始於自己的財務辭彙。因此，一定要注意自己的詞語，因為詞語可以和你融為一體，並且決定你的未來。如果你想快速致富並長久擁有財富，讓自己能夠年輕富有地退休，那麼你的詞語就相當關鍵，而選擇什麼樣的詞語是你個人的自由。

祕訣十：談論金錢。我最近在中國和日本訪問期間，很多人前來對我說：「在東方文化中，公開談論金錢是沒有教養的事情，因此我們從不談論金錢。」當我在美國、澳洲或歐洲時，很多人感到同樣困惑，他們說：「在家裡，我們不討論金錢問題。」

因此，致富的祕訣之一就是談論金錢。如果你現在的朋友不喜歡討論金錢，那就尋找新的朋友圈子。在我的一群朋友中，我們談論金錢、企業、投資和存在的問題。我的大多數朋友也很富裕，而且從不認為談論金錢是邪惡骯髒的。我與金經常討論金錢問題，對我們來說，賺錢、致富、擁有豐富的生活方式是十分有趣的事情。我們喜歡享受金錢遊戲，經常談論金錢話題，

就像很多人享受運動的快樂一樣。由於我們將金錢看成共有的遊戲，我們的婚姻也就更加穩固，更富有教育意義，並且充滿樂趣、激動人心。金錢是全世界人們共有的話題，為什麼不能談論它呢？

祕訣十一：不用花錢也能賺取一百萬美元。我不需要一份穩定工作或者一份工資的原因之一，就是富爸爸曾經教育我不用花錢也能賺錢。

現在，我感覺最悲哀的事情之一，就是人們不懂得如何不用自己的資金也能賺錢。前幾天，一位年輕女士來我的一家公司應徵工作。她原來在一家跨國公司擔任高級銷售副經理，現在她的身分大為縮水，要求擔任我們小公司銷售副經理。在面試中，我請她為公司準備一個媒體宣傳預算。三天後，她帶著一份價值一六〇萬美元的預算來見我。

「一六〇萬美元，」我大吃一驚，「那可是一筆大數目。」

「我知道，」她用大公司的口吻不屑地說，「但是如果最後想得到自己想要的結果，你就必須花掉這麼多。」

「我願意花那麼多錢，」我接著說，「但是，在我同意這個預算之前，請妳告訴我如何用一六萬美元甚至不用一分錢就能達到同樣的結果。」

「噢，你做不到這一點，」她再次用近乎傲慢的口吻說，「你必須用錢去賺錢。」

不用說，她沒有得到我們公司的這個職位，因為我們顯然來自不同的現實或者環境。那種成功是由於富爸爸教育過我們，告訴我們如何不用花錢賺取數百萬美元。

我悲哀地看到，很多大公司的高薪經理人只知道如何花掉大筆錢，卻不真正懂得如何賺取很多錢。在擔任一些上市公司的董事期間，我看到很多經理人就像一九九〇年代的許多網路公司一樣，大把花掉投資者的錢，卻沒有帶來什麼利潤。

富爸爸常說：「企業家與官僚之間有很大區別。大多數人都更像官僚，因為我們現有的教育方式訓練人們成為這樣的人。企業家必須懂得兩者的不同，很多官僚夢想成為企業家，但最後往往難以如願。」富爸爸說：「如果讓官僚成為企業家，他們也只知道如何賺錢。企業家卻不是這樣，他們懂得不花錢也能賺錢。」

幾個月前，我與一位大型國際出版集團的經理會面，他剛剛聽過我關於企業家和企業發展的演講。他直盯著我說道：「我永遠不會富有，因為賺錢所用的資金太多。我有一個二〇〇〇萬美元的廣告預算，我想讓每一美元都能帶來我想要的銷售額。」那時我就明白，為什麼說他是一個大公司的官僚，而不是一個企業家。他的現實將永遠把他的思想觀念固定在那裡。

我還悲哀地看到，一些小公司的企業家因為不懂得如何不花錢而賺錢，導致公司難以發展。富爸爸說：「嬰兒型企業與小企業有很大區別。嬰兒型企業有成長為B象限大企業的潛力，小企業或許也有利潤，但是沒有發展成為B象限大企業的潛力。」

富爸爸接著解釋說，兩者的區別不在於企業，而在於企業家的思想觀念。經典案例就是麥當勞兄弟和克羅克的故事，克羅克將麥當勞兄弟不起眼的漢堡公司改造成一個非常巨大的世界性企業。

克羅克是一個推銷泡沫牛奶攪拌器的雇員，最初屬於E象限。他購買了一個屬於S象限的企業，將它逐步轉化成屬於B象限的企業。那就是我正在與大家分享的這個簡單過程的巨大力量，這個簡單過程在普通基礎上就做到了，也無需大花費，但是卻可以讓你超乎想像的富有。

因此最後一個祕訣就是，與你的伴侶和朋友一起討論並經歷「大腦風暴」，找到一個想法，並且將那個想法轉化為成百上千萬美元，而過程中只動用很少資金，或甚至不花一毛。整個過程可能就像去健身房舒展筋骨，這類經常性活動可以鍛鍊你的思維，為將來的發展做好準備。

在遇見金之前，我和幾位朋友常常去全錄公司辦公室樓下的咖啡屋裡坐坐。這一坐往往花掉好幾個小時，喝掉好幾杯咖啡，提出不用錢就可以賺取數百萬美元的一些創意。

我們提出的創意中有一些確實很有見地，有一些卻不怎麼好，而更多的是一些很愚笨的想法。這些創意包括T恤、木製智力玩具、夏威夷糖果等旅遊產品，還有財務通訊產品等等，大多數創意最後沒有落實，但是卻給了我們重要的思維訓練。

我們最後落實的專案是用尼龍和魔鬼沾製作的「衝浪者」牌錢包（Surfer Wallets），這為我們帶來了數百萬美元的收入。不幸的是，我們沒有採取有效行動維護這個創意，最後在競爭中落敗。

我在前面曾經提到過，可口可樂公司的總資本是八〇億美元，但是可口可樂這個品牌的價值接近八〇〇億美元，幾乎是總資本的十倍。那是怎樣做到的呢？可口可樂不遺餘力地在世界範圍內保護自己的智慧財產權，結果使可口可樂品牌具有了震撼人心的品牌價值。

「富爸爸」僅僅只是三個字

讓我們看看一個成功的詞語——富爸爸，它其實僅僅只有三個字。當我和金在一九九七年開辦我們的現金流有限公司時，「富爸爸」這個詞僅僅是毫無意義和價值的三個字。

到了今天，「富爸爸」這個詞已經價值上億美元。怎麼會發生這麼大的變化呢？我們投入充足的時間，打造一個完善的智慧財產資產策略。我們確保了自己發明的專利權，製作並保護影響巨大的「富爸爸」和「現金流」商標，以及獲得世界公認的外觀專利。最初的商標申辦費不到一〇〇〇美元。我們的經驗證明，其實賺錢幾乎可以不用錢。

結論

大家都知道，大腦是人類目前最沒有被充分利用的資產，還有大量的潛能尚待開發。富爸爸常說：「懶惰蟲想著快速致富，成功人士希望盡快獲取財務智慧，並且變得愈來愈有智慧。」關鍵在於，**如果你想年輕富有地退休，但卻沒有多少金錢、教育和經驗，那就注意開動自己的大腦。在我的現實中，致富需要的不是資金，而是思想和精神的力量。如果你願意，上述所有**

的祕訣都可以供你參考。

分享了這麼多祕訣，最後一個重點是，雖然這些祕訣都不會耗費太多時間或金錢，但是只要按部就班確實遵守，你不僅能夠提早退休，更能富裕地退休。切記，你的未來取決於今日的所作所為，而非明日。

若你能在日常生活中妥善做到這些簡單的練習，你會發現自己像是走入鏡子一般，進入一個完全不同的世界，而這正是下一節的主題。

你已經成為一名專家

或許你已經意識到，決定你富有或貧窮的不是你所做的事情，而是你的周邊環境。因此，當有人問我怎樣去做和怎樣投資的問題時，我總是回答，「請不要問我怎樣做，要問我如何思考自己所做的。」

例如，很多人投資股市，但是只有少數人致富。在投資房地產或者建立企業的時候也是如此。兩者的區別在哪裡？我認為決定性的因素在於行為或內容的周邊環境。

曾經有人對我說：「房地產是一個糟糕的投資領域，我在那裡從來沒有賺到過錢。」在我看來，房地產並不是一個糟糕的投資領域，其實是因為那個人是個糟糕的投資者。一個擁有富爸爸環境的人，有可能將一個不好的投資專案變成一個富有的投資。事實上，那也正是許多富有的投資者所做的事。

「所有的債務都是好的」

在債務問題上也是如此。大多數人明白如何借債，不少人更是借債專家。問題在於，他們陷入了債務困境之中，並且變得更加貧窮。很多人將自己的優良債務變成不良債務，正如富爸爸對我所說的：「所有的債務都是好債務，但並不是所有人都懂得如何利用債務，因此他們往往將優良債務變成不良債務。」

如果想致富，你首先需要改變自己的環境。正如富爸爸所說：「大多數人已經明白如何借債，問題是他們不懂得如何利用債務為自己服務。如果有人想利用債務致富，那麼他首先需要改變自己的環境，然後利用債務變得非常富有。」如果不能改變自己有關債務的窮人或中產階級的環境，那麼對你來說最好的辦法就是銷毀信用卡，盡快付清房款，然後努力存錢。

如果你想年輕富有地退休，首先必須改變自己的環境。因此，我建議大家有時間就翻閱這些祕訣，不斷改善自己的環境。如果你擁有一個富人的環境，無論做什麼你都將變得愈來愈富有。如果你擁有一個窮人的環境，無論你學什麼或做什麼，結果都將注定是窮人。切記，不論做什麼事情，你的環境或認為是真實的事情往往就真的決定了自己的現實。正如富爸爸所說的：「債務並不一定會使你更加貧窮，不過，一個窮人或中產階級的環境卻可以做到這一點。」

第二十章
不同的現實

如果你有足夠的勇氣，不妨來試著回答以下的選擇題。在下次聚會、和同事共進午餐或與朋友家人在一起的時候，都可能被問及的這些問題。之所以採用選擇題的形式，是因為可以從每個人的不同回答中觀察到關於金錢的不同現實。

如果給足夠的時間，讓人們充分回答每一個問題，你將聽到有關金錢和個人生活的各種不同的現實、理由、藉口、謊言、假設和其他心理囈語。你或許會聽到這樣的回答：「多麼傻的問題！」「他認為他是誰？」「你不能那樣做。」「那是不可能的。」和「我喜歡我的工作，我永遠不會停止工作。」不論你是否同意他們的回答，或是對問題本身有什麼評價，你所要做就是仔細觀察他們有關金錢和個人財務生活的現實。如果你有勇氣向伴侶、朋友或同事提出這些問題，那麼願你有好運。如果你和其他人做這個練習，我想你將發現個人現實對財務狀況的巨大影響。以下就是這些問題：

你想過哪種生活？兩種現實的比較

1. 如果你擁有世界上所有的金錢，並且不需要再工作，你將如何打發自己的自由時間？
2. 如果你（與配偶）停止工作，你的生活會發生什麼變化？現在的生活標準和生活方式還能維持多久？
3. 如果現在還沒有退休，你預計在幾歲退休？你想早點退休嗎？退休以後，你的收入會增加還是減少？
4. 你願意過著無需工資的生活，還是願意過著不斷工作和爭取更高薪水的生活？你願意成為受雇者還是雇用者？哪一種是你現在主要的生活方式？
5. 你想過著因為錢太多而設法花錢的生活，還是想過著終生辛苦工作、努力儲蓄的生活？你現在過的是哪種生活？
6. 你想過著無需辛苦工作賺很多錢的生活，還是想過著為了賺更多錢而辛苦工作的生活？你現在過的是哪種生活？
7. 你認為投資是冒險嗎？你認為需要用錢賺錢嗎？你想能夠不用資金和冒險就得到高額回報嗎？你是否願意用別人的錢投資？
8. 除了你的家庭成員，與你共處時間最多的六個人都是誰？他們怎麼看待金錢？他們是富人、窮人還是中產階級？在這六個人中，多少人能年輕而富有地退休？現在是你結交新朋友的時候嗎？

9. 你想透過創建或購買自己的資產而致富，還是想追求工作安全和穩定工資？你現在過的是哪種生活？

10. 如果給你一〇億美元讓你辭職，你願意嗎？如果一〇億美元比你手頭的工作重要，那麼為什麼不尋求一〇億美元呢？是什麼讓你猶豫不決呢？如果你不願意為了一〇億美元而辭職，那是為什麼呢？有了一〇億美元，你能比現在做得更好嗎？

11. 你願意過著無論股市漲跌都能賺錢的生活，還是願意過著整天擔心股市暴跌或賠錢的生活？你現在過的是哪種生活？為什麼？

12. 在金錢方面，如果可以做別的事情，那你會做什麼事情？如果你可以做別的事情，為什麼不去做呢？

比較不同的現實

只要你有足夠的勇氣，我才能提出這些問題，因為經過討論後，你或許會失去朋友，不得不重新尋找新的朋友。如果你發現自己的家庭、朋友和同事並沒有來自你所嚮往的環境，那麼請去尋找這種人，並與他們往來。最重要的是，當談及金錢的時候，你將看到迥然不同的現實、不同的世界和不同的人。正如富爸爸所說：「金錢只是一個思想觀念。」當問到上述十二個問題的時候，你會發現很多不同的思想觀念和現實。

在這個測試中，最為重要的事情就是傾聽不同的思想和現實，然後決定自己希望看到的那種現實或者財務生活。因為有了富爸爸、窮爸爸，讓我看到兩個截然不同的世界，我就自然選擇了自己嚮往的世界。現在這些選擇擺在你面前，如果你問家人和朋友上述問題，就可以得到他們的想法。聽了他們的想法之後，你就會做出更好的選擇。

第四部分
起步的槓桿

富爸爸說：「第一步決定了你希望生活在哪一個世界中，你是想生活在一個窮人的世界，中產階級的世界，還是一個富人的世界？」

「是不是大多數人最先選擇生活在富人的世界？」我問道。

「不，」富爸爸回答說，「大多數人夢想生活在富人的世界，但是他們沒有走出具有決定意義的第一步。一旦做出決定，而且如果你真正做出了決定，那就再也沒有退路。在你做出決定的那一刻，你的生活將會徹底改變。」

第二十一章

持之以恆，不斷進取

經常有人問我：「在你和金做出爭取年輕富有地退休的決定後，你們怎樣保持不斷進取？你們如何克服困難，在身處逆境時又不輕言放棄？」很多時候，我的回答其實都是一些很老套的話，例如決心、眼光和堅強的意志等等。之所以用這些陳腔濫調搪塞，是因為我很少有時間像在本書中那樣做出解釋。既然大家已經閱讀了本書的大部分內容，而且希望理解大部分內容，那我就在此與大家進一步分享促使我們不斷進取的真實原因。

富爸爸讓我閱讀的兩個內容更為深刻的童話是路易斯・卡若爾（Lewis Carroll）的作品《愛麗絲夢遊仙境》（Alice's Adventures in Wonderland）和《愛麗絲鏡中奇緣》（Through The Looking Glass）（編按：世界文學典藏版 09 全新譯本希代出版）。

兩個故事都經歷了不同世界的旅程，在《愛麗絲夢遊仙境》中，愛麗絲跟隨白兔深入洞穴來到了另外一個世界，這個世界讓我想起了現在的金融服務業。在《愛麗絲鏡中奇緣》中，愛麗斯再次來到鏡子後面的另外一個世界。她發現「鏡子書」除非被拿到鏡子面前，否則不能閱讀，這又讓我想起了財務報表。

不過，對於富爸爸來說，**這兩則童話故事的意義在於，它們說明了從一個現實到另外一個現實的轉換。富爸爸說：「問題在於，大多數人僅僅生活在一個現實之中，而且常常認為自己所在的現實是唯一的現實。」**

最經常遇到的問題

很多時候，當有人問道：「究竟是什麼東西讓你和金不斷進取？當你們沒有錢、失業或者不斷損失資本的時候，你們怎樣持續地不斷前進？」我的回答往往也是一些歷經了檢驗的簡單道理，我們常常說：「那需要決心」、「我們明白自己沒有退路」如此等等。

不過，這些人們常說的這些話並沒有完全揭示事實的真相。開始時我很擔心，也不願意做出真實的解釋，因為它超出了多數人的現實，所以我常常講得不多。在幾星期前的一次培訓課上，我有時間較全面地介紹自己和金不斷進取的原因，我願意將那天所講的與大家分享。當然，那還不能算是我們如何不斷進取問題的全部答案，但是我想應該對大家有所幫助。

那時培訓班已接近結束，有位學員舉手問道：「在你們經歷的最黑暗的日子裡，是什麼東西讓你們繼續前進？我想聽到真實的原因，而不是你到目前為止告訴我們的那些。」

問題的答案

聽到他的提問，我思考了一會兒，最後決定說出激勵我們不斷進取的直接原因。這個話題自然要從很多年前說起：

「在我二十多歲的時候，富爸爸用一個提問開始了給我上的一課。那次上課和談話已經過去了好多年，富爸爸也已經去世，但我還是常常回憶那堂課，並尋求進一步的答案。」

一個沒有風險也不需要資金的世界

「如果有一個沒有風險也無需資金就可以致富的世界，那你會做什麼？」富爸爸問道。

「沒有風險也無需資金？」我重複了一遍，不明白富爸爸怎麼會提出這麼奇怪的問題。「這樣的世界根本不可能存在，為什麼問這樣的一個問題？」我反問道。

富爸爸讓我坐下來考慮一下自己的回答，他的沉默提醒我要仔細傾聽自己的回答，並且有時間重新思考。等他明白我在思考如何回答後，他問道：「你確信這樣的世界並不存在？」

「一個沒有風險也無需資金就可以致富的世界？」我困惑不解，極力想確定我們討論的是同一個問題。我滿腦子能聽到的都是窮爸爸常說的那些話，例如「投資充滿風險」、「賺錢需要資金」。

富爸爸點了點頭，注視著我說：「是的，如果存在這樣一個世界，你可能會做什麼？」

「好呀，我當然希望能找到這樣一個世界，」我說，「但是必須首先存在這樣的世界。」

「為什麼這樣的世界不會存在呢？」富爸爸問道。

「因為那不可能，」我回答說，「一個沒有風險也無需資金就可以致富的世界，將會是怎樣的世界？」

「如果你已經認定不可能存在這樣的世界，那麼它就不會存在。」富爸爸輕輕地說道。

「你認為這樣的世界真的存在嗎？」我反問道。

「那不是我怎麼認為的問題，重要的是你怎麼認為。如果你認為這樣的世界不存在，那就可能不存在。我本人怎麼認為都是無關緊要的。」富爸爸回答說。

「但是，這樣一個世界的確是不可能存在的，」我再一次重複道，「我知道那是不可能的，投資一定會有風險。」

「這樣的世界並不存在？」富爸爸聳了聳肩，一副很無奈的樣子。他說：「如果你認為那是不可能的，那它就是不可能的，」富爸爸稍稍提高了聲音，顯然剛才的談話讓他有一種挫折感。他接著又說：「認為這樣的世界並不存在的原因就在於，你現在仍然固守著自己父執輩的現實和觀念。而固守著父執輩的現實和觀念的原因在於，你是在那樣的環境中長大的。除非你樂於改變自己的現實，否則我很難教給你什麼東西。我可以給你愈來愈多如何致富的答案，但是如果你固守自己家庭關於金錢和生活的認識，我的回答就沒有任何實際作用。」

「但是沒有資金也沒有風險……怎麼可能？」我說，「這會是真的嗎？沒有人會相信有這樣的一個世界存在。」

「我知道，」富爸爸說，「因而很多人堅持工作安穩，而且常常設想投資充滿風險，只有用錢才能賺錢。他們從來沒有懷疑過自己的這種設想，也從來沒有挑戰過。而且他們認為自己的設想正確無誤，從來沒有考慮過是否還有另外一個現實或設想。如果不能先質疑這種源於自己觀念的設想，你就不可能變得更加富有。正由於此，只有極少數人最後致富，或真正實現了財務自由。不過，你到現在還沒有回答我一開始提出的問題。」

「又是那個問題！」我喊道，感到有些沮喪。

「問題是『如果有一個沒有風險也無需資金就可以致富的世界，那你可能會做什麼？』」富爸爸緩慢有力地重複了一遍問題，盡力想捕捉我對這個問題的反應，因此我可以很清楚地聽到那個問題。

「我仍然認為那是一個很可笑的問題，不過我還是要說一點什麼。」我回答說。

「為什麼你說那個問題很可笑？」富爸爸問道。

「因為那樣的世界並不存在，」我忽然激動起來，「這是一個無聊的問題，白白浪費時間。我為什麼要回答或者思考這樣一個問題？」

「好的，」富爸爸說，「我找到了自己所要的回答，我也聽到了你潛在的設想。對你來說，思考這樣的問題是浪費時間，因此你也不願意為這樣的問題煩惱。你已經設想這樣的世界並不存在，所以你認為質疑自己的設想純粹是浪費時間。你認為這樣的世界並不存在，你也就不想思考這些問題。你只想思考那些自己經常思考的方法，你很想致富，卻整日生活在擔心損失金錢，或生活在自己沒有足夠資金的思想中。對我來說，這是一個很奇怪的現實，但是我能接受你的回答。我理解你的設想，因為那是非常普遍的設想。」

「不，不，」我反駁說，「我要回答你的問題。我剛才只是想問你是否認為存在那樣的一個世界？」我提高了聲音，抑制住內心的怒氣。

富爸爸靜靜地坐著，再次沒有回答我的問題，顯然他想讓我聽聽自己的心聲。

「你想讓我相信存在那樣的現實嗎？」我激動地說。

「讓我再重複一句，那不是我怎麼認為的事情，而是你怎麼認為的問題。」富爸爸回答。

「好，好，好，」我說，「如果存在這樣一個沒有風險也無需資金就可以致富的世界，那麼我的富有可能就超出了自己最大膽的想像。我就不會有任何恐懼，無需『沒有資金或者可能失敗』等各種藉口。我將生活在一個無限富足的世界，在那裡我可以擁有各種嚮往的東西。我將生活在一個截然不同的世界，不同於自己成長的世界。」

「如果存在這樣的一個世界，那麼能夠親身經歷該有多麼珍貴？」富爸爸問道。

「當然，」我大聲說，「哪個人不願意親身經歷這樣的一個人生呢？」

富爸爸只是微微聳了聳肩，並沒有說什麼，顯然他又想讓我回味自己剛剛說過的話。

「你認為存在這樣的一個世界嗎？」我再一次問道。

「這由你本人決定，你可以決定到底存在什麼樣的世界，別人不能越俎代庖。多年以前，我自己已經回答了這個問題。」

「你最後找到了自己的世界嗎？」我問道。

看來，富爸爸不想回答我任何問題，他又提了個問題：「你還記不記得《愛麗絲鏡中奇緣》的童話？」

我點了點頭。

「多年以前，我也曾經穿過了鏡子。如果相信這樣的世界存在，你也可以決定穿過鏡子。不過只有相信這樣的世界存在，才可能開始這個旅行。如果你認為這樣的世界並不存在，那麼你看到的只能是一面鏡子，並且永遠只能站在鏡子的前面，與鏡子中的另一個你面面相覷。」

我在培訓班上的回答

當我與培訓班上的學員們分享上面這個故事時，屋子裡靜悄悄的。我不知道自己的回答是否有意義，但是無論如何，我已經給了他們故事後面的故事。我開始回答自己的問題：「那就是我致富歷程的開始，那次與富爸爸的談話結束後，我的好奇心變得很強。

多年來我一直思考他講過的話，愈思考愈覺得他說的可能性很大。在我三十出頭的時候，我明白應該擴展自己的現實，明白跟隨富爸爸學習的日子已經結束，他再也不會教我什麼東西，也不會給我什麼答案了，直到我決定改變自己的現實，開始自己的致富歷程。在這之前，任何回答都沒有用。

我需要有一個全新廣闊的現實，正如富爸爸所說的，是到了我離開鳥巢的時候了。我不知道這樣的世界是否存在，但是我希望它存在。一旦我認為這樣的世界真正存在，我就正式開始了這次旅程。

有了這個前提，我就動身尋找這個沒有風險也無需資金就可以致富的世界。我已經厭倦了呆呆地站在鏡子前的生活，討厭整天面對著鏡子中的自己。這時，我決定穿過鏡子尋找另外一個世界。」

屋子裡還是非常安靜，我似乎能感覺到有些學員已經接受了我們的觀點，而另一些學員則準備反駁。忽然，有位學員舉手問道：「你認為存在這樣的世界嗎？」

我沒有馬上回答這個問題，而是繼續講述自己的故事：「做出可能存在這樣的世界的決定不久，我遇到了金，並且告訴她自己將要開始的旅程。很幸運的是，她願意與我同行。她說：『太好了，你剛才所講的正好說中了目前我所面臨的現實，一個終生從事一件工作的現實。我不喜歡自己現在的現實，想尋找一個新的現實。』」

那位向我提問的學員最後放下了手，仔細聽我繼續講述：「金是我遇到願意接受這種大膽設想的第一位女性。在此之前，我還曾經猶豫是否要告訴她，不過現在她打消了我的一切顧慮。而且，她還用了好幾天時間，傾聽我講述自己認為可能存在那個世界的想法。我們的旅程開始了，不是為了金錢，更多是為了尋找另外一個不同的世界。因此，我忠誠地告訴各位，不是別的東西，而是對尋找另外一個世界的渴望，激勵著我們不斷進取。

「一旦我們做出決定，我們就開始了穿過鏡子的旅程。我們懂得，一旦開始自己的旅程，就需要勇敢、謙遜、鑽研、不斷學習和及時學習，更重要的是堅持不懈地擴展自己的現實。因為我們知道這個旅程其實就是一種心靈和思想的旅程，與外部世界沒有多大關係，所有的現實其實都在自己內心深處。在面對困難的時候，這種追尋另一個現實和另一個世界的渴望，使我們繼續前行。一旦開始這樣的旅程，我們就明白已經沒有回頭路。可以說，正是尋找另外一個世界的夢想，激勵著我們不斷前進。」

教室裡長時間陷入沉寂，直到一位學員高高舉起了右手。她問道：「那你們最後找到那個世界了嗎？請告訴我，你們是否找到了那個世界？如果那個世界的確存在，我也想去那裡。我不想為了錢而工作五十年，不想一輩子受金錢左右，不想一輩子生活在錢不夠用的擔憂中。請您告訴我另外一個世界是否存在？」

就像多年前富爸爸對我說的那樣，我停頓了好一會兒，以便讓學員們能夠有時間傾聽自己的現實。「這只能由妳自己決定，」經過了長時間的寂靜之後，我最後做出了回答：「不是我認為，而是妳自己怎樣認為的問題。如果妳認為這樣的世界應該存在，那麼妳就可以穿過鏡子；如果妳認為這樣的世界並不存在，那麼妳就只能呆在鏡子一邊，與鏡子中的另一個妳面面相覷。在金錢上，妳自己有權決定什麼是真實的，以及想生活在哪一種現實之中。」

下課了，很多人還陷入深深地沉思之中。整理好公事包後，我再次面向所有學員說道：「感謝大家聽講！下課了，再見！」

結語

一九九四年秋天，我和金在斐濟度過了一個長假。有一個朋友向我們推薦了這個小小的不為人知的休閒勝地，它位於一個偏僻的小島上。每天清晨太陽升起之前，就有一位飯店侍者來到我們舒適的茅草屋邊，輕輕地喊道：「你們的馬已經準備好了！」

小島就像人間天堂，靜臥在湛藍清透、晶瑩剔透的太平洋中。我們在島上這樣生活了五天，最後感到徹底放鬆下來了，更加適應島上舒緩的生活節奏。自從我與金坐在冰雪覆蓋的惠斯勒山上制定我們實現財務自由的計畫起，時間已經過了九年。當我跨上馬時，不禁想起那個冰冷山上所度過的日子。坐在馬背上，又不禁想起現在與過去的生活是多麼不同！我們不再忍受寒冷，不再忍受貧窮和身無分文的困窘煎熬。我們有了很多金錢，但是更重要的是我們實現了完全自由，我們今後再也不必為了生存而去工作。

馬兒沿著環繞著小島的美麗沙灘緩緩前行。由於天色未明，我幾乎看不見多少東西，但是隨著馬兒在窄窄的沙灘上踩出輕輕的腳印，依然能聽到十幾英尺外大海的聲音，感覺得到大海的氣息。小島上泥土和熱帶植物的氣息，與空氣中微微的鹹味兒混合在一起，令我不僅回想起在夏威夷度過的童年時光。騎在馬背上的時間很短，但是回憶的歲月卻貫穿了一生。

騎馬半個小時後，侍者過來幫助我們下了馬。在不遠處可以看到，燭光在風中閃耀，導遊輕輕拉著我們的手走向燭光。蠟燭所在的餐桌上鋪著雪白的桌布，距離桌子十多英尺遠的地方就是緩緩漲落的波浪。這也許是世界上最美麗的飯店，侍者讓我和金坐在唯一的一張桌子旁。等我們剛坐下，另外一位侍者手捧著金最喜歡的香檳酒走上前來，在搖曳的燭光中，我和金為自己也為我們的旅程相互敬酒。在我的一生中，從來沒有感覺到自己是如此地愛我美麗的妻子，她伴我度過了人生最艱難的時光。我們靜靜地坐著，相互凝視著對方，我們一隻手握住對方，另一隻手舉起酒杯，兩人用眼神訴說著：「謝謝，我愛你。」我們成功了。

就好像得到了某種提醒，一輪紅日從遠處的海平線上噴薄而出，我們一下子感覺到大自然無與倫比的力量。在我們的一邊是慢慢顯出身影的蔥綠海島，前方是純淨的白色沙灘，身後是高大蒼翠的樹林，早起的鳥兒在林中開始歡唱。沿著沙灘，將所有的東西聯繫在一起的是平靜安詳的藍色大海，它以自己獨特的方式向太陽致意。

當侍者送上了新鮮熱帶水果早餐，我們靜靜地坐在那裡，看著太陽升出海面，慢慢照亮了我們周圍的一切。除了侍者，那裡就只有我們。周圍顯得分外寧靜，除了大自然的聲音。這裡沒有鄰居、汽車、海灘漫步的人，也沒有嘈雜的音樂和手機。更重要的是，這裡沒有公務需要處理，沒有會議，沒有各種最後期限，也沒有預算。各種商業已經徹底遠去，它們完成了自己的使命，現在已經出售一空。除了自由，我們回國後再也不會有任何麻煩。在那一刻，只有我和金，還有上帝無與倫比的傑作——美麗非凡的大自然。

就在太陽即將離開海面的時候，我的腦海中突然一怔。眼前的世界異常明亮，天地好像搖晃了一下，我也猛地一怔。就像一次小小的地震，突然穿過了我的身體和靈魂。我內心深處有了變化，經驗提醒我再次放鬆神經。當溫暖的陽光穿過海面映照在我身上的時候，一種深深的感激從我的胸膛升騰起來，很快地傳遍了全身。不知不覺之中，我的環境已經發生了完全轉變：我一步步穿過了「鏡子」，可以清楚地看到全新的生活。我的熱淚潸然落下，不是因為悲傷，而是深深驚嘆於所有人身處其中的完美、慷慨、博大的大自然的奇妙！

慢慢地，我意識到在那麼長的時間裡，對金錢不夠的恐懼和擔心實際上阻礙了自己好好領略大自然的博大奇妙。我意識到自己的致富努力其實是個人戰勝貧窮恐懼的過程。我也意識到為什麼富爸爸常說：「**正是恐懼使你成為自己的囚徒，正是恐懼將你鎖進了自己的牢籠，而在牢籠裡是無法領略上帝的博大精深。**」

我的心緒再次回到自己的年輕時代，也好像聽到了富爸爸說：「**我們常常以為自己孤立無援，只有奮鬥才能生存。我們常常以為為了生存，需要努力做好自己的工作。常常有人教育我們適者生存，如果不能適應社會就無法生存。這些都是囚徒的思維方式，很多人就是被自己內心恐懼俘獲的財務囚徒，因此他們緊緊抓住安穩這根細線不放，變得貪婪，為了一點小錢爭鬥

不已，就像餓狗撲向一塊無肉的骨頭，而不是另外尋找財務自由。

「尋找自己的財務自由其實很容易，你所要做的首先是確定上帝希望你做什麼，接著就帶著上帝賦予你的智慧和才能，去做他希望你做的事情。如果你真誠地去做，上帝的博大就會在你的身上顯現。其實，生活並不僅僅是賺錢謀生和養家糊口。出去看看鳥兒、花草樹木以及周圍的大自然。鳥兒不用謀生，它和其他動物一樣只做那些上帝讓它們做的事情。如果你相信上帝，做那些上帝讓你做的事情，你將會永遠感受到上帝的博大。」

富爸爸還說：「你不必做鳥兒的工作，鳥兒已經做了那些工作。」他之所以這麼說，是因為他看到很多人去競爭一個職位，而不是去尋找那些需要我們來做的事情。他說：「**如果尋找到那些需要你們來做的工作，而且努力地去做，你就會領略到上帝的博大。**」

我和金坐在沙灘的小桌旁又度過了一個小時。在我的一生中，這是我第一次理解了富爸爸的教誨。在這之前，我其實並沒有完全理解他所講的東西，我仍然是用自己的環境和內容來理解他的教誨。但是，那天坐在沙灘上，我終於一步步穿過了鏡子，完全理解了富爸爸的話。

海風一點點變大，我聽到身後的馬兒開始不安起來，看來是到了馬兒回去的時候，我們也該回去了。一年過後，靜靜地坐在自己山頂的小屋中，我問自己：「我還需要做些什麼？我還能做些什麼？」

現在當有人問我，既然早已經不需要錢了，為什麼還要繼續工作時，我的回答其實就是富爸爸當年的回答：「我繼續工作，是因為還有很多事情需要去做。」今天，我和金所做的事情大都是用我們掌握的槓桿作用去做那些需要我們去做的事情。有趣的是，我們愈想運用槓桿去做那些需要去做的事情，我們就變得更加幸福和富有。

你無須停下手上的工作，而去做那些需要你去做的工作；你也無需退休，而趕去做那些需要你去做的工作。仔細看看周圍，你就可以找到一些需要你去做的工作。你所要做的，僅僅就是用上帝賜予的智慧和才能，去做那些需要你做的事情。如果你這樣去做了，就會有豐厚的回報，這些豐厚的回報一直就在那裡為我們所有人而準備，並不是為了一部分人準備的。

在斐濟那個美麗小島上的最後一天，我坐在海灘上，什麼事情也沒有做。除了一種全新的生活方式，一種作為自由人的生活方式，我回國的時候什麼也沒有帶。我緊緊地握著金的手，想讓她明白，我是多麼愛她和尊敬她，感激她伴我走過了這個旅程。如果沒有她，我就不可能完成這個旅程。

當我們準備回去吃晚飯時，我似乎聽到富爸爸在說：「很多小人物終其一生都在攻擊巨人，他們批評指責，散布流言蜚語，誣陷栽贓，拚盡全力詆毀，他們對巨人缺點的關注遠遠勝過了優點。這也是他們永遠只能是小人物的原因。大衛或許有些年輕，也沒有多少武器，只有一個投石器，而且從體格上遠遠小於歌利亞，但是大衛不是一個小人物。」

這本書的重點是，每個人心中都有一個小人物，一個大衛，一個歌利亞。如果大衛選擇了一個小人物的環境，他就可能永遠是一個小人物，並且會替自己辯解：「歌利亞比我高大得多，我怎麼可能只用一個投石器就戰勝他呢？」大衛沒有這樣做，他給自己置身於一個巨人的環境，擊敗了歌利亞，自己最後也成為一個巨人。我們也可以這樣做。

總之，槓桿無處不在，它是一種力量，它就在我們內心和我們周圍，也可以由我們自己創造。伴隨著每一件新的發明創造，例如汽車、飛機、電話、電視以及網路的出現，新的槓桿形式也被發明創造出來。伴隨著每一種新的槓桿形式，誕生了新的百萬富翁或者億萬富翁，因為他們使用了新槓桿，而不是忽視、濫用或者畏懼它。如何在生活中選擇使用槓桿，完全取決於你自己。

感謝大家閱讀本書，最後再次提醒大家，一定要保持一個開放的環境。未來無限光明，它將會為愈來愈多的人帶來快樂和自由！

關於作者

羅勃特·清崎

羅勃特·清崎是有史以來最暢銷個人財務管理書《富爸爸，窮爸爸》的作者，他勇於挑戰並改變了全球上千萬人對於金錢的看法。作為創業家、教育家和投資者，他認為這個世界需要更多增加工作機會的創業家。

他對於金錢與投資的看法經常與傳統觀點牴觸，國際上對他的評價包括坦率不諱、勇敢不畏，他也積極為財務教育發聲。

羅勃特·清崎與金·清崎（Kim Kiyosaki）是財務教育公司「富爸爸公司」（Rich Dad Company）創始人，也是「現金流遊戲」（CASHFLOW）的創造者。二〇一三年，富爸爸公司將進一步推廣風靡全球的富爸爸遊戲，以全新突破的手法，將觸角擴及手機與線上遊戲領域。

羅勃特被譽為一個能深入淺出說明複雜概念的遠見者，清楚解說金錢、投資、財務與經濟學等概念，他與世人分享自己如何走向財務自由，引起各年齡層與各領域讀者與觀眾的共鳴，他的核心原則與訊息包括房子不是資產、為現金流投資、存錢者與失敗者等，引起了各種批評與揶揄，但過去十年來，全球經濟發展證實了羅勃特的預言準得嚇人。

他認為「舊」建議，例如上好大學、找份好工作、存錢、還清貸款、長期投資、分散投資，早已不適用於今日快速變遷的資訊時代，他的富爸爸哲學以及各種建議為社會拋下了一顆震撼彈，他鼓勵人們提升財務知識，積極為未來投資。

羅勃特的著作多達一九本書，其中包括全球暢銷書《富爸爸，窮爸爸》。羅勃特成為全球媒體的關注焦點，從CNN、BBC、美國福斯新聞（Fox News）、卡達半島電視台（Al Jazeera）、美國GBTV，至美國公共電視網（PBS）、賴瑞金現場（Larry King Live）、歐普拉秀（Oprah）、中國人民日報、澳洲雪梨晨鋒報（Sydney Morning Herald）、美國電視節目「醫生」（The Doctors）、新加坡海峽時報（Straits Times）、美國彭博新聞社（Bloomberg）、美國全國公共廣播電台（NPR）、今日美國（USA Today）以及上百個媒體，都曾對羅勃特進行報導。過去十多年來，羅勃特的書一直是全球許多銷售排行榜的冠軍，至今仍高占排行榜。他持續耕耘全球金融教育市場，激勵無數觀眾。

羅勃特最近出版的書籍包括《富爸爸，賺錢時刻：挑戰有錢人的不公平競爭優勢》（Unfair Advantage: The Power of Financial Education, Midas Touch），與唐納．川普（Donald Trump）合著的《點石成金》（Midas Touch），以及《富爸爸告訴你，為什麼A咖學生當員工，C咖學生當老闆！》（Why "A" Students Work for "C" Students）

詳細資訊請上富爸爸網站（RichDad.com）

高寶書版集團
gobooks.com.tw

RD 002
富爸爸財富執行力——年輕退休・年輕富有
Rich Dad's Retire Young Retire Rich

作　　者　羅勃特・T・清崎（Robert T. Kiyosaki）
譯　　者　李威中
審　　定　MTS翻譯團隊
書系主編　陳翠蘭
編　　輯　洪春峰
排　　版　趙小芳
美術編輯　斐類設計

發 行 人　朱凱蕾
出　　版　英屬維京群島商高寶國際有限公司台灣分公司
　　　　　Global Group Holdings, Ltd.
地　　址　台北市內湖區洲子街88號3樓
網　　址　gobooks.com.tw
電　　話　（02）27992788
電　　郵　readers@gobooks.com.tw（讀者服務部）
　　　　　pr@gobooks.com.tw（公關諮詢部）
傳　　真　出版部（02）27990909　行銷部（02）27993088
郵政劃撥　19394552
戶　　名　英屬維京群島商高寶國際有限公司台灣分公司
發　　行　希代多媒體書版股份有限公司/Printed in Taiwan
初版日期　2015年 4 月

Rich Dad's Retire Young Retire Rich by Bobert T. Kiyosaki

2nd Edition: 04/2015
This edition published by arrangement with Rich Dad Operating Company, LLC.

國家圖書館出版品預行編目（CIP）資料

富爸爸財富執行力：年輕退休・年輕富有 / 羅勃特.T.清崎(Robert T. Kiyosaki)著；李威中譯. MTS翻譯團隊審定.-- 初版. -- 臺北市：高寶國際出版：希代多媒體發行, 2015.04
面；　公分. --（富爸爸；RD002）
譯自：Rich dad's retire young, retire rich : how to get rich and stay rich forever!
ISBN 978-986-361-107-3（平裝）
1.個人理財　2.投資
563　　103026803

GOBOOKS
& SITAK
GROUP©